Martin Betschart
Unabhängigkeitserklärung

Martin Betschart

UNABHÄNGIGKEITS ERKLÄRUNG

Warum mir niemand mehr vorschreibt, was ich sage, denke oder tue

ARISTON

FSC
www.fsc.org
MIX
Papier aus verantwortungsvollen Quellen
FSC® C014496

Verlagsgruppe Random House FSC® N001967
Das für dieses Buch verwendete FSC®-zertifizierte Papier
EOS liefert Salzer Papier, St. Pölten, Austria.

Bibliografische Information der Deutschen Bibliothek

Die Deutsche Bibliothek verzeichnet diese Publikation
in der Deutschen Nationalbibliografie; detaillierte bibliografische Daten
sind im Internet unter http://dnb.ddb.de abrufbar.

Umschlaggestaltung: Büro Überland, Schober & Höntzsch
Satz: EDV-Fotosatz Huber/Verlagsservice G. Pfeifer, Germering
Druck und Bindung: GGP Media GmbH, Pößneck
Printed in Germany

ISBN 978-3-424-20090-4

Inhalt

Prolog: Fast alles 7

Kapitel 1
Energiestaubsauger, Titeldiener,
Networkingzecken 9

Kapitel 2
Das Dagobert-Syndrom 33

Kapitel 3
Loslassen und reich werden 65

Kapitel 4
Der 93. Geburtstag 93

Kapitel 5
Vom »Was ich wollen soll« zum
»Was ich wirklich will« 123

Kapitel 6
Wer hat gesagt, Sie müssen? 149

Kapitel 7
Warum unverdientes Geld unglücklich macht 177

Kapitel 8
Der Briefträger und der Bauer 207

Kapitel 9
Wissen, was man wert ist 235

Kapitel 10
Nicht um jeden Preis 257

Epilog: Wovon ich freiwillig abhängig bin 283

Prolog: Fast alles

Sie können jedes Nummernschild aufschlüsseln, wissen über Möglichkeiten der Wärmedämmung in Altbauten Bescheid, kennen den Unterschied zwischen Carrera GT und GTS. Sie ändern innerhalb von 30 Sekunden Ihre PIN beim Onlinebanking, in Ihrem Unternehmen halten Sie Vorträge über Rohertrag und Gewinnerwartung, Sie diskutieren im Freundeskreis über das marode Bildungssystem. Und längst haben Sie alle Preisangebote für die Spiegelreflexkamera verglichen, die Sie sich demnächst anschaffen möchten.

Sie haben gelernt, über alles Mögliche Bescheid zu wissen. Zu fast allem können Sie etwas sagen, etwas beisteuern. *Nur* nicht zu dem Thema, bei dem Sie sich am besten auskennen müssten, welches für Sie jedoch von allergrößter Wichtigkeit ist: Ihr eigenes Leben.

Was wollen Sie wirklich?

Das ist die am schwersten zu beantwortende Frage überhaupt. Denn die Erwartungen anderer lenken den Blick vom Wesentlichen ab. Sie diktieren Ihnen *Ihr* Leben.

Was hält Sie davon ab, Sie selbst zu sein? Solange Sie diese Frage nicht beantwortet haben, werden Sie nicht Ihr eigenes Leben führen können. Solange Sie nicht wissen, was Sie wirklich wollen, sind Sie dazu verurteilt, so zu leben, wie andere es für richtig halten. Gäbe es eine Hölle – so sähe sie aus.

Machen Sie sich also mit mir auf den Weg zu Ihrem eigentlichen Ich. Gehen Sie auf die Suche nach den Dingen, die Sie in Abhängigkeit halten und Sie davon abhalten, der Mensch zu sein, der Sie *wirklich* sind.

Kapitel 1

Energiestaubsauger, Titeldiener, Networkingzecken

Die Venen winden sich über den Bizeps wie Regenwürmer nach einem Sommergewitter, der gewaltige Trapezmuskel der Schulter berührt fast die Ohren. Die einzelnen Armmuskeln bieten sich wie in einem Anatomielehrbuch dem Auge des Betrachters dar, kein Gramm Fett verstellt den Blick auf Bi- und Trizeps. Unter dem ärmellosen Shirt zeichnen sich ganze Gebirgszüge von Bauchmuskeln ab. Die Waden sind Fußbällen gleich. Staunend schaue ich den Muskelberg vor mir an.

So wie er aussieht, hat dieser Mann wohl einen Großteil seines bisherigen Lebens im Fitnesscenter zugebracht. Für einen Bodybuilder nichts Ungewöhnliches. Aber ich sitze nicht im Publikum eines Bodybuilder-Events, sondern stehe auf dem Parkplatz des Getränkemarktes. Während ich mich abmühe, meinen Einkauf im Kofferraum meines Autos zu verstauen, schwingt mein Nebenmann mit demonstrativer Leichtigkeit gleich vier Kisten auf einmal in den Laderaum seines Transporters. Es ist Mitte

November. Sein Muskelshirt und die Dreiviertelhose sind vom eiskalten Nieselregen bereits durchnässt. Ich schüttle den Kopf. Friert der Mann denn nicht? Und so eindrucksvoll sein Körperbau auch ist – hat er keine Jacke? Was treibt ihn wohl an, dass er meint, sich auf diese Weise in der Öffentlichkeit produzieren zu müssen? Einen trostloseren Catwalk als den Parkplatz des Getränkemarktes, wo der Wind die weggeworfenen Kassenzettel und halb zusammengeknüllten, fetttriefenden Servietten des Dönerstandes an der Ecke vor sich hertreibt, kann es doch kaum geben!

Ich lächle, als mir einfällt, dass es noch ganz andere gibt, die Showtalent besitzen.

Dr. No

Der Weg ist erprobt und kann nur nach oben führen: Wenn sie den Diplom-, Bachelor- oder Mastergrade erlangt haben, machen Studenten, die eine wissenschaftliche Laufbahn anstreben, den nächsten Schritt auf der Karriereleiter: die Promotion. Und wenn sie sich als zielstrebig und intelligent genug erweisen, werden sie schließlich als Professor und Lehrstuhlinhaber zum Mentor für die nächste Forscher- und Wissenschaftlerelite.

Doch die Realität sieht anders aus. Im Jahr 2009 durften sich in Deutschland rund 25.000 Studenten aller Fachrichtungen, von Architekten bis zu Zoologen, erstmals die beiden Buchstaben »Dr.« vor den Namen setzen. Zugegeben: 7.700 davon waren Mediziner – ein Sonderfall, denn 80 Prozent der Mediziner promovieren. Bleiben immer noch über 17.000 frischgebackene Doktoren – in einem einzigen Jahr. Mit ihnen könnte man fast die Hälfte aller hier zur Verfügung stehenden Professuren besetzen. Der erprobte Weg ist also eine Milchmädchenrechnung: Nur die allerwenigsten können an Uni oder Fachhochschule bleiben. Was machen all die anderen?

Nun ja, die meisten Promovierten hatten sowieso nie vor, ihr Leben der Lehre und Forschung zu widmen. Sie gehen in die Wirtschaft. Ihr Einsatz, zwei bis vier Jahre an ihrer Doktorarbeit zu werkeln, zahlt sich in der Regel trotzdem aus. Zwischen promovierten und nicht promovierten Chemikern zum Beispiel beträgt die Differenz im Einstiegsjahresgehalt rund 10.000 Euro. Auch für Geisteswissenschaftler und Juristen erweist sich die Promotion als gut fürs Vorankommen – es hat schon seinen Grund, dass das lateinische Wort »*promotio*« Beförderung bedeutet. In den Vorstandsetagen von Banken und Versicherungen ist kaum ein Nicht-Promovierter anzutreffen. Und es ist Usus, dass der zukünftige Partner der Rechtsanwaltskanzlei ein Doktor ist. »Wer heute als erfolgreich wahrgenommen werden will, braucht den Doktortitel«, wurde Jan-Hendrik Olbertz, Präsident der Berliner Humboldt-Universität, im März 2011 in der *ZEIT* zitiert.

Immerhin beweist eine abgeschlossene Promotion Fleiß, Zielstrebigkeit, Durchhaltevermögen und die nicht zu unterschätzende Fähigkeit, sich einem System anzupassen. Manchmal allerdings auch nur erfreuliche finanzielle Mittel: Mehr oder weniger offen werben ein paar

Dutzend auf Dissertationen spezialisierte Institute mit dem Versprechen, die Dinge umfassend in die Hand zu nehmen, wenn sich der Kunde mit einem »Dr.« vor dem Namen schmücken will. Pro Buchstabe wechseln mindestens 10.000 Euro den Besitzer, wenn der Doktorand meint, anderes zu tun zu haben, als in Bibliotheken nach Literatur zu suchen und an den Seminaren des Doktorvaters teilzunehmen. Noch einfacher scheint es zu sein, sich bei gewissen Fakultäten, meist im nicht-deutschsprachigen Ausland, durch großzügige Spenden für die Verleihung eines Doktorgrades honoris causa in Position zu bringen.

Und wenn das alles nicht klappt, gibt es immer noch einen Plan B. Eine Reihe von Wochenendkursen und -seminaren besuchen, und dies akribisch im Lebenslauf, bei XING oder auf der eigenen Homepage dokumentieren. Wer sich fortlaufend weiterbildet, kann nur wissensdurstig und intelligent sein. Natürlich werden ausschließlich Veranstaltungen gewählt, bei denen ein vorzeigbares Zertifikat herausspringt.

Ganz gleich, auf welchem Wege eine Dissertation zustande gekommen ist, ganz gleich, wie die Zusatzausbildungen und Zertifizierungen motiviert sind: Sie sind der Schlüssel, der die Tür zu beruflichem Aufstieg bis in die höchsten Kreise öffnet. Aber was ist, wenn der Schlüssel das Schloss geöffnet hat? Wenn die Stelle ergattert, das Gehalt sicher ist? Reichen die Titel und Zertifikate wirklich, um ein Leben lang oben zu schwimmen?

Muskelspiele

Ein Hotel in der Provinz. Am Empfang lehnt ein eleganter, in helles Sommerleinen gekleideter Herr und wartet auf seine Zimmerschlüssel. Währenddessen klappert der junge Rezeptionist hektisch auf der Tastatur und versucht gleichzeitig, seine Chefin ans Telefon zu bekommen. Irgendetwas hat wohl eine Verzögerung verursacht. Der Rezeptionist kommt mit der Buchung nicht klar.

Der Gast wartet fingertrommelnd. Auch wenn erst seit etwa einer Minute. Geduld scheint jedenfalls nicht seine Stärke zu sein. Nun gehöre ich definitiv nicht zu dem Menschenschlag, der andere belauscht. Aber während ich in der Lobby auf meinen Geschäftspartner warte und an einem Kaffee nippe, kann ich die Szene, die sich vor meinen Augen abspielt, einfach nicht übersehen. Ohne es darauf angelegt zu haben, beobachte ich, wie der Gast feurige Blicke um sich schleudert und sich in Positur wirft.

»Hören Sie, guter Mann. Mein Name ist Schneider. Doktor Schneider.«

Bei ihm hört sich das so an wie: Bond. James Bond. Er macht eine kleine Kunstpause und setzt dann mit deutlich artikulierten Worten fort:

»Ich bin es nicht gewohnt, dass man mich warten lässt. Die Zimmerreservierung ist bereits vor drei Wochen von meiner Sekretärin vorgenommen worden.« Er lächelt maliziös. »Das sollte doch Zeit genug gewesen sein, um sich darüber klar zu werden, welches Zimmer Sie mir geben wollen, oder?«

Der Rezeptionist hört auf einmal auf zu tippen. Er ist kreidebleich und sieht aus wie vom Blitz getroffen.

Was für ein arroganter Zeitgenosse!, denke ich und stelle meine Tasse konsterniert ab. Der hat seinen Doktortitel daheim bestimmt in Großbuchstaben auf sein Türschild gravieren lassen. Während ich mir diese Tür bereits bildlich vorstelle, fällt mir der Witz mit der Opernvorstellung ein.

Zu Beginn der Pause – die Zuschauer stehen gerade von ihren Sitzen auf und machen sich auf den Weg ins Foyer – ruft ein Mann in den Aufführungssaal hinein: »Ist hier ein Doktor?« Für einige Sekunden wird es ganz still im riesigen Raum. Bestürzte Gesichter, mitfühlendes Gemurmel. Ein älterer Herr reckt den Arm und ruft: »Ja! Hier!«, und schickt sich an, nach vorne zu eilen. Doch der erste ruft ihm nur über die Köpfe der Anwesenden zu: »Hallo, Herr Kollege. Famose Aufführung, nicht wahr?«

Ein Doktortitel ist für viele Promovierte nur halb so schön, wenn die Normalsterblichen gar nicht mitbekommen, mit wem sie es zu tun haben. Also wird der Titel den Umstehenden unter die Nase gerieben, wo immer sich die Gelegenheit bietet. Dass sie sich als Doktor präsentieren können, lässt diese Menschen gleich noch mal fünf Zentimeter größer werden. Sicher, der akademische Grad wirkt gediegen, und bei so manchem Metzger bekommt die Gattin sogar heutzutage noch gerne ein besonders gut abgehangenes Stück Rinderbraten über den Tresen gereicht – »Für die Frau Doktor.«

Es ist leicht, sich über solche geltungssüchtigen Menschen lustig zu machen. Aber so richtig lachen kann ich nicht. Ja, die Art und Weise, wie sie sich immer wieder in den Vordergrund spielen und titelgläubige Mitmenschen um sich herumtanzen lassen, sieht aus wie ein abgekartetes Spiel. Aber meine Erfahrung sagt: So schlau sind viele dieser Titelinhaber nicht. Im Gegenteil. Sie sind tatsächlich der Auffassung, dass ihr Einsatz, irgendwann einmal eine Dissertation von 300 bis 400 Seiten abgefasst zu haben, ihnen das lebenslange Recht zusichert, dass alles springt, wenn sich ihre Augenbraue hebt. Man könnte meinen, all die Mitglieder der Spezies Doktor mit ganz großem D und all die Diplom-an-die-Wand-Dübler, Ordensträger und Professoren, die sich beleidigt zeigen, wenn sie nicht korrekt angesprochen werden, seien sämtlich Egozentriker reinsten Wassers.

Ich bin da allerdings vollkommen anderer Meinung.

Aufpoliert

Der Typus, der nach Zertifikaten, Titeln, Diplomen und Orden giert, braucht all dies, um das Bild, das andere sich von ihm machen, aufzuwerten. Das funktioniert. Ich selbst habe es ausprobiert. Einmal habe ich mich in einem Hotel als Professor Doktor angekündigt – sowohl der Titel als auch der akademische Grad waren frei erfunden. (Bevor mich nun jemand wegen Titelklaus anzeigen will: Ich habe mein falsches Spiel später natürlich aufgeklärt.) Mein Auftritt als Professor Doktor Betschart hatte eine erstaunliche, deutlich spürbare Wirkung: Ich wurde noch schneller, noch umsichtiger als sonst behandelt. Es kann nicht an meinem Auftreten gelegen haben, dass ich so überaus zuvorkommend empfangen wurde – ich war dem Hotelpersonal ja noch gar nicht bekannt. Nein, da hatte schon im Vorfeld der prächtige Buchstabenvorbau seine Sogwirkung erzeugt, der sich so wenige entziehen können.

Diese Erfahrung bestätigt nur meine Einschätzung: Der Wert eines Menschen wird tatsächlich sehr häufig am Titel gemessen. Das freut mich für all die Titelinhaber, die souverän damit umgehen können. Keine Frage. Aber was ist mit den vielen anderen, die sich an ihre Namenszusätze und Ehrennadeln klammern wie der Efeu an die Hauswand? Was ist mit denen, die Auszeichnungen und Urkunden anscheinend dringend nötig haben, um sich überhaupt wahrgenommen zu fühlen? Diese Leute sind mir suspekt. Offenbar fehlt ihnen das stützende innere Gerüst, wenn sie immer wieder eine Stütze im Außen suchen.

Im Grunde haben diese Wichtigtuer mit dem muskelzeigfreudigen Mann vom eingangs erwähnten Getränkemarktparkplatz viel gemeinsam. Für denjenigen, der nicht zeigen kann, was er hat, ist nicht viel anderes übrig, was ihn definiert. Oder warum friert er lieber, als eine Daunenjacke anzuziehen? Wenn er es nicht ertragen kann, dass sein wohlgeformter, in Tausenden Stunden fachkundig modellierter Körper unsichtbar bleibt, dann hat er ein Problem. Und zwar dasselbe wie der Doktor, dem die Huldigungen zur Droge geworden sind und der seinen akademischen Grad nennen muss, um seinem

Auftreten die notwendige Bedeutung und das erforderliche Gewicht zu verschaffen.

Der Grund, warum diese Showtalente so viel Wert auf Äußeres legen, ist ganz einfach: weil das Innere so mangelhaft ausgestattet ist. Ganz tief drinnen sind sie unsicher, fühlen sich minderwertig, nicht beachtens- und liebenswert. Ihr wahres Ich ist winzig klein. Und um von ihrem desaströsen Innenleben abzulenken, legen sie großen Wert auf eine auf Hochglanz polierte, im wahrsten Sinne des Wortes blendende Oberfläche. Wenn das Ego nicht taugt, dann muss es eben der Titel richten. Oder das Aussehen. Oder das viele Geld. Was wäre denn, wenn der 23-jährige Rezeptionist sich nicht von dem Doktortitel seines Gastes beeindrucken ließe? Oder die allzu junge Freundin nicht vom Porsche Cabrio? Dann würde die ganze Pracht und Herrlichkeit in sich zusammenfallen. All die Äußerlichkeiten sind ja nur dazu da, das Ego ein wenig aufzupolieren und andere zu beeindrucken.

Diese Blender sind also alles andere als Egozentriker; denn wo kein Ego ist, da kann man es auch nicht als Maß aller Dinge, als Fixstern für sein eigenes Leben nehmen. Sie sind viel eher wie eine Christbaumkugel. Aufgeblasen und federleicht liegt sie in der Hand. Auf das Glas mit einer Wanddicke von nur wenigen Hundertsteln eines Millimeters ist eine noch dünnere Silberschicht aufgedampft, in der sich die Außenwelt spiegelt. Nur ihre glänzende Oberfläche hält sie zusammen. Spektakulär und kostbar sieht sie aus. Von inneren Werten, gar von Substanz, kann aber kaum die Rede sein. Es gibt nur die Spiegelung, sonst nichts. Innen befindet sich ein gähnender Hohlraum, ein Vakuum. Keine Frage, was passiert, wenn die Kugel mal von der Baumspitze herunterfällt …

Spielbälle

Ich kenne Mary gut. Sie lebt in Bangkok. Ihr Mann ist schon vor Jahren gestorben. Ihr ganzer Lebensinhalt ist ihr Sohn. Zum ersten Mal fiel mir das auf, als wir sie einmal zu Silvester einluden. »Ich würde so gerne kommen, aber mein Sohn bekommt Besuch«, lautete ihre Absage. Mary wollte nicht, dass er allein mit seinen Freunden daheim blieb. Nicht weil sie fürchtete, dass er nach der Feier ein Schlachtfeld in der Wohnung hinterlassen würde, sondern weil sie ihm bei der Betreuung seiner Kumpel helfen und sich um das Essen kümmern wollte. Weil sie bei ihm sein wollte.

Marys Sohn war damals schon kein pubertierender Teenager mehr, er war 23 Jahre alt. Inzwischen sind ein paar Jahre ins Land gegangen, aber noch immer ist er für Mary der Mittelpunkt, um den sich alles dreht. Und egal, was Mary vorhat, sie macht nichts, ohne es vorher mit ihrem Sprössling besprochen zu haben. Er ist ihr ganzer Halt, an ihm klammert sie sich fest.

Ich werde hier nicht klarmachen, dass es die Aufgabe der Eltern ist, ihrem Kind den Weg dafür zu ebnen, dass es sich von ihnen lösen kann. Dies ist schließlich kein Erziehungsratgeber. Und überhaupt sind Ratschläge das Letzte, was ich Ihnen geben möchte. Nein, ich will auf etwas ganz anderes hinaus. Ich meine, was auf den ersten Blick nach reiner Mutterliebe aussieht, ist manchmal nichts anderes als der Wunsch, eine Rolle zu spielen, einen Platz zu haben. Mary hat beides geschafft. Ihr Platz: dort, wo der Sohn ist. Ihre Rolle: ihm ein Rundum-sorglos-Paket anzubieten. Deshalb macht sie einen ganz glücklichen Eindruck. Mich aber macht es fast verrückt, das mit anzusehen.

Denn auch Mary ist eine Christbaumkugel. Außer der Spiegelung ihres Sohnes hat sie nichts vorzuweisen. Dass sie keinen anderen Lebenssinn findet, als ihren Sohn zu bemuttern, einen Sinn, der ihrer Individualität entspricht, ist ein Trauerspiel. Sie schaut nicht auf sich, sondern nur auf einen anderen – und verzichtet damit auf ein eigenes Leben. Wünsche, Gefühle? Nur für den Sohn, nicht für sich selbst. Sie ordnet ihre Interessen den seinen unter. Wahrscheinlich hat sie schon längst vergessen, dass sie überhaupt mal eigene hatte.

Weil ihr Lebensmittelpunkt nicht in ihr selbst, sondern außerhalb ihres Wesens liegt, ist ihre Existenz eine wacklige Angelegenheit. Die Katastrophe ist vorhersehbar: Wenn dem über alles geliebten Sohn die ganze Fürsorge irgendwann aufdringlich wird und er sich davon erdrückt fühlt und sich von ihr abwendet, steht Mary plötzlich ohne Inhalt, ohne Sinn da. Dann ist es so, als würde die glänzende Kugel in Seidenpapier gepackt und im Pappkarton auf den Dachboden gebracht werden. Dann gibt es nichts mehr, was sie spiegeln könnte. Es gibt nur noch den Staub, den sie im Dunklen ansetzt.

Die spannende Frage ist: Warum macht Mary das? Warum geht sie das Risiko ein, alle Karten auf ihren Sohn zu setzen? Meine Erklärung, nachdem ich sie schon einige Jahre kenne: Sie kann einfach nicht anders. Irgendwann hat sie den Absprung verpasst, ein eigenständiges, selbstbestimmtes Leben zu führen. Nur ihren Sohn auch über das angemessene Alter hinaus zu versorgen, gibt ihr noch das Gefühl, einen Wert zu haben. In dieser Rolle fühlt sie sich geborgen. Die Wahrscheinlichkeit, dass Mary aus dieser Scheinwelt herausgerissen wird, ist allerdings nicht so groß, wie man meinen könnte. Sollte ihr Sohn Fluchttendenzen zeigen, hat sie immer noch ein Ass im Ärmel. Marys Mantra: Es ist *mein* Sohn.

»Mein Auto«– das kann man sagen; jedenfalls so lange, bis man es zu Schrott fährt oder der Motor mit einem Kolbenfresser den Geist aufgibt. Aber »mein Kind«? »Mein Partner«? – Wer genau hinhört, dem fällt auf: Das gibt es nicht. »Mein« ist ein besitzanzeigendes Fürwort, doch niemand, wirklich niemand kann einen Menschen besitzen. Wenn jemand über »seinen Hans« oder »seine Lotte« spricht, fühle ich mich immer an einen Hundebesitzer erinnert. Ich kenne viele, die sagen: »Mein Hund ist das Wichtigste in meinem Leben!« Und Lumpi, Bella und Bonzo werden gehätschelt, gefüttert, dürfen mit ins Bett. – So gesehen behandelt so mancher seine Mitmenschen wie Hunde.

Doch Menschen sind keine Hunde. Sie können nicht domestiziert werden. Jedes Kind wird irgendwann erwachsen und will seinen eigenen Weg gehen. Partner können sich auseinanderleben. Freunde ziehen manchmal fort und lassen kaum mehr von sich hören. Der Chef kann seinen Mitarbeiter nach 20 Jahren Betriebszugehörigkeit schlichtweg nicht mehr brauchen. Oder der unersetzliche Angestellte kündigt, weil er etwas Besseres gefunden hat. Das alles kommt vor. Ständig. Wer aber sein eigenes Leben auf das Leben anderer aufbaut, der weigert sich einzugestehen, dass sich die Bindungen auch mal lösen. Dann wird der vermeintliche Besitzstand mit Zähnen und Klauen verteidigt. Mit kaltblütiger Erpressung wird versucht, den Status zu halten – koste es, was es wolle. Das ist eine reine Überlebensstrategie.

Diese Erpressungen funktionieren, indem das schlechte Gewissen des Möchtegern-Abtrünnigen aktiviert wird: »Ich war immer für dich da, du kannst mich doch jetzt nicht allein lassen! Wenn du mich jetzt verlässt, bist du ein schlechter Mensch.« Mit jedem Fluchtversuch wird die psychologische Fessel stärker angezogen: »Heute geht es mir nicht so gut. Mein Herz macht das alles nicht mehr mit …«

Mit anderen Worten: Gib mir dein Leben! Verzichte auf deine Erfüllung! Bleib auf Gedeih und Verderb bei mir! Und wenn der Trick mit dem schlechten Gewissen nicht mehr funktioniert und dem Erpresser trotz all seiner Bemühungen der Zugriff auf das Leben des anderen entgleitet, wird in vielen Fällen nur verbrannte Erde hinterlassen: »Du bist nicht mehr mein Sohn. Ich will dich nie mehr sehen.« Wenn es um Scheidung oder die Auflösung eines Geschäftsvertrages geht, will der Erpresser wenigstens das Geld. Dann wird jedes Maß und jeder Anstand über Bord geworfen und an sich gerafft, was es zu raffen gibt. Das Haus? Meins. Die Kinder? Die siehst du nur noch zu bestimmten Terminen und selbst dann finde ich Mittel und Wege, deine Treffen mit ihnen zu torpedieren. Die Firma? Auch wenn du es warst, der sie aufgebaut hat, will ich mindestens die Hälfte. Der Spruch »Geld oder Leben« bekommt so eine ganz neue Bedeutung.

Doch meistens kommt es gar nicht so weit. Schon im Vorfeld werden Mittelwege gefunden, Konzessionen gemacht – alles schön und gut. In jeder Beziehung ist es durchaus auch mal notwendig, Entgegenkommen zu zeigen. Doch gegen faule Kompromisse habe ich etwas. Der eine will Urlaub am Meer, den anderen zieht es in die Berge. Das Zugeständnis beider Seiten: Urlaub am Bergsee. Das Ergebnis dieser tollen Kompromisslösung: Keiner hat das, was er eigentlich wollte. Und keiner wird in diesem Urlaub wirklich glücklich.

Oder die Frau, die mit dem Golfen angefangen hat. Auf die Frage, ob es ihr Spaß macht, antwortet sie achselzuckend: »Na ja, mein Mann spielt auch Golf.« Das ist doch wie eine Bankrotterklärung! Richtig schlimm wird's, wenn es nicht nur um zehn Tage Urlaub oder ein Hobby geht, sondern um den Rest des Lebens: Wenn man beieinander bleibt, weil das Haus noch nicht abbezahlt ist oder weil die Kinder noch nicht groß genug sind; wenn man den Job nicht kündigt, weil es doch nicht geht, ein paar Monate arbeitslos zu sein.

Auch hier ist die Anziehungskraft einer glänzenden Oberfläche seltsam mächtig: lieber ein Leben in Kompromissen, als einen hässlichen Kratzer zu riskieren. So werden Lebensentwürfe zu Zerrbildern. Menschen führen Musterehen, in denen sie nicht glücklich sind. Für sie reicht es, niemanden zu enttäuschen – nicht einmal die Nachbarn.

Lieber weiter einen Minderleister im Unternehmen durchziehen, als ihm den Stuhl vor die Tür zu stellen und als gnadenloser Chef dazustehen. Lieber im ungeliebten Job bleiben als Konsequenzen zu ziehen und in einer neuen Stellung eventuell nicht mehr ein zehnköpfiges Team zu leiten und im Tennisklub entsprechend gut dazustehen. Dass es im Grunde Schwäche zu sein scheint, die einen hindert, sein eigenes Leben zu leben, wird verdrängt.

Ich habe das selbst erlebt. Es gab Momente in meinem Leben, da habe ich mir meine eigene Schwäche so deutlich vor Augen geführt, dass ich nicht umhinkam, ihr irgendwann ins Gesicht zu sehen.

Mittlerweile weiß ich, wie trügerisch angenehm es ist, sein eigenes Lebensmuster an ein fremdes anzudocken. Ich habe es erlebt, wie groß die Angst davor sein kann, niemanden zu haben, an den man sich anlehnen kann. Ich habe erfahren, was es bedeutet, aus Schwäche und Fahrlässigkeit ein unfreies Leben zu führen.

Ich war ganz unten.

Unter Nullen

Mit meiner ersten Firma bin ich gnadenlos pleite gegangen. Mit Schulden in den Hunderttausenden saß ich auf den Trümmern meiner Existenz. Wie das kam? Ich war nicht souverän genug gewesen.

Ich hatte das Unternehmen allein, aus eigener Kraft aufgebaut. Ohne dass mir von einem vermögenden Clan im

Hintergrund oder einem Mentor goldene Brücken gebaut worden wären. Das war harte Arbeit. Bald lief es gut, das Unternehmen florierte. Doch ich hatte wenig Selbstvertrauen und war unsicher, ob ich das wachsende Geschäft auch weiterhin ohne Hilfe stemmen konnte. Meine Verantwortung wuchs, und so fiel es mir auch immer schwerer, wichtige Entscheidungen allein zu treffen. Aber es war nun mal niemand da, mit dem ich mich hätte austauschen können. Unter all den anderen Unternehmern fühlte ich mich fremd und isoliert. Bis ich eines Tages einen erfahrenen Manager kennenlernte, der sich in diesem Umfeld wie ein Fisch im Wasser bewegte.

Dieser smarte, eloquente, durchsetzungsfreudige Typ schien keine Selbstzweifel zu kennen. Er war all das, was ich nicht war, und konnte all das, was ich meinte nicht zu können. Sein Glanz, seine Selbstsicherheit, sein starkes Auftreten beeindruckten mich. Doch je mehr ich zu ihm aufschaute, desto kleiner fühlte ich mich selbst.

Als ich ihn dafür gewinnen konnte, bei mir mit einzusteigen, hatte ich das Gefühl, den Deal meines Lebens gemacht zu haben. Endlich lag die Last nicht mehr allein auf meinen Schultern. Es tat so gut, ihm Verantwortung zu übertragen, mehr und immer mehr. Alles machte er mit leichter Hand. Ich war heilfroh, ihn an meiner Seite zu wissen, denn ich dachte: Allein bist du nichts. Klar – an seiner Seite wollte ich lernen, mich entwickeln. Aber es war auch so verdammt einfach, ihm immer mehr Macht zu geben. Ich spürte blindes Vertrauen.

Dann musste ich, wie in der Schweiz üblich, für ein paar Wochen zum Militär. Als ich zurückkam, war ich schockiert: Ich fand eine ganz andere Firma vor als die, die ich verlassen hatte. Mein Kompagnon hatte in meiner Abwesenheit alles verändert. Bereits am Eingang begrüßte mich ein neuer Gerätefuhrpark mit neuer Fax- und Kopieranlage. Die Büroräume waren komplett umgekrempelt, jeder Schreibtisch stand an einem anderen Ort. Und die Aufgabenverteilung der Mitarbeiter war auf den Kopf gestellt. Die Umstellungen waren aber nicht nur an mir vorbei entschieden worden, sondern auch schlichtweg unsinnig. Ich konnte nur noch zusehen, wie meine Firma ausblutete. Schlagartig wurde mir klar, wie viel Macht mein Partner bereits hatte. Dass er alles hatte, was er brauchte, um meiner Firma seinen Stempel aufzudrücken. Dass ich mich selbst ins Aus manövriert hatte. Dass ich keine Rolle mehr spielte.

Diese Zeit war ein Tiefpunkt in meinem Leben. Ich sah, dass ich einem anderen Menschen Verfügungsgewalt über meine Firma gegeben hatte – und ihm damit auch gleichzeitig Macht über mich zugestanden hatte. Denn meine Firma war mein Leben. Und mein Kompagnon machte Dinge, die ich niemals gutheißen konnte und die am Ende auch das Aus der Firma bedeuteten. Was er tat, fiel auf mich zurück und brachte mich in Misskredit. Für die Erkenntnis, dass es mein mangelndes Selbstwertgefühl gewesen war, das mich in die totale Abhängigkeit von einem anderen getrieben hatte, habe ich einen hohen Preis bezahlen müssen. Lehrgeld eben.

Dann habe ich noch einmal ganz von vorne angefangen. Meine Schulden bezahlt. Und mir vorgenommen: Nie wieder stütze ich mich auf einen anderen. Nie wieder will ich von anderen abhängig sein. Nicht von Geschäftspartnern. Nicht von Banken. Auch nicht von Freunden. Und nicht einmal von meiner eigenen Familie. Das hat nichts mit fehlendem Vertrauen oder gar mangelnder Liebe zu tun. Sondern mit dem Wert, den ich mir selbst gebe. Und ich weiß: Meine Eltern wollen gewiss keinen Sohn, der es nötig hat, sich an ihrem Rockzipfel festzuhalten.

Abhängigkeit ist also der Knackpunkt. Der eine ist abhängig von seinem Titel oder Status, der andere von »mein Haus, mein Boot, mein Auto«, der Nächste von dem Glanz der Menschen, an die er sich hängen kann wie ein Putzerfisch an einen Walhai und von dem er sich ausrechnet, dass ein klein wenig auch für ihn abfällt.

Networkingzecken sind dafür ebenfalls ein gutes Beispiel. Diese Weiterempfehlungsdrängler und Ich-hab-schon-1.853-Freunde-auf-Facebook-Typen plustern sich auf, manipulieren, lügen schamlos – nur damit sie ihrem Profil ein neues Gesicht hinzufügen können. 1.854 … Manchen reicht es nicht, sich nur im virtuellen Raum an mehr oder weniger bekannte Namen heranzuwanzen. Auch in der realen Welt erwecken sie den Eindruck, alles und jeden zu kennen. Der berühmte Schauspieler? Ja, mit dem war ich kürzlich gemeinsam im Konzert. Dass der drei Reihen weiter vorne saß und vom Name-Dropper überhaupt keine Notiz genommen hat, spielt ja keine Rolle. Den Geschäftsführer des Furore machenden Startups? Klar, kenne ich. Neulich waren wir zusammen beim neuen Nobelitaliener. Dass der Klammerer nur zufällig am Fenster des Restaurants vorbeigekommen war und den Geschäftsführer dort speisen gesehen hatte, interessiert in diesem Zusammenhang ja nicht. Diese Bedeutungsschnorrer sind genau die Leute, die sich beide Zahnreihen zeigend auf jedes Foto drängen, die oktopusgleich ihren Arm um jede Schulter legen und überall ihren Senf dazugeben, um sich und anderen zu beweisen, dass sie dabei gewesen sind.

Oder nehmen wir Charity-Veranstaltungen: Wie vielen Besuchern solcher Events dient ihr Engagement nur dazu, sich mit einem Image als Menschenfreund zu profilieren? Nun, solange Spendengelder zusammenkommen und dorthin gelangen, wo sie dringend gebraucht werden, ist das in Ordnung. Aber die Leute, die so etwas nötig zu haben scheinen, sind mir nicht wirklich sympathisch. Sie missbrauchen ein gut gemeintes System dazu, sich selbst zu erhöhen.

Oder die Energiestaubsauger, die immer nur den eigenen Vorteil im Blick haben. Für sie gilt das Motto »Nehmen ist seliger denn Geben«. Das sind diejenigen, die für ihren Umzug gerne alle Freunde und Bekannten aktivieren und sie nach getaner Arbeit mit einem warmen Händedruck verabschieden, selbst aber nie zur Verfügung stehen, wenn es darum geht, mit anzupacken. So wie die Freundin, die mindestens einmal in der Woche zu jeder Tages- und Nachtzeit anruft und nicht aufhört zu reden. Wie es auf Santorin war, wie der neue Lover sich macht, dass der neue Vorgesetzte keine Ahnung hat und nur Stress verbreitet ... Sie holt sich mit größter Selbstverständlichkeit Mitgefühl, Zuspruch und Rat ab wie an einer Supermarkttheke. Auf der anderen Seite kommt von ihr aber kein Interesse. Nicht einmal fragt sie: »Und? Wie geht's dir eigentlich so?« Das macht unendlich müde. Irgendwann müsste man sagen: »Hör mal, immer wenn du angerufen hast, bis ich total erledigt. Mein Energiepegel ist dann regelmäßig auf null und ich habe dann oft keine andere Wahl mehr, als erschöpft ins Bett zu fallen. Ich will das nicht mehr. Ich will nicht mehr, dass du mich nur anrufst, um deinen Seelenballast bei mir abzuladen.« Aber man tut es nicht.

Ich frage mich ernsthaft: Was ist nur los mit all den Leuten, die sich hinter einem Titel verstecken, ihr Leben unlösbar an das eines anderen ketten oder sich an mehr oder weniger virtuelle Gemeinschaften hängen, als wäre ihr Ego nicht größer als das einer Seepocke? Das ist im Grunde sehr traurig! Diese Menschen suchen ihr Heil im Außen, weil es im Innen scheinbar nichts zu holen gibt. Sie alle machen sich von der Aufmerksamkeit oder Zuneigung anderer abhängig. Wie gesagt, ich finde das traurig. Nicht für die Wirte dieser »Parasiten«, solange diese damit zurechtkommen, wenn ein blinder Passagier sich in ihre Entourage einschleicht ... Nein, für die kapitelnamensgebenden **Energiestaubsauger, Titeldiener, Networkingzecken** selbst tut es mir leid. Denn Abhängigkeit heißt schlichtweg: nicht selber auf eigenen Füßen stehen.

Jetzt können Sie mit Recht fragen: Ist das denn wirklich so schlimm, sich bei Gelegenheit einmal von anderen mitziehen zu lassen? Menschen sind doch keine batteriegeladenen Maschinen, die von alleine laufen; sie brauchen im Leben auch Unterstützung von außen! Das ist richtig. Aber sobald der innere Rückhalt fehlt, hilft nichts mehr – auch nicht die Hilfe von außen ...

In der Hölle

Wer bei Abhängigkeit gleich harte Drogen und schwere Suchtprobleme vor Augen hat, geht zu weit – und denkt zu kurz. Wenn ich persönlich an Abhängige denke, habe ich nicht die armen Menschen vor Augen, die sich in irgendeiner schmierigen Bahnhofstoilette den goldenen Schuss setzen. Oder die es nachts nicht mehr aus der Kneipe heimschaffen und auf der Straße in ihrem Erbrochenen liegen bleiben, bis sich jemand ihrer erbarmt. Ich denke hierbei eher an die »Christbaumkugeln« und blinden Passagiere. Deren Abhängigkeiten kommen natürlich nicht so drastisch und schlimm zum Vorschein, sondern viel leiser, aber auch sie können das Leben erschweren, wenn auch auf anderer Ebene.

Wer es sich zur Lebensaufgabe gemacht hat, in den Augen anderer gut dazustehen, oder darauf bauen muss, dass immer und überall andere für ihn da sind, zahlt einen sehr hohen Preis. Indem er sich von anderen abhängig macht, steht er nicht mehr für sich selbst und ist damit unfrei. Für mich undenkbar, für andere vielleicht erst mal kein Katastrophenszenario – solange sie nicht erkennen, was sie sich mit dieser Unfreiheit einhandeln: ein Leben im Schatten anderer. Und weil niemand sich im Schatten von jemand anderem sonnen kann, ist man in Unfreiheit zu einem Leben im Halbdunkel verurteilt.

Dazu kommt: Wer seinen Wert nur über andere, über Äußeres definiert, spricht sich selbst keinen eigenen, von der Einschätzung anderer unabhängigen Wert zu. Dieser ist in seiner Wahrnehmung gleich null. Das ist schlimm.

Aber noch schlimmer wird es, wenn die Person oder die Position, auf die sich der Abhängige stützt, wegfällt. Dann bricht automatisch auch sein Wert weg. Wenn Marys Sohn nach Australien zieht, bleibt eine Mary zurück, die sich nutz- und wertlos fühlt. Wenn der Ministerialdirigent pensioniert wird, bekommt er nicht mehr 150, sondern nur noch drei Glückwunschkarten zum Geburtstag. Solche Einschnitte zu verkraften, wenn zuvor das ganze Leben auf Titel, Position und Rolle ausgerichtet war, gelingt kaum jemandem. Bricht der Lebenssinn weg, macht das krank. Dieser Effekt hat durchaus auch auf gesellschaftlicher Ebene Folgen: Typische Krankheiten – von chronischen Rückenschmerzen über Burnout bis zum Schlaganfall – machen den Einzelnen und die Gesellschaft kaputt.

Das Leben in Abhängigkeit birgt auch noch andere Gefahren. Zum Beispiel dass das System mit der Spiegelung der Oberfläche nur dann funktioniert, wenn der, der gespiegelt wird, erfolgreich ist – und es auch bleibt. Einem Abhängigen kann es wie dem Peter Munk in Wilhelm Hauffs Märchen *Das kalte Herz* gehen.

Peter ist Köhler und unzufrieden. Seine Arbeit ist schmutzig, anstrengend und bringt nicht viel ein. Er fühlt sich benachteiligt. Mit begehrlichem Blick schaut er auf die anderen im Dorf. Bei ihnen sieht er all das, was er haben möchte und doch nicht hat. Da wird ihm durch einen Zauber gewährt, dass er immer genauso viel Geld in den Taschen hat wie sein Vorbild und Widersacher Ezechiel. Das geht eine Weile gut. Peters Leben wird leicht und angenehm. Je reicher Ezechiel wird, desto mehr Geld hat auch Peter. Als er aber im Wirtshaus gegen Ezechiel Runde um Runde im Würfeln gewinnt, merkt er, dass die Abmachung ihre Tücken hat. Weil Ezechiel ja alles Geld verliert, besitzt auch Peter plötzlich keines mehr – und wird verjagt.

Und die Moral von der Geschicht': Wer sich an andere klammert, erlebt mit ihnen nicht nur die Höhen, sondern auch die Tiefen. Wie viele – an sich kompetente – Politiker und Manager sind nie groß herausgekommen, weil ihre Mentoren, in deren Windschatten sie bis an die Spitze zu gelangen hofften, plötzlich von der Bildfläche verschwanden? Ihre Namen sind von einem Tag zum anderen dem Vergessen anheim gegeben.

Noch einmal ganz deutlich: Abhängige leben nicht ihr eigenes Leben. Das ist furchtbar und wohl das Schlimmste, was geschehen kann. Und doch viel verbreiteter als auf den ersten Blick angenommen. Denn was ein normales, konformes, angepasstes Lebensmuster zu sein scheint, entpuppt sich bei genauerem Hinsehen oft als graues Elend in Abhängigkeit.

Warum versuchen diese Leute aber nicht, ihre Freiheit, ihre Selbstbestimmung wieder zu erkämpfen? Eine berechtigte Frage. Weil die meisten ihre Unfreiheit gar nicht wahrnehmen. Man hat sich in seiner Abhängigkeit eingerichtet wie der Igel im Winterschlaf. Außerdem sind die Betroffenen häufig beratungsresistent. Wenn ein guter Freund einmal sagen würde: »Es ist nicht gut, wenn du dich so stark an dein Kind hängst«, oder: »Hör doch mal auf, immer zu betonen, dass du Führungsverantwortung für 20 Leute hast«, oder: »Du könntest bestimmt auch selbst mal was auf die Beine stellen; du hast es gar nicht nötig, immer nur für andere zu schuften«, dann wird die eigene Position bis auf die Knochen verteidigt. Jeder Ratschlag von außen wird als Angriff verstanden und hat als Reaktion nicht ein Nachdenken, sondern das Ausfahren der Geschütze zur Folge. »Du hast ja keine Ahnung« heißt es dann, und es wird noch mehr geklammert und geblendet als zuvor. So verstärkt sich die Abhängigkeit nur noch.

Es ist schon paradox: Abhängige Menschen besitzen keinerlei innere Reflexionsmöglichkeit – und das bei maximaler äußerer Spiegelung.

Vor diesem Hintergrund ist es gar nicht so einfach, die folgende Frage für sich beantworten zu können: »Wer bist du wirklich?«

Kapitel 2

Das Dagobert-Syndrom

Es könnte so leicht sein: Jede Woche einen Tipp abgeben, und nach rechnerisch 2,7 Millionen Jahren hat man endlich die sechs Richtigen plus Zusatzzahl. Dann gehen alle Träume in Erfüllung. Endlich raus aus dem Reihenhäuschen und eine Finca an der Costa Brava gekauft. In der Vierer-Garage steht neben dem Porsche Cabrio ein Ferrari. Und im Keller stapeln sich die Champagnerflaschen. Endlich ist man ganz vorne mit dabei. Endlich geht das Leben richtig los!

40 Prozent der erwachsenen Bevölkerung in Deutschland setzen mindestens einmal im Jahr Geld auf Lottozahlen. Die Hälfte von ihnen, also rund 20 Millionen Deutsche, tippen mindestens einmal im Monat – mit durchschnittlich 30 Euro Einsatz. Allein diese regelmäßigen Tipper füttern die gigantische Geldumverteilungsmaschine mit 600 Millionen Euro pro Jahr. Diese braucht eine Menge Schmieröl, rund 50 Prozent der Einsätze werden als Gewinne wieder ausgeschüttet. 10 Prozent gehen in die Verwaltung, den Rest holen sich die Bundesländer.

Eigentlich könnte ein Lottospieler gleich 15 Euro seines monatlichen 30-Euro-Einsatzes dem erstbesten Passanten, der ihm entgegenkommt, in die Hand drücken und die anderen 15 Euro dem örtlichen Sportverein zukommen lassen. Das wäre wahrscheinlich sinnvoller.

Sechs Richtige und ein falsches Leben

Warum spielen Leute eigentlich Lotto? Es geht um Träume. Jeder Mensch hat Wünsche, und die meisten von ihnen scheitern – weil nicht genug Bares zur Verfügung steht. Der Traum davon, einmal reich zu sein, ist übermächtig. Einmal in die Vollen gehen können, es den anderen zeigen. »Träumen Sie davon, auf einer eigenen Segeljacht die Ozeane durchqueren oder auf einer einsamen Insel unter Palmen ein eigenes Haus zu besitzen? Wollen Sie sich schon lange einen Sportwagen oder ein Reitpferd kaufen? Wünschen Sie sich ein eigenes Haus mit großem Garten und Pool oder ein Ferienhaus in den Schweizer Alpen? Natürlich kann man sich all dies nicht einfach so leisten – außer man gewinnt beim Lottospiel!« So steht es auf einer Internetseite, die auch dem Begriffsstutzigsten die verschiedenen Glücksspiele erklärt und ihn dazu animiert, sein Geld aus dem Fenster zu werfen.

Schöner Schein, böses Erwachen! Ein Geheimnis kann das nicht mehr sein. Spätestens seitdem im Reality-TV neben Schuldnerberatern und Erziehungsprofis auch Lottomillionär-Trainer aus ihrem Leben plaudern, ist klar: Selbst wenn es einmal mit dem warmen Geldregen klappen sollte, ist eher ein Absturz vorprogrammiert. Die Zahl der Lottomillionäre, die nur wenige Jahre nach dem großen Los von Freunden und Familie verlassen einsam dahinvegetieren, möchte man nicht zählen. Stuart Donnelly zum Beispiel, der 1997 mit 17 Jahren 1,9 Millionen Pfund im Lotto gewann und so zum jüngsten Jackpot-Gewinner Großbritanniens wurde. Um seinen Lottoschein einlösen zu können, musste er sich erst mal Geld für ein Busticket leihen. Doch die Heerscharen der mehr oder weniger guten Bekannten, die sogar in seinem Vorgarten zelteten, um etwas vom großen Kuchen abzubekommen, trieben ihn immer weiter in die Einsamkeit. Zwölf Jahre später starb er allein in seinem abgelegenen Haus – mit 29 Jahren. Den meisten Gewinnern bleibt noch nicht einmal mehr das Geld. Wie dem Bremer Postbeamten, der 1994 1,7 Millionen Mark gewann. Die Beziehung zu seiner Freundin, der er eine halbe Million schenkte, ging in die Brüche. Seine Projekte scheiterten. Heute hält er sich mit Hartz IV und einem 1-Euro-Job über Wasser und lebt in einer Sozialunterkunft auf zwölf Quadratmetern.

Schon 1978 zeigten die Psychologen Brickman, Coates und Janoff-Bulman, dass sich die gefühlte Lebenszufriedenheit von Lottogewinnern einige Zeit nach ihrem Millionengewinn auf einem Niveau befindet, das dem von Unfallopfern gleicht, die mit einer Querschnittslähmung zurechtkommen müssen. Bei dem einen senkt sich das gefühlte Glücksniveau nach der ersten Freude über den Hauptgewinn schnell wieder auf Normalniveau und darunter ab: »Wie schaffe ich es, meinem Mann, von dem ich mich scheiden lassen will, nichts abgeben zu müssen? Wie mache ich aus den 5 Millionen 10? Mit welchen Kniffen kann ich möglichst viele Steuern sparen?« Bei den anderen erreicht die Lebenszufriedenheit nach dem ersten Entsetzen ebenfalls wieder einen Wert ähnlich dem, den sie schon vor dem einschneidenden Ereignis spürten.

Und trotzdem wirkt das magische Raunen im Kopf: Wenn ich erst mal genug Geld habe, dann sind alle meine Probleme gelöst. Dann kann ich mir alles kaufen, was ich will. Geld ist aber kein Heilmittel. Kurzfristig ist es natürlich eine große Erleichterung, endlich das Dach neu decken lassen zu können und auch keine Angst mehr davor haben zu müssen, dass das Auto den Geist aufgibt. Doch Wünsche sind wie Sternschnuppen – hat man eine gesehen, will man schon wieder gleich die nächste im Himmel entdecken. Dem einen Wunsch folgen gleich zehn weitere Wünsche. Und die Jagd nach dem schnellen Geld verdrängt alles andere. So wie ich es einmal in Las Vegas erlebt habe.

Ein dringendes Bedürfnis

Spielautomaten waren schon in meiner Kindheit präsent. In dem kleinen Ort, in dem ich aufgewachsen bin, gab es ein Lokal. Hier war die Informationszentrale des Ortes, hier traf man sich und saß gemütlich beieinander. Wir

Kinder waren manchmal unsichtbar mit dabei. Wir hörten zu, lernten, schwammen mit. Einen Spielautomaten gab es, er war neben der Garderobe an der Wand montiert. Manchmal spendierte einer der Erwachsenen uns Kindern ein paar Rappen, um zu spielen. »Zum Üben«, sagte er dann. Das glänzende Geldstück in dem Schlitz auf Nimmerwiedersehen zu versenken, war mir aber suspekt. Ich kann mich auch nicht erinnern, dass einer von uns Kindern jemals seinen Einsatz zurückbekommen hätte. Schon damals habe ich die Finger vom Glücksspiel gelassen.

Als ich einmal in Las Vegas war, besuchte ich die berühmten Casinos. In riesigen Hallen standen die einarmigen Banditen in schier unendlichen Massen. Die Geräuschkulisse war unglaublich. In aller Ruhe ging ich durch die Reihen, schaute den Spielern zu, wie sie mit stierem Blick an den Hebeln zogen und wie ferngesteuert auf Knöpfen herumhämmerten. Sie nahmen nichts mehr von ihrer Umwelt wahr, waren total fokussiert auf das Gerät, vor dem sie hockten. Für mich war es faszinierend zuzuschauen. Das alles war mir so fremd, als würde ich einem Stamm auf Papua-Neuguinea bei rituellen Tänzen zuschauen. Die Leute waren wie vergiftet, schmissen händeweise Münzen in die gefräßigen Schlitze. Auf allen Stirnen war es zu lesen: »Lieber Gott, lass mich doch auch mal was gewinnen, ich hab's doch verdient!«

Ein Spieler fiel mir in dieser Umgebung besonders auf. Unruhig wippte er auf seinem Sitz herum, rutschte mit seinem Hintern hin und her, ließ aber immer weiter ein Geldstück nach dem anderen in der Maschine verschwinden. Während er förmlich am Automaten klebte, warf er wie ein in die Enge getriebenes Tier verzweifelte Blicke um sich. Ich blieb stehen und beobachtete ihn. Er war völlig aufgelöst. Der Grund: Er musste auf die Toilette. Dringend. Aber er wollte um keinen Preis die Maschine verlassen. Denn er hatte ja schon so viel eingeworfen, dass seiner Rechnung nach die Gewinnausschüttung nicht mehr lange auf sich warten lassen konnte. Für ihn ein Albtraum! Dollar um Dollar eingeworfen, kurz auf die Toilette gegangen und ein anderer, der sich während seiner Abwesenheit an »seine« Maschine setzt, bekommt mit dem ersten eingeworfenen Geldstück einen Riesenbatzen Geld. Seinen Gewinn! In seiner übergroßen Not machte er einen Deal mit einem anderen Spieler. Der sollte seinen Platz einnehmen, weiterspielen und im Fall des Gewinns einen Anteil bekommen. Wie von Hunden gehetzt rannte der Spieler dann in Richtung Waschräume.

Ich ging kopfschüttelnd weiter.

Was geht nur in den Köpfen von solchen Glücksrittern vor? Ich verstehe es einfach nicht! Wenn einer mehr Geld haben will, kann er mehr arbeiten. Oder sich fortbilden und einen besser bezahlten Job suchen. Wenn er selbstständig ist, kann er mit Inspiration neue Geschäftsfelder erschließen. Wenn er ein Unternehmen hat, kann er neue Kunden akquirieren oder außergewöhnliche Ideen entwickeln. Es gibt viele Möglichkeiten, um am Ende des Tages mehr Geld in der Kasse zu haben. Für alle. Am Spielautomaten aber, mit einem Tippschein oder am Roulettetisch habe ich doch überhaupt keinen Einfluss auf das Geschehen! Ich darf Kreuzchen machen, auf einem Knopf herumdrücken oder Plastikplättchen auf einem Tisch verteilen. Das gibt mir das trügerische Gefühl, aktiv zu sein. Doch es ist der Zufall allein, der darüber bestimmt, ob ich meinen Einsatz jemals wiedersehe.

Was ist eigentlich mit den Menschen los, die sich für ihr Geschick, ihr Lebensglück nicht selbst verantwortlich fühlen? Die sich lieber auf den Dusel verlassen, als sich selbst auf die Hinterbeine zu stellen? Eine merkwürdige Art des Denkens!

Alles meins

Ich kenne Menschen, die lassen sich ihr Mineralwasser aus Norwegen in die Schweiz einfliegen. Gletscherwasser, 1.500 Kilometer bis auf den Tisch. Der Wasserhahn in der Küche ist dagegen nur fünf Meter entfernt. Wenn es denn unbedingt in Flaschen abgefülltes Wasser sein soll, stehen weit über 20 Schweizer Quellen zur Verfügung. Und wenn man meint, es müsse unbedingt eine weltbekannte Marke sein, gäbe es immer noch die Möglichkeit, das Mineralwasser aus dem etwa 200 Kilometer entfernten Évian-les-Bains zu trinken. Doch *Evian* ist weniger in Zürich oder Basel hip, sondern in Thailand, wo es 9.000 Kilometer Reise hinter sich hat. Gibt es überhaupt noch ein italienisches Restaurant auf der Welt, in dem man nicht *San Pellegrino* bestellen kann? Als ob dadurch die Pasta oder die Pizza besser schmecken würde. Das ist doch verrückt! Ich kann darüber nur den Kopf schütteln. Und mich an Nachrichten wie dieser erfreuen: Das Wasser aus Südnorwegen, das im Berliner Hotel Adlon 19 Euro pro 0,8 Liter kostet, stammt irgendwie schon vom Gletscher – aber als Letztes hat es die Leitungen der städtischen Wasserwerke der Kleinstadt Iveland von innen gesehen – es ist das ganz normale Trinkwasser, mit dem die 1.250 Ivelander ihre Wäsche waschen, die Badewanne füllen und den Garten bewässern.

Was sind das nur für merkwürdige Ansprüche! Es muss das Beste sein, und wenn viele das Beste haben, muss es eben das Besondere sein. Mit größter Selbstverständlichkeit nehmen eine Vielzahl von Abiturienten für sich in Anspruch, dass mit bestandenem Abitur ein Auto mit roter Schleife vor der Tür steht und die überstolzen Eltern ihnen den Schlüssel in die Hand drücken. Und es darf dann bei einigen kein Opel Corsa mit Tachostand 150.000 sein, sondern mindestens das neueste Mini-Modell mit maximaler Ausstattung. Wer von den Mitschülern leer ausgeht, wird mitleidig angeschaut. Ich würde mich nicht wundern, wenn die Autofirmen demnächst den Schriftzug »Abi 2015« auf der Heckscheibe genauso wie ein elektrisches Schiebedach oder Klimatronic als wählbares Accessoire anbieten würden.

Alles eine Attitüde der einkommensstarken Kreise? Nein, die Anspruchshaltung zieht sich quer durch die Gesellschaft: Mir steht zu, ich habe verdient, für mich soll's rote Rosen regnen. Untersetzte, nicht mehr ganz taufrische Omega-Männer von geringer Bildung und wenig Charme meinen ein Recht darauf zu haben, eine 25-jährige attraktive Blondine zur Partnerin zu haben. Leute, die in ihrem Job weniger leisten als andere und quasi kurz vor der Kündigung stehen, fragen nach einer Gehaltserhöhung. Reisende, die eine Woche Gran Canaria inklusive Flug für 189 Euro pro Person gebucht haben, beschweren sich, wenn sich in ihrem Hotelzimmer eine Schabe zeigt oder der Abwasserkanal gleich am Badestrand ins Meer mündet. Wenn nicht alle zehn Minuten im öffentlichen Nahverkehr ein Bus fährt, der die Nachtschwärmer zu später Stunde aus den Kneipen der Kreisstadt in die Schlafstädte fährt, könnte man meinen, die Zivilisation oder zumindest die Bürgerrechte seien in Gefahr. Und wenn der nächste Spielplatz mehr als 50 Meter entfernt ist, wird sofort von der kinderfeindlichen Gesellschaft gefaselt.

Anspruch auf eine Rente, die keine Wünsche offenlässt? Warum nicht, wenn im Arbeitsleben genug verdient und zurückgelegt wurde? Wenn es aber nur noch Kreuzfahrten statt Arbeit für jeden über sechzig geben soll – wer bezahlt das? Die Familie mit drei Kindern will eine Sechs-Zimmer-Wohnung? Kein Problem, wenn sie es sich leisten kann. Kann ja auch schön sein, wenn jedes Kind sein eigenes Zimmer hat. Aber muss es so sein? Niemand hat ein Geburtsrecht auf ein eigenes Zimmer, eine eigene Wohnung, ein eigenes Haus. Ist das Leben nicht mehr lebenswert, wenn sich der Dreijährige mit dem Achtjährigen ein Zimmer teilen muss? Was sind das denn bitte schön für Maßstäbe?

Dass es in unseren westlichen Gesellschaften selbstverständlich ist, jedem ein Dach über dem Kopf und genug

Essen zu garantieren, ist etwas Besonderes. Und erst seit Kurzem überhaupt möglich. Es ist keine 100 Jahre her, dass ganze Großfamilien in einem Zimmer lebten und alte oder kranke Menschen, die nicht mehr arbeiten konnten, darum bangen mussten, einen Platz zum Schlafen und Suppe im Topf zu haben. Ich will dies ganz sicher nicht als »gute alte Zeit« verklären, aber unsere Ansprüche nüchtern betrachten und auf den Boden der Tatsachen stellen. Also: Ein Dach überm Kopf und genug zu essen, egal was man tut oder eben nicht tut – das ist großartig. Dass Menschen in unserem Kulturkreis diese Sicherheit haben, sollten sie dankbar genießen. Dass es aber gleich ganz unabhängig vom Einkommen ein Vier-Zimmer-Apartment für einen allein in bester Lage sein soll oder teures Convenience-Food, das man nur noch in die Mikrowelle schieben muss, das sind Ansprüche, die mir ganz und gar unverständlich sind. Es geht mir nicht allein um die »Armen« und oftmals als »Verlierer« der Gesellschaft bezeichneten Menschen. Nein, ich meine einen alarmierend großen Teil der Bevölkerung. Überzogene Ansprüche sind eine Volkskrankheit.

Wie war das denn im Sommer 2011, als räubernde Banden durch die Innenstädte Londons, Liverpools und Leeds' zogen? Das waren nicht nur diejenigen, für die selbst die erste Stufe der sozialen Leiter unerreichbar war, sondern auch Jugendliche aus sogenanntem gutem Hause. Sie schleppten wie die anderen tonnenweise Smartphones und Flachbildschirme, Adidas-Klamotten und Cola-Dosen aus den verwüsteten Geschäften ins gutbürgerliche Eigenheim. »Es gibt was zu holen? Da mach ich mit.« Das ist genau die Abgreifermentalität derjenigen, die am Spielautomaten sitzen: die Erwartung, dass ihnen etwas geboten wird, das Wünsche und Bedürfnisse umgehend erfüllt und befriedigt – ohne den Ansatz einer Idee, dafür auch eine Gegenleistung erbringen zu müssen. Wer träumt nicht davon, mit einem geträllerten Liedchen über Nacht zum Superstar und reich und berühmt zu werden! Diese Haltung des Irgendwann-wird-mir-schon-was-herübergeschoben-denn-allein-dadurch-dass-ich-geboren-wurde-habe-ich-das-verdient ist im Grunde wie ein permanenter Banküberfall: Geld her.

Nun, mit den Fingern auf andere zeigen ist einfach. »Der da drüben hat überzogene Ansprüche«, das sagt sich leicht. Sich selbst hat man da weniger im Blick.

Mit 320 PS einen Esel überholen

Es ist gar nicht so lange har, da wäre ich selbst beinahe wieder einmal in diese Denkfalle der überzogenen Ansprüche hineingetappt. Wir haben ein Apartment auf Mallorca. Zwei Monate im Jahr bin ich dort. Also brauchen wir ein Auto. Schon hatte ich ein sportliches BMW-Modell im Blick. Aber ich wurde stutzig. Ganz abgesehen von den vielen Zehntausend Euro Anschaffungskosten hätten schon die Steuern 1.500 Euro pro Jahr betragen. Das allein sind 25 Euro pro Tag, den ich auf der Insel verbringe. Nur damit das Auto dort steht. Dazu kommen die weiteren Unterhaltskosten. Wenn ich dagegen einen Fiat

Punto miete, wenn ich ihn brauche, bezahle ich 20 Euro am Tag. Ich muss das Auto noch nicht einmal waschen oder zur Werkstatt fahren. Warum sollte ich mir also ein dickes Auto in die Garage stellen, wo es in der salzwasserhaltigen Luft langsam vor sich hinrostet? Nur damit ich auf den mallorquinischen Straßen PS-mäßig mit den Nachbarn mithalten kann? Oder ich in der Community der Hausbesitzer nicht unangenehm auffalle? Damit ich nicht schräg von den Passanten angeschaut werde, wenn ich mit dem Kleinwagen vor dem In-Restaurant parke und aussteige? Nicht mit mir!

Die Entscheidung, kein Auto zu kaufen, sondern uns bei Bedarf einen kleinen Wagen zu mieten, war alles andere als von schnödem Geiz getrieben, sondern pures praktisches Denken. Und die bewusste Lossagung von Automatismen. Viele Menschen denken nicht darüber nach, was Dinge eigentlich bedeuten. Ein Auto ist einfach nur ein Auto – es bringt mich von A nach B. Natürlich, manchmal ist es auch ein Statement, zum Beispiel wenn ich bei einem Kunden vorfahre. Aber doch nicht immer! Viele vergessen das.

Zwischen Geiz und Gier liegt die Sparsamkeit. Und die Frage: »Macht das jetzt wirklich Sinn?« Sparsamkeit ist relativ, und das Augenmaß, das man braucht, um diese Frage zu beantworten, fehlt viel zu oft. Es würde mir zum Beispiel nicht in den Sinn kommen, unbedingt 350 Euro für eine Jeans auszugeben. Es ist doch nur eine Hose! Die Jeans vom gerade angesagten Label sitzt ja nicht unbedingt besser als eine für 100 Euro. Für mich hieße das: 250 Euro zu viel ausgegeben. Die eine Hälfte davon sind ein sattes Trinkgeld für die netten Komplimente im Jeans-Store, die andere geht für den Namen der Marke drauf. Wenn einer viel Geld ausgibt, weil er kann und weil er Spaß daran hat, habe ich kein Problem damit. Warum auch nicht? Eine Menge Leute, vom Modedesigner bis zur Zuschneiderin in der Fabrik, freuen sich darüber. Aber diejenigen, die meinen, es nötig zu haben, den Respekt und das Wohlwollen ihrer Freunde erkaufen zu müssen, indem sie sich in einer überteuerten Beinbekleidung sehen lassen, die tun mir leid. Sie haben etwas zu wenig: Selbstbewusstsein – und etwas zu viel: den Glauben, das mit teurem Schnickschnack ausgleichen zu können. Zumal das zur Aufwertung des Egos erforderliche Geld meistens erst noch zusammengeborgt werden muss.

Fertig mit der Lehre oder dem Studium? Da kommen zur Erholung von der Anstrengung eigentlich nur drei Monate Australien und Neuseeland infrage. Natürlich auf Pump, denn ein richtiges Einkommen wurde ja noch gar nicht verdient. Eine Beförderung? Da muss gleich eine neue Wohnung oder ein dickeres Auto her. Ebenfalls auf Pump, denn das Mehr an Geld wird ja erst in der Zukunft fließen. Zwei ziehen zusammen? Dann teilt man sich natürlich nicht eine der alten Wohnungen, sondern vergrößert sich. Aus zwei Zwei-Zimmer-Apartments wird allerdings keine Vier-Zimmer-Wohnung, sondern schnell eine mit sechs Räumen oder gleich das 180-Quadratmeter-Haus mit Garten am Stadtrand. Und aus dem Polo und dem Corsa werden der Audi TT und der Sharan, weil ja Nachwuchs geplant ist. Wohlgemerkt: Keiner der beiden verdient mehr als zuvor. Um über die absehbare

Durststrecke hinwegzukommen, gibt es ja die Banken und Kredite.

Hier ist es wieder, das Anspruchsdenken. »Man muss sich doch auch mal was gönnen«, heißt es, und: »Ich habe mir das doch verdient.« Nein, eben nicht, wenn man dafür Geld leihen muss! Genau dieser Automatismus ist es, der viele Menschen in den Ruin treibt. Der Schuldneratlas Deutschland 2010 zeigt: 6,49 Millionen Menschen über 18 Jahren, also fast jeder zehnte erwachsene Bundesbürger, sind überschuldet. Das heißt, sie können ihre Zahlungsverpflichtungen nachhaltig nicht erfüllen. Sie werden nicht mehr auf einen grünen Zweig kommen, denn ihr Netto-Einkommen reicht einfach nicht aus, ihren ganz persönlichen Schuldenberg in absehbarer Zeit abzubauen. Stattdessen wird der durch die Zinslast immer höher. Die Folge: Allein im Jahr 2010 haben in Deutschland etwa 140.000 Privathaushalte Insolvenz angemeldet.

Und das sind nur diejenigen, die sich aus dem Sumpf, in den sie sich hineinmanövriert haben, nicht mehr herausstrampeln können. Neben diesem Zehntel der Gestrauchelten verspürt ein weiteres Drittel der Bundesbürger zumindest zeitweise »Schuldenstress«. Am Ende des Monats wird es für sie regelmäßig eng. Kein Wunder, dass viele Versicherungen oder auch die Telekom gerne zur Monatsmitte bei ihren Kunden abbuchen; da ist dann noch was zu holen. Auch bei diesem Personenkreis klaffen zwischen Einkünften und Ausgaben Löcher – von faustgroß bis unüberschaubar. Aber der Flachbildschirm der neuesten Generation muss trotzdem her. Deshalb sind private Haushalte im Durchschnitt mit Konsumentenkrediten von über 1.700 Euro verschuldet. Da sind die Hypotheken fürs eigene Häuschen gar nicht enthalten. Wie kann das sein? Eigentlich wäre es doch ganz einfach: Was nicht eingenommen wird, kann auch nicht ausgegeben werden. Im Zweifelsfall wartet man eben noch ein Weilchen, bis es für das neue Sofa reicht.

Doch wer soll da mahnend den Finger heben? Der Staat ist alles andere als ein Vorbild – der macht ja selber unendlich große Schulden. Ende 2010 standen Bund, Länder, Gemeinden und Sozialversicherung auf dem Kreditmarkt mit 2.035.000.000 Euro in der Kreide. Das sind über 2.000 Milliarden, also etwa vier Fünftel des Bruttoinlandproduktes. Allein die durch den Euro-Rettungsschirm verursachte Verschuldung jedes Bundesbürgers betrug im Oktober 2011 rechnerisch knapp 25.000 Euro. Da fallen die 1.700 Euro für die private Heimkinoanlage vom Betrag her kaum ins Gewicht! Sie zeigen nur, wie schnell und gerne wir bereit sind, über unsere Verhältnisse zu leben.

Wir haben es ja auch nie richtig gelernt. Der Umgang mit Geld ist kein Schulfach. Schon 2007 gab in einer Studie des Bankenverbands jeder zweite Jugendliche an, dass er sich in Geld- und Finanzfragen nicht auskennt. Als finanzielle Analphabeten haben viele Schulabgänger noch gar nicht verinnerlicht, dass man Geld nur einmal ausgeben kann und dass sich ein Dispo-Kredit von 13,5 Prozent katastrophal auswirkt, wenn sich erst einmal ein paar Hundert Euro Miese angesammelt haben. Sie ignorieren, dass sie mit dem Schuldenmachen Probleme nur in die

Zukunft verschieben – und dass auf den kurzfristigen Genuss langjähriger Schmerz folgt. Verzicht und Mäßigung sind eben uncool, Genuss sofort scheint ein Grundrecht zu sein. Und mit steigendem Alter wird einer, dem das Geld zwischen den Fingern zerrinnt, nur selten klüger.

Bleibt einzig die Hoffnung auf den guten Geist, der eines Morgens am Bett steht und mit einem Bündel Barem freundlich winkt: »Hier, das ist deins. Das hast du dir verdient. Das löst alle deine Probleme.«

König Löwenherz vs. Prinz John

Robin Hood war ein Held. Er nahm den Reichen und gab den Armen. So sorgte er für soziale Gerechtigkeit. Für die meisten ist er ein Vorbild, mich aber überzeugt die Geschichte nicht. Denn es geht in der landläufig erzählten Geschichte ja nur um die kurzfristige Befriedigung von Bedürfnissen. Dem Händler, der sich in den Sherwood Forest gewagt hat, wurden seine Silberstücke abgenommen und den Darbenden gegeben. Nach ein paar Tagen war alles wieder beim Alten. Die Reichen waren weiter reich und die Armen wieder arm, denn der Hasenbraten und das Bier, das sie sich geleistet hatten, waren längst gegessen und getrunken. Einfach nur ein bisschen Geld hin und her zu verteilen, reicht eben nicht. Für mich ist das eine Scheingerechtigkeit.

Was passiert, wenn ein Schnitt gemacht und allen Menschen dasselbe gegeben wird, zeigt die Währungsreform

1948 in Deutschland. Damals hatte jeder 40 Mark in der Tasche. Schon nach kürzester Zeit waren die Mittel wieder ungleich verteilt. Die einen kauften sich etwas Feines zum Essen, um endlich einmal wieder richtig satt zu werden, die anderen hungerten ein wenig weiter und kauften für das Geld lieber, zum Beispiel, eine Schubkarre und ebneten so ihrem Transportunternehmen den Weg.

Genau das ist in der Regel der große Unterschied zwischen dem Reichen und dem Armen: Der Reiche ist deshalb reich, weil er langfristig denkt, der Arme holt sich erst mal ein Päckchen Zigaretten. Der unbedarfte Lottomillionär und andere zu Geld Gekommene verschleudern das Geld – legendäres Beispiel ist George Best, Sohn eines Hafenarbeiters, der in den Sechzigerjahren der erste Superstar des englischen Fußballs war und am Ende in finanziellen Schwierigkeiten steckte. Sein berühmtester Satz lautet: »Ich habe eine ganze Menge Geld für Alkohol, Frauen und Autos ausgegeben; den Rest hab ich einfach verschleudert.« Die wirklich Reichen dagegen denken unternehmerisch, sie investieren ihr Geld sorgfältig. Die Aldi-Brüder, der IKEA-Gründer Ingvar Kamprad, die Quandt-Familie – sie alle haben eines gemeinsam: Einfachheit. Understatement. Sie sind es, die gemeint sind, wenn es heißt: »Von den Reichen lernt man das Sparen.«

Arme werden nur dann wohlhabend, wenn sie klug investieren. Reiche werden dann wieder arm, wenn sie aufhören zu investieren und meinen, vom Erfolg ihrer Väter zehren zu können, ohne einen Handschlag tun zu müssen. Die Armen bleiben arm, egal wie viel Geld man ihnen in die Hand drückt, weil sie es für Unsinn ausgeben.

Deshalb bringt es nichts, den Reichen etwas wegzunehmen, um es den Armen zu geben. Robin Hood ist ein Idiot.

Oder jedenfalls die merkwürdige Figur, die man aus ihm gemacht hat. Wenn man aber beiseitelässt, wofür er gemeinhin steht, und die Sage genauer liest, ergibt sich ein ganz anderes Bild: Robin Hood hatte nichts gegen Reiche, schließlich diente er am Ende gerne und dankbar dem reichsten und mächtigsten Mann Englands: König Löwenherz. Robin Hood liebte auch nicht jeden Armen. Ich kann mir nicht vorstellen, dass er das geraubte Geld dem dorfbekannten Alkoholiker in die Hand gegeben hätte, damit der mal wieder so richtig einen heben gehen konnte. Er gab es der Witwe mit einer Handvoll Kindern, die sie trotz ihrer anstrengenden Arbeit als Wäscherin nicht satt bekommen konnte. Für mich ist es ganz klar: Robin Hood kämpfte gegen unverdientes Geld. Und gegen unverdienten Anspruch. Deshalb hasste er Prinz John, der die Abwesenheit seines Bruders von König Löwenherz ausnutzen wollte, um sich selbst unrechtmäßig auf den Thron zu setzen.

So gesehen ist Robin Hood auch für mich ein Held: Er unterscheidet nicht zwischen Arm und Reich. Sondern zwischen rechtmäßig und unrechtmäßig; zwischen Menschen, die Verantwortung für sich selbst übernehmen, und jenen, die sich durchs Leben schummeln wollen, indem sie auf Kosten anderer leben und von deren Arbeitskraft zehren. Wer den Unterschied zwischen arm–reich und verdient–unverdient nicht wahrhaben will, verwechselt auch Gleichheit mit Gerechtigkeit.

Im Grunde sind all diejenigen, die ein übersteigertes Anspruchsdenken an den Tag legen, zu bedauern. Sie sind nicht nur unzufrieden, weil das Verlangen nach dem Mehr niemals gestillt ist, es lässt sie sich auch in Schulden stürzen und macht sie arm. Aber steckt wirklich nur der Wunsch, die eigenen gefühlten Bedürfnisse möglichst schnell und möglichst umfassend zu befriedigen, dahinter? Oder gibt es noch eine ganz andere Ursache?

Der Schlüssel zum Pech

»Oh Schatz, der ist ja wirklich wunderbar!« Das Paar steht im Autohaus vor den richtig teuren Limousinen. Die Ledersitze, die Linienführung – ein Traum! Sandra ist hellauf begeistert. Wie ein Kind, das mit kundigem Blick die Geschenke unter dem Weihnachtsbaum durchgeht, läuft sie ein weiteres Mal um das Auto, das schon so lange ein Traum von ihr ist. Udo aber schaut ein wenig skeptisch, der Leasingvertrag ist wirklich happig. Am liebsten würde er seine Sandra irgendwie aus dem spiegelblanken Verkaufsraum herauslotsen und sie mit einem Mittagessen im teuersten Restaurant der Stadt ablenken. Als Sandra sich mit betörendem Augenaufschlag und einem »Der ist doch wirklich Wahnsinn, oder?« an ihn wendet, dämmert ihm, dass er aus dieser Nummer nicht mehr herauskommt.

Udo ist ein wenig älter als Sandra. Unter seiner sportlichen Kappe verstecken sich schon die ersten dünnen

Stellen im Haar. Und auch die betont legere Kleidung täuscht nicht darüber hinweg, dass er bestimmt schon auf dem Gymnasium war, als Sandra geboren wurde. Also beißt er die Zähne zusammen und nickt dem Verkäufer kurz zu. Sandra juchzt erfreut auf und hängt sich an seinen Hals: »Danke, Bärchen, das ist ein so tolles Auto! Du bist einfach der Allerallerbeste!«

Wer erfüllt hier eigentlich wem welche Bedürfnisse? Udo ist nicht ganz wohl in seiner Haut, denn er weiß sehr genau, dass er Sandra auf Dauer nur halten kann, wenn er jetzt nicht allzu sparsam ist. Sandra liebt Udo, und sie liebt das schicke Cabrio, in dem er saß, als er sie damals angesprochen hatte. Sandra mag auch ihre Freundinnen. Die fahren alle tolle Geländewagen, die sich wie fahrbare Festungen durch die Straßen bewegen. Vom super-gepflegten Landrover-Oldtimer bis zum Porsche Cayenne ist jede Luxusmarke dabei. Da will sie nicht länger zurückstehen müssen. Das kleine Cabrio, das sie von Udo übernommen hat, als sie sich kennenlernten, ist auch schon vier Jahre alt. Geht gar nicht!

Armer Udo. Arme Sandra. Da stehen sie und werden eine ordentliche Stange Geld ausgeben, obwohl es eigentlich gar nicht notwendig ist. Doch die Abhängigkeit von anderen treibt sie dazu. Längst geht es nicht mehr nur darum, sich selbst einen Wunsch zu erfüllen, sondern darum, gut dazustehen. Sandra ist davon abhängig, was die Freundinnen sagen. Udo ist davon abhängig, dass Sandra ihn spendabel findet.

Die Frage, die sich Udo stellen sollte, ist also nicht, welches Auto er haben möchte, sondern welchen Menschen.

Möchte er mit jemandem zusammen sein, der ihn dafür liebt, was er hat – oder für das, was er ist? Aber das tut er nicht. Lieber will er mehr scheinen, als er ist. Das ist menschlich. Schrecklich ist nur, dass er keinen anderen Wert an sich selbst feststellt als sein Geld und das, was er sich dafür kaufen kann.

Menschen machen sich abhängig von Statussymbolen. Was wird nicht alles angeschafft, um sich bedeutender und attraktiver zu fühlen und sich einen Platz in der Gemeinschaft zu sichern! Gerade auf den Markt gekommenes elektronisches Spielzeug, mit dem man auch nicht besser kommunizieren kann als mit dem alten, das noch sehr gut funktioniert. Botox und Silikon. Sündhaft teure Boote, mit denen man aber nur ein-, zweimal im Jahr losschippert, weil man gar keine Zeit hat, seinen Kauf auch zu genießen. Wenn man dann mit ein paar neidischen Freunden endlich den Weg zum Starnberger See oder Bodensee gefunden hat, steht man im Cockpit und muss sich mühsam daran erinnern, wie die durchzugsstarke Innenborder-Volvo-Diesel-Maschine zu starten geht. Mit dem Geld, das allein das Unterbringen des Bootes im Winter kostet, könnte man über eine Stiftung vier oder fünf Patenkindern eine Zukunft bieten. Wer kein Boot oder ähnlich teures Spielzeug kaufen kann, sammelt eben Krawatten, Handtaschen, Montblanc-Füller, Dupont-Feuerzeuge oder maßgeschneiderte Hemden mit eingesticktem Monogramm. Wie viel Paar Schuhe braucht ein Mensch wirklich? Zwei, drei Paar?

Das Dumme daran: Mit all diesen Dingen wird man gar nicht glücklicher. Denn ein Ende ist nie erreicht. Die sensationellen 200 Gigabyte Speicherplatz von heute sind der Lacher von Morgen. Wer dann nicht ein paar Hundert Gigabyte mehr vorzuweisen hat, ist abgehängt. Es ist wie ein nicht endendes Wettrüsten. Die fehlende Anerkennung, fehlende Wertschätzung wird nur im Moment des Kaufs kompensiert. Der Einkaufsgenuss ist sehr kurz – wenige Sekunden dauert das Glück an. Gleich nachdem einer 300 oder 3.000 Euro für eine Handtasche oder einen Füller ausgegeben hat, ist der Glücksmoment auch schon wieder vorbei. Daheim landen die Dinge in der Ecke und werden im nächsten Jahr verschenkt, auf eBay versteigert oder kommen auf den Sperrmüll.

Es ist doch völlig verrückt: Dinge zu kaufen, die man nicht braucht, vom Geld, das man nicht hat, um anderen zu imponieren, die man in Wirklichkeit gar nicht mag. Aber genau das ist der Grund, warum manche Menschen immer finanziell am Limit sind: Sie geben zu viel Geld für das Falsche aus. Ganz oben auf der Liste der überbezahlten Dinge: die eigenen vier Wände. Es werden Häuser gekauft, auch wenn nur ein verschwindend kleiner Bruchteil der Kaufsumme bar vorliegt. Ein Wahnsinn! Dann bezahlt man sein ganzes Leben das 140-Quadratmeter-Haus mit 200 Quadratmetern Garten ab. Auch dann noch, wenn die Kinder längst ausgezogen sind und das gesamte Obergeschoss Staub ansetzt.

Und wenn gemietet wird, verschlingt eben die Miete einen Großteil des frei verfügbaren Einkommens. Mein Leitsatz ist klar und eindeutig: Man darf nur maximal 20 Prozent seines zur Verfügung stehenden Geldes für die Miete ausgeben. Als ich diese Maxime einmal in einem

Seminar vorstellte, erhob sich sofort empörter Einspruch – die Veranstaltung fand in München statt. »Das ist hier gar nicht möglich. Hier gibt es keine Wohnungen für weniger als 1.000 Euro monatlich.« Ja und? Wer in München lebt, hat ein Netto-Einkommen von 3.500 Euro, also sollte er nur 700 Euro in die Miete stecken. Wenn es keine Vier-Zimmer-Wohnung für 700 Euro gibt, dann mietet man eben eine Zwei-Zimmer-Wohnung. Wenn auch das nicht zu machen ist, dann gründet man eine WG oder wohnt zur Untermiete. Wer sagt denn, dass man eine eigene Wohnung besitzen muss, eine für sich selbst ganz allein? Und wer drei Kinder und eine Frau hat, 2.000 Euro netto verdient und keine Eltern zum Häuschenvererben hat, für den sind München, Hamburg, Düsseldorf oder Garmisch-Partenkirchen zu dem Zeitpunkt eben nicht die richtige Stadt. Das mag im ersten Moment hart klingen, aber alles andere ist Augenwischerei.

Es hilft nichts, die Augen vor Tatsachen zu verschließen. Wenn die Hälfte des Geldes allein in die Miete oder die Abzahlung der Hypothek wandert, dann ist man nicht mehr zu retten. Wer jetzt sagt, es sei die Schuld der Politik, dass es Städte gibt, in denen sich Normalverdiener kaum halten können, hat damit vielleicht recht. Das ist aber noch lange kein Grund, sich zu ruinieren, indem man erwartet, dass andere sich schon irgendwie darum kümmern, dass man sich mit 2.200 Euro netto eine 1.000-Euro-Wohnung leisten kann. Und wer jetzt beleidigt ist, weil er in seiner Lieblings- oder Heimatstadt mit einem Zimmerchen auskommen soll, ändert nichts an der Tatsache, dass man nur das mieten sollte, was man auch bezahlen kann. Eben aus dem Grund, damit man noch genug übrig hat, um angenehm zu leben. Wer das nicht einsieht, fesselt sich selber und macht sich im wahrsten Sinne des Wortes zum Immobilen – zum Nicht-Mobilen, zum Bewegungsunfähigen.

Apropos Mobilität: Das Auto ist die zweite große Geldsenke. Ich kenne viel zu viele Leute, die sich ein Auto gekauft haben, das ein oder zwei Nummern zu groß für ihr Leben und ihren Geldbeutel ist. Nicht nur das Auto selbst ist teuer. Der Unterhalt, die Steuern, die Versicherung, der Treibstoff, die Reparaturen – die Kosten werden auf Dauer zu hoch , wenn man sich ein Auto aus einer zu hohen Preisklasse aussucht. Einer, zu dessen Möglichkeiten ein Fiat Panda passt, sollte sich keinen Golf kaufen; einer, zu dem ein A4 passt, sollte sich keinen A8 in die Garage stellen, und einer, der sich einen Mercedes der neuen A-Klasse leisten kann, sollte sich nicht auf einen Maserati versteifen.

Ist das nun ein Verbot zu träumen und Träume wahr zu machen? Gibt es denn keinen Weg zum Traumhaus, zum Traumauto, zum Traumleben?

Der 1,5-Millionen-Dollar-Mann

Wer weniger ausgeben kann, als er möchte, muss mehr verdienen. Es gibt drei Arten von Geldverdienen. Einmal den klassischen Weg: Zeit gegen Geld. Je mehr Zeit einer opfert, desto mehr Geld kann er verdienen. Napoleon schlief nur drei bis vier Stunden am Tag; ihm ging es allerdings nicht um Geld, sondern um Macht. Er sagte: »Vier Stunden schläft der Mann, fünf die Frau, sechs ein Idiot.« Aber auch er konnte seine enorme Schaffenskraft nicht ins Unendliche steigern, denn der Tag hat 24 Stunden, keine Minute mehr. Gegen diese Begrenzung kommt niemand auf der Welt an. Bleibt also nur, die Hebelwirkung zu verstärken. In diesem Fall heißt das, den Stundenlohn zu erhöhen. Statt 5,80 Euro die Stunde kann man auch das Tausendfache und mehr verdienen. Nach oben ist alles offen. Voraussetzung: Man kann etwas, was nur wenige können – Spezialisierung ist das Zauberwort. Ein hervorragender Pianist, ein Gehirnchirurg, dem niemand das Wasser reichen kann, ein genialer Künstler, sie können mit einer Stunde Arbeit mehr verdienen als ein Fliesenleger oder Altenpfleger in einem Jahr. Bill Clinton bekommt bis zu 250.000 Dollar für eine einstündige Rede; seine Zuhörer zahlen Preise bis zu 3.500 Dollar und freuen sich wie Schneekönige, wenn sie eine der begehrten Karten ergattert haben. Ex-Bundeskanzler Gerhard Schröder bringt es auf immerhin 75.000 Dollar pro Auftritt. Der Immobilien-Tycoon Donald Trump machte Schlagzeilen damit, dass er laut österreichischem Wirtschaftsblatt für einen einstündigen Vortrag 1,5 Millionen Dollar erhielt – dies allerdings von seiner eigenen »Universität«, dieses Entgelt sollte man also eher unter der Sparte gelungene Werbemaßnahme verbuchen …

Die zweite Art, an Geld zu kommen, besteht darin, aus dem Geld mehr Geld zu machen. Das geht, indem man investiert. Zum Beispiel in die Ideen anderer Leute. Wer anderen Geld leiht, bekommt es mit Zinsen zurück – wenn sie erfolgreich sind. Wenn die Schuldner mit ihren Ideen auf die Nase fallen, ist das Geld weg. Ähnlich ist es, wenn man in Aktien investiert. Dann setzt man sein Vertrauen nicht in die Fähigkeiten eines einzelnen Menschen, sondern eines ganzen Unternehmens. Viele Menschen sind mit Aktien reich geworden. Das geht natürlich nur, wenn man damit geschickt umgeht.

Bestes Beispiel für diesen Weg ist der amerikanische Großinvestor und dutzendfache Milliardär Warren Buffett. Er fing mit null an, als Zehnjähriger trug er Zeitungen aus. Die verdienten Cents brachte er nicht zum Eisverkäufer oder kaufte sich Heftchen dafür, sondern sparte sie eisern. Als er ein wenig beisammen hatte, fing er an, in kleinem Rahmen zu investieren. Cent häufte er auf Cent, Dollar auf Dollar – es brauchte Jahrzehnte. Eine Erfolgsgeschichte, weil er nie zu gierig wurde, immer das Maß fand. Er lebt immer noch in dem Haus, das er sich vor über 50 Jahren gekauft hat. Andere dagegen bekommen nie genug, haben keine Geduld – und setzen alles in den Sand. Viele Menschen sind mit Aktien arm geworden.

Der amerikanische Milliardär John Paul Getty wurde gefragt, wie man reich wird. Seine Formel: »Steh früh auf, arbeite hart, finde Öl.« Auch eine Möglichkeit. Aber es geht auch ganz ohne Öl. Und ganz ohne früh aufstehen zu müssen. Die dritte Art, Geld zu verdienen, ist schlichtweg: Mehrwert. Nämlich Dinge zu schaffen, die der Menschheit dienen, die für Menschen einen großen Wert entfalten. Tina Turner hat das geschafft mit ihrer Musik, die jedem den Tag besser macht. Joanne K. Rowling hat das geschafft mit ihren Harry-Potter-Büchern, die eine ganze Generation von Kindern und Jugendlichen glücklich machten, viele von ihnen überhaupt erst zum Lesen gebracht haben. Bill Gates hat das geschafft mit seinen Softwarelösungen, die es ermöglicht haben, dass in jedem Haushalt ein Computer steht und den Alltag erleichtert. Mark Zuckerberg hat es geschafft mit Facebook, das die Menschen auf dem Globus miteinander verbindet. Die Liste lässt sich leicht verlängern. Aber das Prinzip dahinter ist immer dasselbe: Diese Menschen waren angetrieben von einer Idee. Und zwar nicht von der Idee, Geld verdienen zu wollen. Sondern von der Idee, einen Mehrwert für die Menschheit zu schaffen. Sie haben sich nicht gefragt: Wie werde ich reich? Sondern: Wie gebe ich anderen einen großen Nutzen, wie schaffe ich einen großen Wert?

Sie wollen mehr Geld? Das heißt nicht, dass Sie jetzt in die Liga von Zuckerberg, Gates & Co. aufsteigen müssen. Sie müssen kein neues Facebook erfinden und auch keine Roman-Reihe schreiben.

Aber statt sich an einen Spielautomaten zu setzen, investieren Sie. Das ist schon ein Schritt nach vorne. Denn jetzt ist es nicht mehr nur vom reinen Zufall abhängig, ob sich das eigene Geld vermehrt oder nicht, jetzt können Sie mitbestimmen. Sie sind es, der entscheidet, ob es lieber Commerzbank-Aktien sein sollen oder die von der Deutschen Bank. Ob Energiesektor oder Pharmabereich. Das ist jedoch gleichzeitig der Haken am Investieren: Sie setzen Vertrauen in einen Menschen, in ein Produkt, in ein Unternehmen – und bleiben damit abhängig von der Performance anderer.

Viel sinnvoller ist es daher, in sich selbst zu investieren – in Wissen und Know-how. Schon Henry Ford sagte: »Die beste Investition ist die in die eigene Person.« Doch gute Bildung kostet Geld; wenn sie nichts kostet, ist sie bestenfalls nur mittelmäßig. Doch für Bildung gutes Geld auszugeben, kommt den meisten Menschen leider nicht als Erstes in den Sinn. Stattdessen suchen sie im Konsumieren schnelllebige Befriedigung und machen für alles Mögliche Schulden: für Sofas, Espressomaschinen und – Gipfel der Kurzsichtigkeit – für Urlaub. Der Urlaub ist nach zwei Wochen vorbei. Die Schulden bleiben. Für mich ist die einzige intelligente Art, Schulden zu machen, die Investition in Persönlichkeitsentwicklung. Ein gutes Seminar muss etwas kosten. Sie glauben, Bildung sei teuer? Dann versuchen Sie es mal ohne! Der Mensch muss lernen, in Wissen und in seine Fähigkeiten zu investieren.

Mit einer Investition in Bildung und Persönlichkeitsentwicklung lässt sich der eingangs erwähnte erste Weg des Geldverdienens leicht verwirklichen – mehr Lohn pro Zeiteinheit. Damit hat man mehr Geld. Und nun? Ist das alles, was man zum Glück braucht?

Entenhausen ist überall

Ich erinnere mich an eine Frau, die ein Vermögen von 2 Millionen Euro besaß – und ständig über ihre enge Mietwohnung klagte. »Ein Zimmer mehr wäre schön. Und erst recht ein größerer Balkon.« Das wird sicher in zehn Jahren auch noch so sein ...

Oder das Ehepaar, das wir in Thailand kennengelernt haben und das sich eine 25-Millionen-Villa auf Phuket errichtet hatte. Wenn das Paar von Deutschland nach Thailand fliegt, quetscht es sich in die Economyclass, nur um etwas Geld zu sparen. Und am Zielort wartet dann die Luxusvilla ...

Das ist unglaublich – und ehrlich gesagt auch traurig. Aber ich erlebe oft, dass Menschen ein Leben lang ihren Träumen nachlaufen. Das Verrückte daran: Meistens könnten die Träume umgesetzt werden, das Geld wäre vorhanden oder zumindest mit ein wenig Anstrengung erreichbar. Doch die wenigsten wollen das liebe Geld, das sie bereits angesammelt haben, gegen die Erfüllung ihrer Träume eintauschen.

Das Geld, das diese Menschen bereits angehäuft haben, wollen sie nicht antasten. Für die wirklich wichtigen Dinge im Leben wollen sie es nicht ausgeben.

Was passiert da eigentlich? Ich bringe es auf den Punkt: Das Geld-Haben ist wichtiger geworden als der Zweck, zu dem man es eigentlich hat.

Die Folge: Sorgen über Sorgen, jede Zuversicht wird abgetötet. Die Angst ums Geld versklavt jede Minute, im Kopf überwuchern negative Vorstellungen alles Positive. Die Sorge um Geld lässt einen das wahre Ich vergessen.

Zwei Extreme: Die einen haben kein Geld und geben sehr viel aus. Und die anderen haben Geld und trauen sich nicht, es auszugeben. Auf der einen Seite die heillose Jagd ums Besitzen, all die Statussymbole als Götzen, das Geldausgeben, um das Ego zu befriedigen. Und auf der anderen Seite: das Nicht-Geldausgeben, um ja nicht mehr ohne dastehen zu müssen. Beides scheint sich gegenseitig auszuschließen, beides kommt bei bestimmten Menschen gleichzeitig zum Zuge. Ich nenne es das »Dagobert-Syndrom«. Dagobert Duck ist der reiche Onkel von Donald. Er besitzt einen riesigen Turm, der mit Goldtalern angefüllt ist. Jeden Morgen nimmt er ein Geldbad in seinem gehorteten Schatz und fühlt sich danach frisch für den Tag. Er ist das Sinnbild des Geizes. Wenn es aber darum geht, sein Ego aufzupolieren oder Einsatz zu bringen, um noch größere Reichtümer anzuhäufen, kann er das Geld mit vollen Händen ausgeben.

Ein Mensch mit Dagobert-Syndrom leidet an Armutsdenken – er ist arm an Mut und arm an Selbstbewusstsein. Er wird niemals sein Geld dafür hergeben, um sich einen Traum zu erfüllen. Denn was kommt danach? Er wird sich hilf- und wertlos fühlen und – statt sich an dem erfüllten Traum zu erfreuen – den Zeiten nachtrauern, als er noch wie Dagobert ein Goldbad nehmen konnte. Menschen, die diesem Verhaltensmuster verfallen sind, sind so heiß auf das Geld, dass sie nicht merken, was es sie kostet. Sie sehen Geld nicht mehr als Mittel an, sondern sprechen ihm einen Eigenwert zu. Sie wollen es besitzen, um es zu haben. Nicht, um es gegen Sinnvolles einzutauschen.

Wer auf das Geld fixiert ist und nicht mehr seinen tatsächlichen Sinn im Blick hat, verliert das Gespür für die Realität. Er wird immer Angst haben, benachteiligt zu werden, zu kurz zu kommen. Er ist mehr damit beschäftigt, was er bekommt, nicht damit, was er leistet. Seine Fixierung auf das Geld lenkt ihn vom eigenen Selbst ab. Er vergisst, nach sich selbst zu schauen. So verliert er seine Souveränität und wird abhängig. Vom Geld.

Ich dagegen vertrete die Auffassung: Wer sich an Reichtümer klammert, ist arm. Denn Geld kann von heute auf morgen weg sein. Nur wenn man sein Selbstbewusstsein in sich selbst verankert hat und nicht in einer äußeren Glitzerwelt, wenn man also ohne Probleme arm sein kann, dann ist man wirklich reich. Die Antwort auf die Frage, was wichtig ist, darf nie lauten: Geld. Sonst hat man vom Leben nichts verstanden. Geld muss immer ein Stellvertreter sein für etwas anderes.

Wenn ich von heute auf morgen bei null anfangen müsste – ich hätte keine Angst davor, denn mental bin ich meiner sicher. Großspuriges Geschwätz? Nein. Ich weiß es. Dreimal habe in meinem Leben neu angefangen, zweimal war ich schon Millionär, zweimal musste ich alles aufgeben. All diese finanziellen Hochs und Tiefs haben mir mein Selbstvertrauen nicht nehmen können. Ja, die Rückschläge haben es sogar noch gestärkt. Was ich gelernt habe: Mit echtem Selbstvertrauen, dessen Kern im eigenen Inneren liegt, muss man niemals wieder bei null anfangen. Ich weiß um meinen Wert. Und den Wert, den ich in mir trage, kann mir keiner nehmen. Ich sage nicht, Geld sei nicht wichtig. Aber für mich bedeutet Geld einfach Freiheit und Unabhängigkeit.

All die Dagoberts verlieren aus dem Blick, was wirklich wichtig ist: Sie wissen auf den Heller genau, wie viele Fantastilliarden sich in ihrem Geldspeicher befinden, doch sie wissen nicht um ihren persönlichen Wert.

Kann Unwissen überhaupt schlimmer sein?

Kapitel 3

Loslassen und reich werden

Die Zeit ist kein Geld.
Aber den einen nimmt das Geld die Zeit
und den anderen die Zeit das Geld.
Ron Kritzfeld

Mit 13.000 Containern beladen liegt der knapp 400 Meter lange Frachter am Terminal. Im Maschinenraum geht es hektisch zu. Alles ist bereit zur Ausfahrt, doch der mächtige 130-Tonnen-Propeller rührt sich nicht. Die zwölf Zylinder bringen die über 100.000 PS nicht auf die Antriebswelle. Der leitende Ingenieur schwitzt Blut und Wasser. Zusammen mit dem zweiten technischen Offizier versucht er alles, um die Maschine zum Laufen zu bringen, aber die Fehlermeldungen an der Maschine bekommen sie nicht in den Griff. Immer wenn sie glauben, den Fehler behoben zu haben, ploppt ein neues rotes Licht auf dem Überwachungsboard auf. Beinahe minütlich fragt der Kapitän nach dem Stand der Dinge.

Auch er steht unter enormem Druck, denn jede Stunde, die das Schiff den Terminal blockiert, kostet die Reederei 100.000 Dollar.

Dem Kapitän wiederum sitzt der Reeder im Nacken. Er befindet sich im fernen Europa und meint, der Mannschaft per Satellit Dampf machen zu müssen. Durch seine Wutanfälle wird die Situation nicht gerade leichter. Schon vor Stunden hat der Kapitän vorgeschlagen, dass ein Spezialist eingeflogen wird. Der könnte in 90 Minuten per Hubschrauber vor Ort sein und die Maschine wahrscheinlich im Handumdrehen auf Vordermann bringen. Doch der Reeder sperrt sich. »Viel zu teuer! Diese Experten verdienen ein Schweinegeld. Ich bezahle meiner Mannschaft eine Menge, damit sie die Maschinen am Laufen hält. Jetzt müssen die Leute zeigen, was sie können.«

So verstreicht Stunde um Stunde. Die Ingenieure sind heillos überfordert. Immer wenn es scheint, sie hätten alles im Griff, bricht das System wieder zusammen. Längst haben sie keine Idee mehr, wie sie es besser machen könnten, doch die Devise des Reeders ist auch bei ihnen angekommen. Sie sagt klar und eindeutig: Es wird kein externer Experte hinzugezogen. Basta! Also werkeln die beiden weiter in der Hoffnung, einen Zufallstreffer zu landen.

Kurze Zeit später interveniert der Kapitän erneut beim Reeder. »Die Situation hier ist untragbar. Wir brauchen den Experten. Wir schaffen das nicht allein. Die Zeit läuft uns davon.«

Der Reeder kollabiert fast am Telefon. »Kommt gar nicht infrage. Hinterher kommt der Spezialist bei euch an und das Ding läuft schon längst wieder. Dann kann ich den auch noch fürs Nichtstun bezahlen. So läuft das nicht mit mir.«

Doch. So läuft das mit ihm. Denn nach zehn Stunden gibt der Reeder entnervt auf. Der Maschinenprofi wird angefordert. Er betritt den Maschinenraum und nach einer Viertelstunde läuft der Antrieb wieder. Langsam legt der Koloss vom Containerterminal ab, endlich ist der Kai nicht länger blockiert.

Was den Reeder das Ganze gekostet hat: Zehn Stunden à 100.000 Dollar, also eine satte Million – und 10.000 Dollar für den Einsatz des Spezialisten plus 6.000 Dollar Spesen.

Auf dem falschen Dampfer

Es ist der Verleger und spätere Mitverfasser der amerikanischen Unabhängigkeitserklärung Benjamin Franklin gewesen, der in seiner 1748 erschienenen Schrift *Ratschläge für junge Kaufleute* schrieb: »Zeit ist Geld.«

Die Anekdote von dem Kunden, der eines seiner Bücher kaufen wollte, macht klar, was Franklin mit diesem Spruch meinte. Dem Kunden schien der Dollar, den Franklins Angestellter für das Buch verlangte, zu viel zu sein. Also bestand er darauf, den Chef persönlich zu sprechen. Franklin, der gerade in den hinteren Räumen an seiner Zeitung arbeitete, ließ sich nur ungern stören, kam aber trotzdem nach vorne. Der Kunde forderte von ihm einen günstigeren Preis als den ganzen Dollar. Doch Franklin verlangte nun eineinviertel Dollar für das Buch. Der Kunde wusste nicht, wie ihm geschah: »Aber Ihr Verkäufer wollte doch nur einen Dollar!«

Franklin entgegnete: »Hätten Sie es nur für diesen Preis genommen! Stattdessen halten Sie mich von der Arbeit ab.«

Der Kunde verstand nicht und wollte weiter um den Preis handeln: »Also, was ist der niedrigste Preis, den Sie anbieten können?«

Franklin blieb kühl: »Eineinhalb Dollar! Und je länger Sie meine Zeit in Anspruch nehmen, desto teurer wird es!«

Wie eine Grundsteinlegung klingt diese Geschichte im Blick auf das heute allgemein herrschende Verständnis vom Geldverdienen. Es wird aufgefasst als: Ich verleihe meine Zeit, vermiete einen Anteil an meinem Leben an jemand anderen, und bekomme dafür Geld. Das jedenfalls scheint das weitverbreitete Verständnis von Arbeit zu sein. Arbeit = Zeit weggeben = Geld verdienen.

Klingt einfach – aber einfach heißt nicht unbedingt, dass es auch gut ist.

Die Zeit, die einer weggibt, ist für ihn persönlich verlorene Zeit. Er macht dann nicht mehr das, was er selbst tun will, sondern das, was sein Eigner, sein Chef von ihm will. Man übersteht das, um mit dem verdienten Geld den anderen Teil seines Lebens, den eigentlichen Teil, zu leben: Zeit mit der Familie verbringen, sich sportlich betätigen, am eigenen Häuschen bauen, Urlaub machen ... Mit dieser Einstellung ist die Zeitrechnung zweigeteilt. Nicht in vor Christus und nach Christus, oder in Tag und Nacht, sondern in die eigene Zeit und die Zeit, die man einem anderen verkauft hat. Dann gibt es die gute Zeit, die man für sich hat, für die Familie, für das, was einen wirklich interessiert. Und die Zeit, die man als »Lohndiener« irgendwo abarbeitet, absitzt.

Menschen, die ihre Zeit weggeben, um Geld zu verdienen, schleppen sich an langweilige Bürotische und schauen den ganzen Tag lang auf die Uhr. Oder sie jetten um die Welt und ärgern sich, dass es ihr Vertrag nicht zulässt, Überstunden abzufeiern. Diese Leute sind es, denen ihr Lieblingsradiosender schon am Donnerstag mit nervig aufmunternder Stimme zuruft: »Heute ist Donnerstag, Leute. Durchhalten, morgen noch einmal auf die Arbeit – und dann geht's ab ins Wochenende!«

Kann das denn alles sein? Lag Benjamin Franklin mit seinem Spruch »Zeit ist Geld« so daneben?

Was vielen nicht klar ist: Benjamin Franklin steht auch für etwas ganz anderes. Sein Zitat ist im Grunde unvollständig, denn an anderer Stelle schrieb er: »Verschwende weder Zeit noch Geld, sondern nutze beides so gut es nur geht.« Damit meinte er nicht, noch mehr Geld aus der zur Verfügung stehenden Zeit zu pressen, sondern beides so einzusetzen, dass die eigenen Ziele verfolgt werden können. Und das Ziel ist es eben nicht, Geld anzuhäufen, sondern etwas zu bewirken.

Das Bestreben von Benjamin Franklin war es zum Beispiel, das Gemeinwesen zu fördern. In den frühen Siedlungen Amerikas waren die allgegenwärtigen Feuersbrünste eine Geißel. Ihrer Bekämpfung galt ein großer

Teil seiner Aufmerksamkeit. Er gründete in Philadelphia die erste freiwillige Feuerwehr und erfand den Blitzableiter. Franklin setzte sich auch für die Bildung seiner Mitmenschen ein und initiierte die erste Leihbibliothek Amerikas. Jede einzelne Familie konnte von seinem Gemeinsinn profitieren. Selbst über die Konstruktion eines Holzofens mit besonders hohem Wirkungsgrad und wenig Rauchentwicklung dachte Franklin nach. Er entwickelte den *Pennsylvania Fireplace* mit der Absicht, die Hütten und Häuser der Siedler von den ätzenden Rauchschwaden zu befreien und den Holzbedarf zu senken, sodass die Männer weniger Zeit für das Schlagen von Holz aufwenden mussten. Als ihm angeboten wurde, mit einer Patentierung seines Ofens Geld zu verdienen, sagte er: »So wie wir von den Erfindungen anderer profitieren, sollten wir über jede Gelegenheit froh sein, anderen durch unsere Erfindungen zu dienen. Und dies sollten wir kostenlos und großherzig tun.«

Benjamin Franklin ist für mich aus dieser Sicht einer der Größten.

Sein Lebensentwurf ist ganz, ganz weit entfernt vom »Time is money«, so wie es heute verstanden wird. Franklin konnte beides: Sich die Zeit nicht durch Unnützes und Ablenkendes stehlen lassen und ein größeres Ganzes im Auge behalten und es in großzügiger Weise voranbringen.

Wie ist das mit uns? Ist uns die Großzügigkeit etwa abhandengekommen?

Sekundenjäger

»Alle meine Freunde kriegen mehr als ich.« Wenn Jugendliche ihre Eltern fragen, ob sie nicht eine Erhöhung ihres Taschengeldes bekommen können, haben sie diesen Standardsatz auf Lager. Ich staune immer wieder: Vielen Eltern reicht das als Begründung. Damit bringen sie ihrem Nachwuchs bei, dass er sich auf zwei Dinge im Leben stützen darf: Das »Ich bekomme ohne Gegenleistung« und das »Die anderen haben das ja auch«.

Ein Sechsjähriger erhält vielleicht 2 Euro in der Woche; ein Zwölfjähriger schon eher 5 Euro. Steigendes Alter bedeutet steigendes Taschengeld. Das ist in Ordnung so. Denn der Kleine kauft sich am Kiosk ein paar Fußballbildchen, der ältere Bruder will mit seinen Freunden auch mal ins Kino gehen. Genauso automatisch wie das Taschengeld steigen jedoch auch die Pflichten. Der Sechsjährige erfüllt sie, wenn er sein Zimmer aufräumt. Mehr werden die Eltern in den meisten Fällen nicht von ihm verlangen. Wenn aber der Zwölfjährige sich weigert, auch mal einkaufen zu gehen oder das Bad zu putzen, und gleichzeitig trotzdem ein höheres Taschengeld erwartet, dann stimmt etwas nicht. Dann wird der Anspruch herangebildet, man könne alles bekommen, was man möchte, ohne einen Handschlag dafür tun zu müssen. Wenn die Kinder, die so aufwachsen, in der Erwachsenenwelt angekommen sind, ist dieses Anspruchsdenken längst verinnerlicht.

Das ist das eine. Nun zum »Die anderen haben das ja auch«. Das setzt dem Anspruchsdenken noch mal eins drauf. Nun heißt es nicht mehr nur: »Ich will das, was ich glaube zu brauchen«, sondern auch: »Ich will mindestens das haben, was mein Nebenmann hat; besser noch: mehr als das, was er hat.«

Da ist ein Mann, nennen wir ihn Bert; das ist in seinem Fall die Kurzform von Dagobert. Berts Arbeitskollege Anton wird im Urlaub für zwei Wochen in die Dominikanische Republik fahren, also will Bert das auch. Die eine Woche Bayerischer Wald, die er eigentlich geplant hatte, reicht plötzlich nicht mehr aus. Er will jetzt mehr. Noch lieber wäre es ihm, er könnte Anton ausstechen, indem er nicht in die Karibik, sondern nach Vietnam oder Venezuela führe. Da war noch keiner von seinen Bekannten.

Bert vergleicht sich mit anderen, und haben sie weniger, fühlt er sich gut. Haben sie mehr, packt ihn der Neid. Dann missgönnt er seinem Nebenmann das, was er hat – und will es selber haben. Das ist ein Problem. Verschärfend wirkt sich aus, dass er sich nicht nur mit einem bestimmten Menschen vergleicht, sondern mit vielen anderen. Der eine hat ein großes Haus, der zweite ein dickes Auto, ein dritter viel Geld auf der Bank. Bert sieht nicht, dass der mit dem Haus hohe Hypothekenschulden hat und sich deshalb nur ein kleines Auto leistet. Er sieht nicht, dass der mit dem vielen Geld auf der Bank nur deshalb so viel auf die Seite gebracht hat, weil er sich nichts gönnt und wie ein Eremit lebt. Der neidische Bert will alles: Haus, Auto und einen Haufen Geld im Tresor.

Bert will von allem das Beste, er pickt sich also nur die Rosinen aus dem Kuchen. Wie aber soll er all seine Begehrlichkeiten erfüllen? Denn das will und muss er, weil er nur auf andere schielt und sich davon abhängig macht, mit anderen mithalten zu können.

Nun passiert etwas Merkwürdiges: Um all das zu haben, was die anderen haben, muss es billig sein. Der Nachbar hat ein Abercrombie & Fitch-Sweatshirt? Er will auch eines, kann es sich aber nicht leisten. Denn es kostet bei Amazon 100 Euro, im Laden 120 Euro. Das ist ihm zu teuer. Eine Fälschung aus der Türkei ist schon für 10 Euro zu haben. Also gibt er einem Freund den Auftrag, ihm eines mitzubringen und durch den Zoll zu schmuggeln.

Manche Menschen haben in ihrer Küche einen Kaffeevollautomaten stehen. Diese Maschinen können bis zu mehrere Tausend Euro kosten; ja, da ist schon mal so viel fällig wie für einen Kleinwagen. Wenn einer bereit ist, den Preis zu bezahlen – kein Problem. Berts Kumpel Fred hat auch so ein Gerät. Es sieht aus wie der Motorblock eines Audi A8. Wie ein Maschinist steht der glückliche Besitzer morgens vor dem Apparat und werkelt, bis er eine Tasse Espresso mit perfekter Crema in Händen hält. Bert will das auch haben, natürlich ohne viel Geld dafür ausgeben zu müssen. Aber er steckt ja in der Zwickmühle, dass er den Kaffeevollautomaten, das teure Sweatshirt und alles andere besitzen muss, was ihm vor die Nase gehalten wird. Damit ist er genau der richtige Kunde für eine Maschine für 90 Euro aus dem Super-Sonderangebot vom Elektronik-Discounter, deren Gehäuse aus zehn Metern Entfernung aussieht wie Chrom, aber nur bedampftes Plastik ist. Und die nicht einmal diese 90 Euro wert ist. Billig eben.

Billig kaufen ist teuer

Für Bert finden sich also immer Mittel und Wege, seinem Neid Zucker zu geben. Jedenfalls was das Äußere angeht. Er hat nun das superedle Sweatshirt, und er hat eine Kaffeemaschine. Aber beides ist qualitativ minderwertige Ware. Das macht ihm jedoch nichts aus, solange er sagen kann: »Ich habe das auch!«

Dieser Mechanismus ist der Grund, warum Internetportale mit Namen wie *Mäc-Geiz, Billiger.de* und *Geizhals.de* so dick im Geschäft sind. Sie zählen zu den meistbesuchten Seiten im Web. Ihre Kunden sind lauter Berts. Für sie soll alles möglichst günstig oder umsonst sein.

Neid und Geiz sind also Zwillinge. Geiz bedeutet, dass es vor allem billig sein muss. Schweinefleisch für 3,99 Euro pro Kilo? Her damit. Ein T-Shirt für 2,99 Euro? Das ist ja ein Super-Schnäppchen! Da kann man doch nicht vorbeigehen! Der Preis steht über allem. Wer zwanghaft auf den Preis schielt, bedenkt nicht, was dahinter steht: Da hat jemand die Baumwolle angebaut und geerntet. Jemand hat den Stoff gewebt und zugeschnitten. Ein anderer hat die Teile zusammengenäht. Dazu der Transport und die Gewinnmargen für die Händler. Selbst wenn es einem egal ist, dass der Preis nur auf Kosten anderer zustande kommen kann, bleibt noch die bedauernswert geringe Qualität. Das T-Shirt verliert schon nach der ersten Wäsche an Farbe und Form, das Schweinefleisch schwimmt in der Pfanne bald in einem See aus Wasser, das aus seinen Zellen ausgetreten ist, und wölbt sich nach oben. Da muss dann schon viel Panade daraufgegeben werden, damit man es nicht mehr sieht und schmeckt.

Sind geizige Menschen glücklich? Sie bekommen ja schließlich das, was sie wollen. Und sie freuen sich wie verrückt über jedes Schnäppchen. Geizige Menschen können einem wirklich nur leidtun. Ja, ich sage es so deutlich. Sie meinen immer, zu kurz zu kommen. Die Geiz-Mentalität offenbart das Dagobert-Syndrom in seiner dunkelsten Ausprägung: Diese Menschen sind mit sich selbst beschäftigt und allein darauf bedacht, was sie bekommen können. Sehr armselig.

Zurück zu unserem Beispiel mit dem Containerschiff. Der Reeder machte die Rechnung: 15 Minuten Einsatz bringen dem Experten 10.000 Dollar. »Das darf nicht sein. Das gönne ich ihm nicht. Niemand hat das Recht, so viel Geld zu verdienen«, sagt er sich. Doch das ist vom Reeder etwas kurz gedacht.

Der Spezialist, den er am Ende doch anfordern musste, war eineinhalb Stunden unterwegs zum Einsatzort und eineinhalb Stunden brauchte er, um wieder zurückzukommen. Dazu kam ein stattliches Stundenhonorar von über 3.000 Dollar. Der Reeder fragte sich: Gönne ich ihm das? Dies jedoch hätte nicht der ausschlaggebende Punkt seiner Überlegungen sein dürfen! Der Vergleich, was »der da drüben« und was ich selber verdiene, ist vollkommen uninteressant. Wichtig ist der Vergleich, was es mich kostet, wenn ich, wie hier im Beispiel, den Experten nicht kommen lasse. Hätte der Reeder ihn gleich zu Beginn des Maschinenausfalls geordert, hätte er nur 150.000 Dollar zusätzliche Liegegebühren gezahlt. So hat er noch 850.000 Dollar drauflegen müssen. Er musste so tief in die Tasche greifen, weil er billiger davonkommen wollte – Geiz. Und weil er nicht aushielt, dass ein anderer mehr verdiente als er selber – Neid.

Geiz und Neid können sehr teuer sein. Was dagegen hilft? Loslassen.

Goodbye Anspruchsdenken

Ich bin nie in meinem Leben pleite gewesen, bin nie jemandem etwas schuldig geblieben. Darauf bin ich stolz. Doch als ich mich von meiner ersten Firma trennen musste, hatte ich von heute auf morgen kein Geld mehr zur Verfügung. Ich war auch gezwungen, meinen heiß geliebten Mercedes zurückzulassen; denn er war als Firmenwagen gebucht. Das tat weh. Aber mehr auch nicht.

Wie fühlt es sich an, kein Geld mehr zu haben? Nun, für mich war es gewöhnungsbedürftig. Aber keine Katastrophe. Mir wurde wieder bewusst, wie bequem es ist, Geld zu haben – und wie schnell man abhängig werden kann, wenn kein Geld da ist. Ich konnte viele der Dinge nicht mehr tun, die für mich selbstverständlich geworden waren. Am Anfang war das nicht leicht für mich. Ich war einfach einen bestimmten Lebensstandard gewöhnt. Doch geschreckt hat mich der Wandel nicht.

Ich begann sofort damit, wieder etwas Neues aufzubauen. Weil Geld knapp war, musste ich von meinem angenehmen Lebensstil Abstand nehmen. Fiel mir das schwer?

Ein bisschen, natürlich. Aber ich konnte damit umgehen. Weil ich nie dem Anspruchsdenken auf den Leim gegangen war, hatte ich keine Probleme damit, meine Bedürfnisse an die aktuelle Lage anzupassen. So stoppelte ich mir beispielsweise eine Büroausstattung zusammen. Statt teurer, fabrikneuer Möbel waren es jetzt gebrauchte Tische und Stühle aus einer Insolvenz.

Auch wenn das Konto leer war: Mein Reichtum war nie weg. Die bescheidenere Umgebung hat mich eher angespornt als deprimiert. Ich hatte meine Arbeitskraft und ich hatte meine Ideen. Was brauchte ich mehr?

Andere gehen in einer solchen Situation verloren. Sie schaffen es nicht, sich aus einem Tief wieder herauszuarbeiten. Auch wenn sie eigentlich die besten Voraussetzungen mitbringen.

Verglühte Karrieren

Sportler müssen eine Menge Disziplin und Willenskraft aufbringen, um ganz an die Spitze zu kommen. Sie trainieren hart, verzichten auf vieles und bringen den vollen Einsatz, um Erfolg zu haben. Sie haben gelernt, Niederlagen wegzustecken und nur umso härter zu trainieren. Wenn sie zu den Besten gehören, kommt auch das Geld. Doch irgendwann ist ihre Sportlerkarriere vorbei. Das Alter setzt eine natürliche Grenze. Oder es sind Verletzungen, die sie vom Podest stoßen. Noch in vergleichsweise jungen Jahren müssen sie sich aus dem aktiven Sportlerleben zurückziehen. Das, was sie über Jahre definiert hat, ist dann über Nacht nicht mehr gültig. Der Bruch ist total.

Einige Spitzensportler schaffen den Sprung in ein erfülltes neues Leben, ohne ins Trudeln zu kommen. Einer von ihnen ist Michael Groß. Zwölf Weltrekorde im Schwimmen hat er aufgestellt. 1991 gewann er bei der Weltmeisterschaft im australischen Perth ein letztes Mal Gold – und beendete seine Karriere. Er studierte, promovierte drei Jahre später in Philologie und ist heute ein erfolgreicher Kommunikationsmanager. In seiner gut ausgelasteten Agentur beschäftigt er zwölf Mitarbeiter.

Andere Sportler schaffen den Sprung vom Ausnahmetalent zum Alltag nicht. Oder erst nach schmerzhaften Umwegen.

Der Österreicher Thomas Muster war ein sehr guter Tennisspieler. Er hatte ein Ziel im Leben: Er wollte die Nummer eins der Weltrangliste werden. Bis unter die Top 20 hatte er es geschafft, als ihn im März 1989 eine schwere Unfallverletzung zurückwarf. Nur wenige Stunden nachdem er in Florida gegen Yannick Noah gewonnen und sich so das Ticket für das Finale gesichert hatte, prallte ein betrunkener Autofahrer auf sein parkendes Auto, an dessen Kofferraum Muster gerade stand, um seine Sporttasche herauszuholen. An der Knieverletzung, die er dabei davontrug, hatte er schwer zu leiden. Doch sobald es möglich war, trainierte er wieder – sitzend! Von einer eigens für ihn angefertigten Holzbank aus retournierte er mit eiserner Disziplin die von seinem Trainer zugespielten Bälle. Nicht aufgeben, das war sein Leitsatz. Disziplin, Wille, Fähigkeit zum Verzicht – und so einer schafft es nicht, den vorhersehbaren Abgang hinzubekommen?

Im Februar 1996 kam Thomas Muster an sein Ziel: Platz 1 der Weltrangliste. Sechs Wochen lang, dann war die Luft raus. 1997 gewann er noch zwei Turniere, danach keines mehr. 1999 gab er das Ende seiner Sportlerkarriere bekannt. Geld wird er genug gehabt haben. Er ging nach Australien, wollte sein Leben genießen, Golf spielen. Bis er merkte, dass seine Freunde unter der Woche keine Zeit für ihn hatten, weil sie arbeiten mussten. »60 Marlboro pro Tag, nächtelang unterwegs, Alkohol: Auf einmal hab ich 99 Kilo gehabt«, sagte er elf Jahre nach dem Aus seiner Karriere der *Süddeutschen Zeitung*. Doch er zog die Reißleine. Er hörte mit dem Rauchen auf und war bald wieder topfit. Fit genug für ein Comeback, für das ihn die Zuschauer feierten. 2010 bestritt er noch einmal mehrere Matches als Profispieler.

Der äußere Reichtum, über den Thomas Muster verfügte, hat ihm kein Glück gebracht. Dass Geld vorhanden war, reichte nicht, um ihm ein erfülltes Leben zu ermöglichen. Das Geld war da, aber das Ziel war weg. Die Komfortzone hatte sich beängstigend in seinem Leben ausgebreitet.

Und Erfolg hat ein Mindesthaltbarkeitsdatum. Irgendwann ist er passé. Ohne ein neues Ziel, für das es sich lohnte zu leben und zu kämpfen, hatte Muster die Richtung verloren. Ich bewundere ihn dafür, dass er so entschlossen das Ruder herumgerissen und tatsächlich ein Comeback im Profisport erreicht hat. Heute baut er Wein an, ist erfolgreich in einem ganz anderen Bereich.

Dazu gehört einiges – vor allem eine souveräne Sicht auf das Leben.

Fakt ist: Geld kann eine ganze Menge bewirken, ein schickes Hotel, ein feines Abendessen bezahlen … Aber es kann auch eine ganze Menge nicht:

Man kann sich eine Uhr kaufen, aber keine Zeit.

Man kann eine berufliche Position kaufen, aber keinen Respekt.

Man kann sich ein Haus kaufen, aber kein Heim.

Man kann sich ein Bett kaufen, aber keinen Schlaf.

Man kann Blut kaufen, aber kein Leben.

Man kann sich »Friends« kaufen, aber keine Freunde.

Man kann sich Sex kaufen, aber keine Zuneigung und erst recht keine Liebe.

Man kann sich Bücher kaufen, aber kein Know-how.

Blinder Reichtum verstellt nur den Blick aufs Wesentliche. Heißt das also: Gib alles fort und es wird dir besser gehen? Werde arm und dann bist du reich? Vergessen Sie es. Das reicht bei Weitem nicht. Und wäre viel zu leicht.

Ground Zero

Meine Eltern hatten einen Bauernhof. Schon als Kind musste ich mit anpacken, genügend Arbeit war da. Wir waren sieben Kinder, vier Söhne, drei Töchter – und wir alle hatten alle Hände voll zu tun. Der Tag begann für mich praktisch im Stall: Noch vor der Schule in aller Frühe half ich dabei, die 15 Kühe zu melken. Natürlich von

Hand. Dazu kam: Ausmisten, Kälber tränken, Kühe striegeln. Damals war das ganz normal und in Ordnung, heute würde das Jugendamt auf der Matte stehen. Auch wenn ich manchmal morgens in der Dunkelheit geflucht habe: Ich habe gelernt zu arbeiten. Und ich bin nie auf den Gedanken gekommen, dass mir die gebratenen Tauben in den Mund fliegen müssen.

Als ich von daheim auszog, hatte ich kein Vermögen, auf das ich bauen konnte. Kein Erbe winkte. Der Hof ging an meinen älteren Bruder, den er heute noch bewirtschaftet. An mich ging der Auftrag: Mach was aus deinem Leben. Das hört sich nach wenig an, war aber mehr und vor allem nachhaltiger als das, was so manches Kind mit auf den Weg bekommt.

Ich muss gestehen, als ich damals ins Leben gestartet bin, war ich noch naiv und habe gedacht: Wenn du Geld hast, dann geht's dir gut. Deshalb war ich immer auf der Suche nach Möglichkeiten, möglichst viel Geld zu verdienen. Ich hatte die verschiedensten Jobs: Ich stand an der Drehbank, arbeitete in einer Autowerkstatt, sortierte Pakete. Ich hatte kein Wissen, kein Know-how. Mir wurde bald schmerzlich bewusst, dass ich niemals im Leben mehr Geld verdienen würde als die fünf, zehn oder 20 Euro Stundenlohn – wenn ich mich nicht weiterbildete.

Einen guten Teil von dem sauer verdienten und nicht gerade üppigen Geld für meine Bildung auszugeben, das war hart. Doch ich wusste ja, wofür es gut war. Ich hätte auch das Doppelte bezahlt, um mich weiterzubilden. Ich orientierte mich am Nutzen, nicht an den Kosten.

Viele Menschen denken kostenorientiert. Sie schauen nur darauf, wie teuer etwas ist. »Was kostet es?« ist die alles entscheidende Frage. Ein Seminar für 500 Euro? Viel zu teuer! Kostenorientierte kaufen nur, was billig ist. Und laufen geradewegs in genau die Falle, in die auch der Reeder getappt ist, als er den Spezialisten nicht holen wollte. »Niemand bekommt von mir 3.000 Dollar in der Stunde!« Kostenreduktion – das ist sein Antrieb, seine Motivation.

Nutzenorientiert zu denken, bringt viel weiter. Ein nutzenorientierter Reeder hätte gleich am Anfang gesagt: »Es kann sein, dass meine Jungs auf dem Schiff die Situation erst nach Stunden in den Griff bekommen. Wenn ich den Experten einfliegen lasse, dauert es 90 Minuten, bis er vor Ort ist. Solange bezahle ich 100.000 Dollar pro Stunde Strafgebühr. Aber dann habe ich auch alles getan, was mir möglich ist, um die optimalen Voraussetzungen zu schaffen. Wenn meine eigenen Ingenieure das Problem lösen können – umso besser. Aber die paar Zehntausend Euro für den Experten stehen in keinem Verhältnis zu den 100.000 Dollar pro Stunde, die es mich kostet, wenn mein Schiff nicht vom Terminal loskommt.« Er hätte also besser gefragt: »Was nützt es mir?« Und nicht: »Was kostet es?«

Ich bin zwar mit knappen Mitteln groß geworden, aber geizig bin ich nie gewesen. Ich habe mir auch nichts schenken lassen. Und eines weiß ich genau: Wenn ich etwas haben will, muss ich den Preis bezahlen. Ich habe nicht den Anspruch, dort ernten zu wollen, wo ich nicht gesät habe. Viele Menschen aber möchten die Früchte des Erfolges haben, jedoch nicht den Preis bezahlen. Sie wollen einen schönen Garten, aber nicht jäten.

Sehr viel habe ich als Autodidakt gelernt. Ich habe außerdem auch viel Geld für die Teilnahme an Seminaren ausgegeben. Benjamin Franklin sagte einmal: »Eine Investition in Wissen bringt noch immer die besten Zinsen.« Auch hier bin ich mit ihm ganz einer Meinung: Geld für meine Bildung auszugeben, war die beste Investition meines Lebens.

So konnte ich im Lauf der Zeit Wissen und Know-how ansammeln. Und ich habe es angewendet. Denn Wissen anzuhäufen, ohne etwas daraus zu machen, ohne ins Handeln zu kommen, lässt es zu reinem Ballast verkommen. Wissen allein bringt gar nichts. Umsetzungskompetenz ist eine der wichtigsten Eigenschaften unserer Zeit. Denn was nützt einem das Wissen, wenn man nichts daraus macht?

Geld allein hat keinen Wert

Ich liebe es, mit meiner Frau First Class nach Thailand zu fliegen, wo wir die Wintermonate verbringen. Meine Assistentin ruft bei der Senator-Hotline an und klärt den Termin. Am Reisetag werden wir daheim am Hallwilersee abgeholt und zum Züricher Flughafen gebracht. Das Gepäck wird ausgeladen, wir brauchen nur in das Gebäude zu gehen und kurz unsere Pässe zu zeigen. Alles läuft wie am Schnürchen; keine Schlangen vor belagerten

Check-in-Schaltern, keine überforderten Angestellten, die versuchen, die Zuspätgekommenen noch zu ihrem Flug zu bugsieren.

Wir werden von zuvorkommenden Service-Mitarbeitern in die First-Class-Lounge begleitet. Dort ist es ruhig und die Einrichtung sehr komfortabel. Ledersofas, Internetanschluss ... Bei Bedarf gibt es sehr gutes Essen. Wenn es Zeit für das Boarding ist, werden wir zum Flugzeug gebracht, wo wir als Erstes gefragt werden, ob wir einen Champagner eingeschenkt bekommen möchten. Meine Frau und ich freuen uns immer wieder aufs Neue über den Platz und die Möglichkeit, auf dem gut zehnstündigen Direktflug lang ausgestreckt schlafen zu können, statt in enge Sitze gepresst mit den Knien am Kinn und mit eingeklemmten und überstrapazierten Nerven auszuharren. Morgens gibt es ein leckeres Frühstück, und dann sind wir auch schon am Ziel angekommen. Von Bangkok dauert es nur noch eine Stunde, bis wir in unserem Lieblingsort eintreffen. Dann kann der Winter kommen.

Ja, es ist Geld, das uns dieses Privileg erkauft. Und geschickt gesammelte Flugmeilen natürlich. Doch nicht für mein Ego gebe ich es aus, sondern um mich wohlzufühlen und um produktiv zu sein. Ich halte es auch nicht für mein persönliches Vorrecht, mich nicht in einer langen Schlange vor dem Gepäckschalter anstellen zu müssen, und genieße es aus vollem Herzen, genug Geld zur Verfügung zu haben, das mir Ruhe und Beinfreiheit erkauft. Dass wir auch mit weniger Luxus auskommen können, zeigt die Art, wie wir in Thailand leben. Wir brauchen kein Sechs-Sterne-Hotel, kein Sieben-Gänge-Menü und auch keine Achtzylinder-Limousine, in der wir auf Thailands Straßen unterwegs wären. Mit meinem kleines Motorrad komme ich sowieso viel besser voran im dichten Verkehr. Natürlich leben wir auch da komfortabel und in schöner Lage, doch nicht um zu protzen, sondern um produktiv zu sein und eine gute Lebensqualität zu haben. Wir essen gerne dort, wo auch die Einheimischen essen. In unserem Lieblingsrestaurant kocht eine nette alte Frau traditionelle Thai-Küche. Nur mit Mühe ist sie davon zu überzeugen, es für uns etwas weniger scharf zuzubereiten. Das zeigt: Wir müssen nicht unser Ego füttern. Wir müssen nicht allen Umstehenden deutlich machen, was wir uns leisten können. Wir haben inneren Reichtum, deshalb können wir uns auch vom äußeren jederzeit lösen. Wer allerdings äußeren Reichtum als Selbstzweck ansieht oder ihn dafür braucht, den Schein aufrechtzuerhalten, sitzt in der Tinte.

Können nur Menschen mit Geld, die sich mit der Frage beschäftigen, ob sie erster Klasse oder doch nur Business fliegen, das Problem einer bedauernswert armen inneren Haltung haben? Nein, denn das fängt zum Beispiel schon mit dem Kauf eines Smartphones an. In der Schweiz hat fast jeder zweite Einwohner eines. Aber muss man unbedingt das neueste Modell haben? Wenn ja, warum denn? Ist es peinlich, mit einem alten Modell gesehen zu werden, obwohl es noch sehr gut seinen Zweck erfüllt? Fehlt etwa das »Zepter«, mit dem man sich wenigstens für ein paar Minuten am Tag als King fühlen darf?

Jemand, der die Dinge nur für sein Ego tut, ist nicht frei. Der Hauptgrund, warum er erster Klasse fliegt, wenn er es sich leisten kann: Sein Ego braucht es. Er meint, sich von »Krethi und Plethi« absetzen zu müssen, um seine Person zur Geltung zu bringen. Darum auch ist er der Erste mit dem allerneusten Smartphone-Modell. Und darum weigert er sich, sich in die engen Sitzreihen der Economyclass zu quetschen. Seinen Reichtum will und muss er zeigen. Ohne ihn ist er nichts.

Menschen begehen immer wieder denselben fatalen Fehler: Sie streben nach äußerem Reichtum – und glauben, das würde genügen. Wenn mich ein guter Freund fragen würde: Bitte gib mir Geld, damit ich mir das neueste iPhone-Modell kaufen kann, dann würde ich es nicht tun. Selbst wenn ich das in meiner Brieftasche gar nicht merken würde. Denn wenn sich mein Freund das Gerät kauft, ist er vielleicht für eine Stunde oder einen Tag glücklich. Aber dann lauert schon der nächste Wunsch darauf, befriedigt zu werden. So hätte ich ihn in seinem Denken unterstützt und ihn nur noch weiter auf seinem Irrweg bestätigt. Mit Geld allein kann man anderen nicht helfen. Ich tue das nie. Geld zu spenden an Menschen, die damit nicht umgehen können – das geht schief. Denn Geld nährt nur den äußeren Reichtum. Wenn der innere Reichtum gar nicht vorhanden ist, hilft auch der größte äußere Reichtum nicht.

Bestes Beispiel dafür, dass Geld allein unwirksam bleibt, ist ein ganzer Kontinent: Afrika. Die afrikanischen Länder müssten eigentlich unglaublich reich sein; viele der Länder sind voller Bodenschätze, Möglichkeiten tun sich tausendfach auf. Doch gerade die mit unermesslichen Schätzen am meisten gesegneten Länder wie der Kongo oder Nigeria sind die unglücklichsten. Der Ertrag wird traditionell von einer Clique umtriebiger Gewinnler aus dem In- und Ausland abgeschöpft. Bei 99,9 Prozent der Bevölkerung bleibt nichts hängen. Die meisten von ihnen müssen Tag für Tag um ihr Überleben kämpfen. Noch dazu wird trotz Misswirtschaft und Korruption seit vielen Jahrzehnten Geld aus anderen Staaten der Erde in diesen Kontinent hineingepumpt. Es ist, als würde geradezu eine stehende Pipeline existieren, aus der Geldscheine sprudeln. Und nichts hat sich geändert. Den allermeisten Afrikanern geht es schlechter denn je. Entweder landet das Geld in den Fängen der verschiedenen Despoten oder es versickert ohne nachhaltige Wirkung. Erst ganz langsam setzt sich die Erkenntnis durch, wie geholfen werden kann: Mit begleiteten Projekten, mit der Förderung von Know-how wird der innere Reichtum gefördert. Und wie verhält es sich dann mit dem äußeren Reichtum?

Pures Gold

Ich bewundere die Familie Quandt. In vierter Generation leiten ihre Mitglieder ein Imperium, die fünfte steht schon in den Startlöchern bereit. Sie haben es geschafft, ihren Reichtum über Generationen hinweg kontinuierlich aufzubauen. Acht Mitglieder dieser Familie zählen heute zu den hundert reichsten Deutschen. Unter anderem gehört ihnen fast die Hälfte von BMW. Im Jahr 2012 bescherte allein dieser Anteil den Quandts eine Dividende von knapp 650 Millionen Euro. Ein Grund, neidisch zu sein? Ich finde, Neid ist – wie immer – nicht angebracht. Denn ein missgünstiges »Warum in aller Welt bekommen die so viel?« wäre einmal mehr kostenorientiert gedacht. Wir sollten lieber nutzenorientiert denken: Als Herbert Quandt 1960 ein großes Aktienpaket an der damals schwer angeschlagenen BMW AG übernahm, ging er ein gewaltiges finanzielles Risiko ein. Sein Wagemut und sein unternehmerischer Weitblick waren es, die dem heute so erfolgreichen Unternehmen das Fortbestehen sicherten und es zurück auf die Erfolgsspur führten. Dass er damals sein Vermögen aufs Spiel setzte, sollten wir ihm noch heute danken. Es hat Deutschland neben Mercedes einen weiteren global agierenden und erfolgreichen Autobauer im Land beschert. Dass seine Nachkommen nun die Früchte seines Unternehmertums genießen dürfen, wollen wir ihnen gerne gönnen.

In Kritik gekommen ist die Familie dadurch, dass sie im Dritten Reich Zwangsarbeiter beschäftigte und sich ihr Vermögen auch durch Zwangsenteignungen vermehrte. Ich maße mir nicht an, darüber zu urteilen. Mir ist wichtig, wie die nachfolgende Generation mit dem Reichtum umgeht: Während andere Reiche sich wo immer möglich in den Vordergrund drängen, um sich und ihr Vermögen zur Schau zu stellen, halten sich die Quandts im Hintergrund. Nicht weil sie etwas zu verbergen hätten, sondern weil es ihrem Selbstverständnis entspricht. Ich vermute und hoffe, sie genießen ihren Reichtum; Fakt ist aber, dass er ihnen auch Verpflichtung ist. Die Herbert-Quandt-Stiftung zum Beispiel fördert mit einem Vermögen von 43 Millionen Euro das Ideal einer eigenständigen Bürgerschaft und setzt sich dafür ein, die freiheitliche und solidarische Gesellschaft zu stärken und zu entwickeln.

Aus welchem Holz die Mitglieder der Familie geschnitzt sind, zeigte Susanne Klatten, als sie von einem kriminellen Liebhaber bedroht wurde. Sie sollte zahlen, oder der Erpresser hätte intime Details öffentlich gemacht. So manch andere hätte man mit einer solchen Drohung gar nicht schrecken können. Im Gegenteil: Sie hätten sich wohl noch über die Publicity gefreut. Es muss für Susanne Klatten einer der schwersten Entscheidungen in ihrem Leben gewesen sein, als sie sich entschloss, sich an die Polizei zu wenden. Die innere Stärke, die sie handeln ließ: »Ich lasse mich nicht erpressen; ich will kein Opfer sein, auch wenn in der Konsequenz mein Leben in die Öffentlichkeit gezerrt wird« – das ist echter innerer Reichtum. Hut ab.

Die Quandts sind für mich das Paradebeispiel dafür, dass auf inneren Reichtum der äußere geradezu zwangsläufig folgt. Vorbildlich ist ihr Denken in Generationen. Die umfangreiche Investition in BMW in den unsichersten Zeiten dieses Automobilbauers zeigt, dass sie in der Lage sind, Chancen zu erkennen, und dazu bereit, viel aufs Spiel zu setzen. In dieser Episode haben sie ihren Mut bewiesen und gezeigt, dass sie sich nicht an das Bestehende klammern, sondern sich mit freiem Kopf der Veränderung stellen.

Menschen, die über inneren Reichtum verfügen, haben Selbstvertrauen, besitzen innere Sicherheit. Sie sind unabhängig von der Meinung anderer und damit auch in der Lage, das anscheinend Selbstverständliche infrage zu stellen. Sie sind nicht aufgrund innerer Leere dazu gezwungen, Dinge einfach hinzunehmen. Sie fragen jederzeit: »Können wir das nicht auch anders machen?« Zusammen mit ihrem Know-how, ihrem Bestreben, Dinge besser anzugehen, und ihrem Gespür für Möglichkeiten kann der unternehmerische Erfolg kaum ausbleiben.

Je reicher jemand innerlich ist, desto weniger braucht er den äußeren Reichtum. Je weniger er sich an den äußeren Reichtum klammert, umso leichter findet er zu ihm. Es geht praktisch von ganz allein. Das hört sich so einfach an, und trotzdem fällt es so schwer, den Sprung zu wagen, oder?

Die Burgen einreißen

Tom ist sieben. Er macht mit seinen Eltern Ferien am Meer. In stundenlanger Arbeit hat er eine gigantische Burg gebaut. Am Anfang hat der Vater noch mitgeholfen, dann hat Tom mit seinem Schäufelchen alleine weitergebaut, während seine Eltern lasen und sich sonnten. Er hat sich gut überlegt, wie er sein Bauwerk am besten schützen kann: Mehrere Ringwälle und konzentrische Gräben werden den Wellen bei Flut die Kraft nehmen und die Türme vielleicht sogar die nächsten Stunden überstehen lassen. Alle Flächen sind mit Muscheln und Tang aufwendig geschmückt. Sogar ein Tunnel, der unter einem der

Wälle entlangführt, ist ihm gelungen. Vater und Mutter sind beeindruckt von dem Werk ihres Sprösslings. Sie machen ein Foto zur Erinnerung. Die Möwenfeder, die Tom am höchsten Punkt zur Verzierung angebracht hat, glänzt in der Sonne.

Plötzlich geht Tom auf sein Kunstwerk zu und zertrampelt es. Die Eltern versuchen, ihn in seinem Zerstörungswerk aufzuhalten. »Warum tust du das? Lass das doch stehen! Das ist doch so schön!«

Doch Tom antwortet nur: »Ich will die Burg doch nicht verwalten.«

Verwalten – das heißt, das, was Tom hat, zu schützen, zu bewahren. Um das zu schaffen, muss er praktisch auf dem Nest hocken bleiben. Den Rest der Ferien bringt er damit zu, die gebaute Burg vor dem Einsturz zu bewahren. Heranrollende Wellen, herumtollende Hunde, andere Kinder, die neidisch sind und lieber etwas kaputt machen, als es zu bewundern – sie alle müssen im Auge behalten und wenn nötig abgewehrt werden. Dann kommt der Wind. Der bläst ein Sandkörnchen nach dem anderen weg. Ständig. Also muss Tom Reparaturarbeiten ausüben. Pausenlos. Er wird kaum zum Schlafen kommen, wenn er die Burg behalten will. Mit Müh und Not schafft er es, seine Burg zu erhalten. Schöne Ferien sind das nicht mehr.

Warum gibt Tom seinem inneren Gestaltungsdrang nicht Raum, lässt die Burg nicht so, wie sie ist, und baut ein paar Meter weiter eine noch größere? Er hat ja bei der letzten Burg jede Menge Erfahrungen gesammelt, die er nun beim neuen Bau anwenden kann. Die zweite Burg wird noch größer und noch schöner werden als die erste. Er braucht nicht die Bewunderung der Eltern, denn nicht für sie hat er den ganzen Tag lang den Sand zusammengeschoben. Tom will etwas schaffen, etwas gestalten.

Es ist ein Wahnsinn, dass sich so viele Menschen so sehr um den äußeren Reichtum sorgen. Er macht sie abhängig und lässt sie vergessen, was ihnen wirklich fehlt: der innere Reichtum. Doch genau darauf kommt es an. Das ist das, was einem keiner nehmen kann. Eine Stärke, die nie schwächer wird. Bemühen Sie sich also um den inneren Reichtum. Ihn kann man ständig neu anwenden; er hält unter Strom und hält ein Leben lang. Er macht unabhängig – egal was passiert. Und er macht frei – denn mit ihm kann man immer wieder sein Leben neu beginnen. Ganz bei null, ganz am Boden ist man nie mehr.

Es liegt bei Ihnen. Wollen Sie der Besitzer und Verwalter Ihrer hübschen Sandburg sein oder wollen Sie wirklich Ihr Leben gestalten? Sie haben die Wahl; Sie allein entscheiden.

Kapitel 4

Der 93. Geburtstag

In Santa Ponça gibt es eine Kneipe, den *König von Mallorca*. Als sie vor einiger Zeit neu eröffnete, war ich neugierig und fuhr hin, um mir die Sache von Nahem anzuschauen. Das Bistro war gut besucht, es ging hoch her; die Gäste waren in Ferienstimmung. An meinem Nachbartisch saßen sechs Urlauber, zwei Pärchen und zwei weitere Freundinnen, die es sich hier in Santa Ponça eine Woche lang gut gehen lassen – und nicht zuletzt den deutschen Schlagersänger sehen wollten, der sich hier häufig blicken ließ. Die Gruppe hatte eine Pauschalreise gebucht und wohnte gemeinsam im gleichen Hotel. Woher ich das weiß? Es war kaum zu überhören. Die Leute redeten sehr laut, um die Gespräche an den Nachbartischen zu übertönen, und ich konnte gar nicht anders als zuhören.

»Hey, heut abend treffen wir uns bei Markus. Der hat Platz für zehn auf seiner Terrasse. Kommt ihr mit? Ihr braucht nur was zu trinken mitbringen, ein, zwei Liter pro Nase reichen.«

»Och nö, wir gehen zum Tanzen. Heute ist in der Stranddisco vor zehn Uhr Happy Hour. Alle Longdrinks für die Hälfte.«

Einer wedelte mit einer bunten Zeitung. »Habt ihr heute Morgen gelesen? Schon wieder ein Amoklauf an einer Schule. Ist ja auch kein Wunder, wenn die alle diese Computerspiele spielen!«

Und seine Freundin setzte hinzu: »Ja, und weiter unten steht, dass die Manager schon wieder ein Rekordgehalt ausbezahlt bekommen. Die wissen doch eh nicht, was schuften heißt. Denen müsste man mal das Handwerk legen.«

So ging das weiter. Der Tagesablauf dieser Urlauber wurde mir schnell klar: Morgens um kurz nach zehn verschlafen zum Frühstücksbuffet im Hotel eintrudeln, denn um halb elf wird abgeräumt. Der erste Coup des Tages ist es, ein paar Brötchen vom Buffet herauszuschmuggeln. Dann Strand, Bier und Reden; Reden, Bier und Strand. Aufpassen, dass man keinen Sonnenbrand bekommt. Dann am frühen Abend zurück ins Hotel, wieder Buffet. »Hey, hast du gesehen? Neben der Wärmeplatte mit den Wiener Schnitzeln gibt es heute Krabben-Omeletts. Aber da gehe ich nicht dran. Die Shrimps sollen ja mit Schadstoffen so stark belastet sein.« Und wenn man sich dann endlich ins Nachtleben stürzen kann, geht der Tag erst richtig los. Jeder erzählt von seinen Heldentaten, alle wissen über alles am besten Bescheid: Warum der Medaillenregen bei den Weltmeisterschaften nicht so hoch ausgefallen ist wie erwartet, warum es so eine Schweinerei ist, dass Griechenland nicht spart, und wie die Banker sich eine goldene Nase verdienen, während der kleine Sparer auf der Strecke bleibt.

Ich möchte nun nicht über den Urlaub anderer Menschen urteilen. Ob jemand einen Bildungsurlaub bucht, drei Wochen laotischen Bauern bei der Ernte hilft oder diese Zeit im Sangriarausch im Liegestuhl verbringt – das soll jeder entscheiden, wie er es für richtig hält. Mir geht es um etwas ganz anderes: um die ewige Besserwisserei.

Balneario No. 6

Ungefragte Belehrungen nerven. Und Besserwisser noch viel mehr. Euro-Krise, Fusionen großer Konzerne, ob Angelina und Brad sich scheiden lassen werden – sie wissen alles immer ganz genau. Kein Thema, zu dem sie nicht ihren Senf dazugeben könnten. Die besten Bundestrainer sind sie schon von Geburt an, mit ein bisschen Sangria intus sind sie auch die besten Bundeskanzler. Sie tun so, als hätten sie schon dreimal die Welt gerettet. Wenn man sie nur machen ließe, wäre alles in Butter. Über Organspende wissen sie genau Bescheid; wer da wen abzockt, wie man das alles besser regeln könnte. Aber ausgefüllt haben sie den kleinen Zettel nicht. »Da muss ich irgendwann mal noch richtig drüber nachdenken, ob ich mich als Organspender registrieren lasse oder nicht.« – Was sie äußern, ist viel heiße Luft und wenig Greifbares.

Zu allem haben sie eine Meinung. Unverrückbar. Wie kommen sie nur dazu? Aus eigener Erfahrung ja wohl kaum. Die Antwort: Man hört sich eben so um. Und man liest ja auch so einiges. Auf Mallorca kostet die *Bild*-Zeitung 1 Euro, die Sonntagsausgabe ganze 2,80 Euro. Horrendes Geld – für die paar Seiten Bedrucktes. Und es wird ohne mit der Wimper zu zucken bezahlt. Man muss ja schließlich auf dem Laufenden bleiben. Und Spaß macht es ja auch, so etwas zu lesen. Die Boulevardblätter wissen genau, wie sie ihre Leser bei der Stange halten können: Was zählt, ist nicht die Realität, sondern die Story. Es ist die Schlagzeile, die die Zeitung verkauft.

Eines der Prinzipien dahinter: Boulevardblätter bauen Leute auf, um sie dann später fallen zu lassen. Die Fallhöhe ist proportional zum Lustgewinn. Menschen wie zu Guttenberg oder Lothar Matthäus wissen ein Lied davon zu singen. Der spätere Bundespräsident Wulff zum Beispiel wurde schon in seiner Zeit als niedersächsischer Ministerpräsident von der *Bild*-Zeitung offen hofiert. Als er noch mit seiner ersten Frau verheiratet war, wurde bekannt, dass seine neue Freundin von ihm ein Kind erwartete. Über so eine Sache sind viele Politiker schon gestolpert und nicht wieder aufgestanden. Doch statt einen Skandal zu inszenieren, titelte die *Bild* »Liebes-Glück unterm Dach: CDU-Wulff und seine schöne Bettina« und entblödete sich nicht zu schreiben: »So besonnen wie in der Politik, so besonnen trifft Christian Wulff auch privat seine Entscheidungen.« Im Gegenzug versorgte Wulff die Redaktion mit weiteren privaten Interna, indem er Exklusiv-Interviews gab.

Doch wer mit der *Bild*-Zeitung »im Aufzug nach oben fährt, der fährt auch mit ihr im Aufzug nach unten«, so sagte schon Springer-Chef Mathias Döpfner. Als Wulffs Stuhl anfing zu wackeln, war die *Bild*-Zeitung ganz vorne mit dabei, ihn vollends zu Fall zu bringen. Alles rein geschäftlich natürlich.

Und das sind die Quellen, aus denen sich der Fundus der Besserwisser speist! Für mich sind Zeitungen wie die *Bild* und das Schweizer Gegenstück *Blick* nichts anderes als Entenfutter. Mitschnattern kann da jeder. Hier bekommt man Informationen in leicht verdaulichen Häppchen. Der Gewinn, wenn man diesen Informationsmüll konsumiert und das Gelesene und Aufgeschnappte wieder von sich gibt: Solange man sich um die Taten und Untaten anderer kümmert, muss man sich wenigstens nicht über die eigene Person, über die eigenen Wünsche oder gar die eigenen Ziele Gedanken machen.

Das ist der eigentliche Kern der Sache.

Das begeisterte Sammeln völlig irrelevanter Informationen lenkt den Blick auf andere, weg von der eigenen Person. Das Prinzip ist einfach: Man vergleiche sich mit Schlechteren – dann steht man selbst immer gut da. Das eigene Leben fühlt sich so viel besser an, wenn ein anderer tief fällt. Der erfolgreiche Unternehmer, der sich vor den Zug wirft, weil er sich verspekuliert hat? Eine Oscar-Preisträgerin, die von ihrem Mann betrogen wird? Die Krise der anderen erhöht das eigene Ego. Und zwar das der neidgetriebenen Reporter ebenso wie das der Leser.

Und noch einen Grund gibt es, all den Informationsmüll zu konsumieren. Den Splitter im Auge des anderen sehen, aber nicht den Balken im eigenen – das ist Ablenkung pur. Ablenkung von der Anforderung, die Dinge selbst in die Hand zu nehmen. In den Zuschauerrängen sitzt es sich bequem. Die schillernden Farben einer Parallelwelt, die mit der eigenen Wirklichkeit kaum etwas gemein hat, übertünchen die mangelnde Bereitschaft und den fehlenden Mut, über sich selbst nachzudenken, sein eigenes Leben in die Hand zu nehmen und die dafür notwendigen Entscheidungen zu treffen.

Früher spielte die Religion eine große Rolle. Der Glaube an eine ausgleichende Gerechtigkeit nach dem Tode ließ die Gläubigen dringend notwendige Entscheidungen buchstäblich auf den Sankt-Nimmerleins-Tag verschieben. Die Ersten werden die Letzten sein, und die Letzten werden die Ersten sein. Kann es einen schöneren Spruch für einen geben, der sich gar nicht erst aufrafft, um etwas aus sich zu machen? Warum gegen Ungerechtigkeiten aufbegehren, warum das Schicksal in die eigene Hand nehmen wollen, wenn es doch eine höhere Macht gibt, die am Ende alles wieder zurechtbiegt?

Heute erkaufen wir uns, wie schon gesagt, mit dem Lesen der bunten Blätter eine halbe Stunde Flucht aus der Realität – oder auch zwei Wochen mit einem Strandurlaub, der nicht mehr bietet als Sonnenöl und »große Sause«. Ich höre schon den Einwand: »Aber das habe ich mir doch verdient, ich muss doch auch mal meinen Alltag vergessen dürfen!« Meine Meinung: Wenn einer im Urlaub abschalten muss, dann läuft etwas gewaltig schief. Abschalten: nein; umschalten: ja. Eine kleine Auszeit ist eine prima Gelegenheit, in aller Ruhe über sich selbst nachzudenken. Überlegen, ob man sich auf dem richtigen

Weg befindet, ob man vielleicht etwas anders, vielleicht mehr aus sich machen könnte. Aber abzuschalten, indem man sich mit den Geschichten der A-, B- und C-Promis ablenkt, das ist Vermeidungstaktik pur. Das lässt niemanden ein erfülltes Leben führen, sondern führt direkt in Richtung Pseudo-Glück und Oberflächlichkeit.

Krisenjunkies

Viele Menschen haben sich nie Gedanken gemacht, worum es ihnen wirklich geht, was ihr Lebensziel ist. Es ist so, als sei auf einer Festplatte eine wichtige Datei verloren gegangen. Dann muss der Suchprozess gestartet werden. Aber wie soll das gehen, wenn man noch nicht einmal weiß, wonach man Ausschau halten muss? Unsere Festplatte ist überladen mit völlig unerheblichen Informationen und Bildern, mit Erwartungen anderer. Die wenigsten wissen, wie man zwischen diesem Ballast, mit dem wir uns die Köpfe verkleben lassen, die eigenen, echten Wünsche und Ziele identifiziert und freilegt.

Wer auf der Suche nach seinem Ich vorankommen will, sollte die Menschen, mit denen er sich unterhält, gut auswählen. Hört man nur auf diejenigen, die dasselbe wie man selbst in den Medien gelesen oder gehört haben, dann kann man sich auch gleich zu den Kühen auf der Weide gesellen, die stundenlang nichts anderes tun, als selbstvergessen wiederzukäuen. Die Mäuler bewegen sich, sonst passiert gar nichts. Wählen Sie daher Vorbilder, die Ihrem Ideal vom Leben nahekommen. Lernen Sie von ihnen und setzen Sie das Gelernte dann um. Damit steigt die Aussicht auf ein erfülltes, erfolgreiches Leben.

Um den Informationsfluss im eigenen Kopf zu regulieren, stellt man am besten gleich auch die mediale Dauerbeschallung ab. Wie viele Leute sind von der Massenentlassung betroffen? Wie viele Leute sind beim letzten Erdbeben umgekommen? 80 bis 90 Prozent aller Nachrichten sind negativ, geradezu destruktiv. Katastrophen werden in Slow Motion und aus drei verschiedenen Kameraperspektiven abends in den Nachrichten gezeigt. Das alles braucht man nicht.

An jedem Tag schießen uns ungefähr 50.000 Gedanken durch den Kopf. Ich frage mich: Wenn 40.000 davon negative Gedanken sind, wie kann dabei noch etwas Gutes herauskommen? Wenn man Tag für Tag hört, dass das Leben mies ist und der Job auch und man doch sowieso nur der Zahlmann für »die da oben« ist, dann lähmt das jede Motivation und Begeisterung. Dann fühlt man sich wie eine Fliege im Spinnennetz – eingesponnen bis zur Bewegungslosigkeit. Und wie zielführend soll es sein, wenn man sich zum Beispiel überlegt, sich selbstständig zu machen, und dazu nur Festangestellte fragt, ob und wie man das machen könnte? Welche Antwort werden sie wohl geben?

Ich orientiere mich nicht an Medien, die ihre Storys für die Unterhaltung einer breiten Masse produzieren; ich tauge auch nicht als Besetzung für einen Stammtisch. Lieber halte ich gezielt Ausschau nach Informationen, die mir auf meinem Weg weiterhelfen können, nach Lehrmeistern, von denen ich etwas abschauen kann. Wenn ich merke, dass ich mich beim Nachdenken zu einem bestimmten Thema heillos verheddert habe, dann scheue ich mich nicht, andere zu fragen.

Auf Fragen kann man nicht verzichten. Vor allem im Coaching ist ein genaues, persönliches Nachfragen nötig. Einen guten Coach zeichnet aus, dass er die richtigen Fragen stellt – er ist nicht schlagfertig, sondern »fragfertig«.

Auf diese Weise gelangte ich in die Position, dass ich nun auch anderen auf ihrem Weg helfen kann. Ich habe gelernt, dass es nicht viel bringt, Klienten Ratschläge zu geben. Denn die meisten Ratschläge projizieren nur eigene Vorstellungen auf das Gegenüber. Deshalb wirken Ratschläge ja meist wie Schläge – wer sich beispielsweise schon einmal in die Kindererziehung eines Freundes oder Verwandten eingemischt hat, weiß das. Im Coaching helfe ich meinen Klienten dabei, ihren Kopf freizubekommen und Lösungen für ihre Probleme zu finden.

Sie selbst müssen die Richtung wissen, in die Sie sich bewegen wollen. Diese Zielfestlegung kann und darf Ihnen niemand abnehmen. Nur wenn das langfristige Ziel klar ist, kann man auch die richtigen Entscheidungen treffen. Es gibt eine sehr wirksame Übung, mit der man seinen eigentlichen Lebenszielen näherkommt. In meinen Seminaren wende ich sie mit viel Erfolg an.

Stellen Sie sich vor, es ist Ihr 93. Geburtstag. Ihr Urenkel kommt zu Ihnen und fragt: »Na, Uropa, was hast du dein ganzes Leben gemacht?« Erzählen Sie dann, dass Sie immer pünktlich die Steuer gezahlt haben, kaum einen Tag in der Firma gefehlt und es so bis zum stellvertretenden Abteilungsleiter gebracht haben? Oder können Sie ihm erzählen, wie Sie Ihr Leben in vollen Zügen genossen haben, aus Ihren Talenten das Beste gemacht haben und auch für andere ein Gewinn waren? Schauen Sie sich die Bilder, die bei dieser Frage in Ihrem Kopf entstehen, sorgfältig an.

Wahrscheinlich kommt Ihnen dann ein Satz wie dieser in den Sinn: »Eigentlich wollte ich schon immer mal mehr über alte Sprachen wissen.« Oder: »Statt Jura zu studieren und in eine Kanzlei einzutreten, hätte ich eigentlich lieber ein Unternehmen gegründet.« Eigentlich – das ist für mich ein Schlüsselwort und ein zuverlässiger Indikator dafür, dass wir uns dem eigentlichen Kern nähern. Das Wörtchen zeigt an, dass eine Entscheidung verschleppt wird. Ausreden gibt es wie Sand am Meer:

- die Familie,
- das fehlende Geld,
- die mangelnde Zeit …

Dabei gibt es auf das Wort »eigentlich« nur eine mögliche Frage: »Ja, warum machen Sie es denn nicht?!«

Vierzehn Achttausender

Die höchsten Berge dieser Welt – Reinhold Messner hat sie alle bestiegen. 1970 bewältigte er seinen ersten Achttausender, den *Nanga Parbat*. 1972 und 1975 erreichte er die nächsten beiden Achttausender-Gipfel. Im Mai 1978 stand der Ausnahmebergsteiger dann zum ersten Mal auf dem *Mount Everest* – ohne mitgeführten Sauerstoff. Zusammen mit seinem Gefährten Peter Habeler war er der erste Mensch, dem dies gelang. Es folgten weitere Besteigungen, vom *Kanchendzönga* bis zum *Lhotse.* »Bergsteigen in seiner extremen Form bedeutet Unabhängigkeit bis zur Anarchie«, sagte er einmal. Doch nicht nur die Suche nach Freiheit treibt ihn an.

Messner ist immer auch auf der Suche nach seinen Grenzen: »Es gibt sie noch, die weißen Flecken. Sie sind in uns selbst.« Um diese Grenzen auszuloten, besteigt er Berge, durchquert er die Arktis und die Wüsten Gobi und Taklamakan zu Fuß, scheitert er an der Antarktis. Es ist seine ganz persönliche Art und Weise zu leben. – Reinhold Messner hat die Form gefunden, in der er sich ausdrücken kann.

So wie die Fingerabdrücke eines Menschen einmalig sind, so sind es auch die Lebensziele und deren Ausprägungen, in denen seine einzigartige Persönlichkeit Gestalt annehmen kann. Der eine besteigt senkrechte Felswände, der andere gründet ein Unternehmen, in dem er seine Ideen verwirklichen kann, wieder ein anderer findet den Sinn seines Lebens darin, mit all seiner Kraft unterprivilegierten Jugendlichen aus ihrer Misere zu helfen.

Welches Lebensziel ist mehr wert als das andere? Eine dumme Frage! Reinhold Messner hält offensichtlich genauso wenig wie ich von der Vergleicherei. »Kein Mensch kann meine Leistung wirklich beurteilen – weil niemand mit mir mitgegangen ist«, sagte er einmal. Es geht ja eben nicht darum zu zeigen, dass man ein besserer Bergsteiger ist als andere. Oder dass man mehr Angestellte in seiner Firma beschäftigt. Es geht allein um einen selbst und darum, ob man aus seinen Anlagen, seinen Talenten etwas macht oder nicht. Lösen Sie sich von den Vergleichen mit anderen. Was zählt, sind Ihre eigenen Ziele. Und der Entschluss, diese auch zu verfolgen.

Was wollen Sie wirklich im Leben? Und was davon haben Sie bisher erreicht? Welchen Zielen sind Sie heute näher als noch vor einem Jahr? Das ist der einzige Vergleich, der Sinn macht. Das ist die Kernfrage, an der Sie sich messen müssen. Ob es Ihnen dabei schlechter oder besser geht als Ihrem Cousin, Arbeitskollegen oder einem B-Promi in Florida, ist vollkommen uninteressant.

Auch das, was jemanden ausmacht, findet man nicht, indem man sich mit anderen vergleicht. Schauen Sie auf sich selbst, dann finden Sie Ihr Lebensziel. Dazu brauchen Sie keine Animation von außen. Nur die Motivation, zu Ihrem eigenen Kern vorzudringen. Wenn Sie erst wissen, was Sie im Leben erreichen wollen, dann wird es Ihnen auch leichtfallen, die dafür notwendigen Entscheidungen zu treffen.

Betrachten Sie die folgenden fünf Lebensbereiche, dann kommen Sie Ihrem Lebensziel immer näher.

Erster Lebensbereich: Das persönliche Umfeld

Es ist eine der wichtigsten Fragen: Wollen Sie in einer Partnerschaft leben – wenn ja, welcher Partner soll das sein? Je klarer Sie wissen, welche Erwartungen Sie an einen Lebenspartner stellen, desto leichter werden Sie ihn auch finden.

Der Wohnort ist ein oft unterschätzter Bestandteil des eigenen Umfeldes. Möchten Sie lieber in der Stadt leben, am Puls der Zeit, oder auf dem Land, mit mehr Raum um sich herum, in Ruhe und fern der Hektik? Fühlen Sie sich wohl, wenn viele Leute um Sie herum sind, oder legen Sie Wert auf etwas Abstand? Sehen Sie sich in einem großen Haus oder eher in einem praktischen Apartment?

Ich zum Beispiel habe mich schon vor über zehn Jahren entschieden: Ich wollte an drei Orten in der Welt leben. In den Wintermonaten wollte ich der Schweizer Kälte entkommen und dort sein, wo es warm ist. Den idealen Ort zum Überwintern habe ich in Thailand gefunden und dort eine Wohnung gekauft. Dann wollte ich einen Ort, der etwas näher an der Schweiz liegt, leicht zu erreichen, um mich gegebenenfalls schnell eine Woche zurückziehen zu können. Diesen Platz habe ich auf Mallorca gefunden.

Für die Schweiz selbst schwebte mir ein Haus am See vor. Ich bin ein sehr visueller Mensch, deshalb war mir wichtig, dass ich nicht nur das Wasser des Sees sehen konnte, sondern auch die Berge und die Abendsonne. Also kam nur eine Südwest-Hanglage infrage. Dazu maximal eine halbe

Stunde Fahrzeit zum nächsten Flughafen, aber kein Fluglärm. Das Haus selbst sollte drei Ebenen haben. Unten die Garage und Lagermöglichkeiten, in der Mitte Büros und oben die Privaträume. Je deutlicher ich meine Vision ausformulierte, desto zielgerichteter konnte ich meinen Fokus steuern. Meine Freunde lachten, wenn ich ihnen von meinen Vorstellungen von einem Haus erzählte, und sagten: »So etwas gibt es in der ganzen Schweiz nicht. Du wirst Kompromisse machen müssen.« Ich weiß nicht mehr, wie viele Häuser ich angeschaut habe. Eines war dabei, das alle Bedingungen erfüllte – außer einer: Es lag nicht an einem See. Dafür war es unschlagbar günstig. Ich kaufte es nicht.

Bald wurde mir klar, dass ich selbst bauen musste, ich suchte also nach einem geeigneten Grundstück. Ich fand es, musste aber noch lange warten, bis ich es erwerben und bebauen konnte. Ich hatte Geduld. Und diese Geduld hat sich gelohnt. Denn heute sitze ich in meinem perfekten Haus hoch über dem Hallwilersee und schaue zu, wie sich die Abendsonne langsam dem Horizont nähert. In der Ferne sehe ich manchmal Flugzeuge vom Flughafen starten, doch es dringt kaum ein Motorengeräusch zu mir.

Dass Rahmenbedingungen bestehen können, an denen auch der stärkste Wille nicht rütteln kann, versteht sich von selbst. So hatte ich mir eigentlich ein Flachdach für mein Haus gewünscht. Doch die Bauordnung ließ das nicht zu, was ich akzeptieren musste. Und das war für mich in Ordnung. Diese Haltung hat nichts mit Schönreden zu tun. Sondern damit, seine Kraft nicht in sinnlosen Kämpfen zu vergeuden. Keine faulen Kompromisse, sondern gute Arrangements mit der Realität zu finden, das ist die Kunst.

Zweiter Lebensbereich: Ihr Beruf – Ihre Berufung

Was wollen Sie erreichen? Den eigenen, ganz persönlichen Lebensplan zu entwerfen, ihn ganz klar zu formulieren und aufzuschreiben, das gehört zu den schwersten Dingen überhaupt. Denn hier ist der Störfunk der anderen am stärksten. Familie, Freunde, Nachbarn – sie alle wollen ein Wörtchen mitreden und möchten, dass ihre Erwartungen erfüllt werden. Das größte Hindernis bei der Suche nach den eigenen eigentlichen Fähigkeiten und Erwartungen sind die Vorstellungen anderer, die man oftmals schon längst so verinnerlicht hat, dass man glaubt, es seien die eigenen Wünsche.

Ich war in der siebten oder achten Klasse, als mein Lehrer mich zu einem Berufsberater schickte. Er saß vor mir in einem Pullunder und einer Breitcordhose und blätterte in seinen Unterlagen herum, ohne mich wirklich anzuschauen. Die Bezeichnung »Berater« hatte er nicht wirklich verdient. Denn beraten kann nur derjenige, der Menschenkenntnis und einen umfangreichen Fundus an Erfahrungen hat. Dieser Mann hatte beides definitiv nicht. Er war nichts anderes als ein »Stellenbesetzer«.

»Bäcker kannst du werden, die werden gerade händeringend gesucht«, schlug er mir vor, und das war sein Beitrag. Mir war schnell klar: Von so jemandem muss ich keine Ratschläge annehmen. Wie hätte er mir auch in der zur Verfügung stehenden halben Stunde helfen können herauszufinden, was meine Fähigkeiten sind? Denn das wäre ja die Unterstützung gewesen, die ich benötigt hätte. Stattdessen erörterte er den Stellenmarkt.

Ich wusste nur, dass ich ein anderes Leben führen wollte als meine Eltern auf dem Bauernhof. Aber wie? Außerdem war mir klar, dass ich kein handwerkliches Geschick, sondern zwei linke Hände habe. Ich hatte keine Ahnung, was ich machen könnte. Erst nach Jahren habe ich erkannt, was meine Berufung ist. Doch dazu später.

Ich kann keinen Test anbieten, so wie es sie in bestimmten Magazinen und Zeitschriften gibt. Da erfährt man, dass man einfühlsam und kreativ ist, weil man bei 20 Fragen meistens die Antwort C gewählt hat. Das ist Humbug. Die Suche nach dem eigenen Platz in der Welt ist viel zu wichtig, als dass man sie mit einer Art Multiple-Choice-Test erledigen könnte. Jeder für sich selbst muss sich auf die Suche danach machen. An dieser Stelle will ich Ihnen nur zwei Empfehlungen mit auf den Weg geben. Die erste: Ihre Hobbys verraten über Sie mehr, als Sie denken.

Die zweite: Sagen Sie nie: »Das geht nicht.« Mit dieser Schere im Kopf sind Sie nicht mehr auf der Suche nach Möglichkeiten, sondern verwalten nur noch das bereits Bestehende.

Nehmen Sie Ihre Ziele ernst. Wenn einem der Wind ins Gesicht bläst, muss man die Segel anders setzen. Niemand sagt, dass uns ein steter Rückenwind über die Ziellinie bläst. Bleiben Sie dran, geben Sie nicht auf. Und wenn Sie loslassen müssen, weil sich die Rahmenbedingungen tatsächlich als stärker erwiesen haben, dann tun Sie dies bewusst und mit erhobenem Kopf. Nicht mit einem Achselzucken, das scheinbare Gleichgültigkeit signalisieren soll.

Dritter Lebensbereich: Ihr Körper – Ihre Gesundheit

Wenn das Denken die Software ist, darf man nicht die Hardware, den Körper, aus den Augen verlieren. Wenn Sie sich die Schnürsenkel nur noch im Blindflug zubinden können und bereits nach vier Treppenstufen aus der Puste sind, dann werden Sie auch Schwierigkeiten haben, dorthin zu kommen, wo Sie wirklich hinwollen.

Täglich wird uns von allen Seiten eingeredet, was gut und was schlecht für uns ist. Bloß keine Kohlenhydrate – oder doch, aber nicht nach 18 Uhr – oder doch die Nudel-Diät, die praktisch nur aus Kophlenhydraten besteht... Solche Allerweltstipps sind offensichtlich nicht der Weisheit letzter Schluss. Was wir in Medien, die viele Tausende gleichzeitig ansprechen, lesen oder hören, muss nicht maßgeblich speziell auf uns zutreffen. Ein Formel-1-Fahrer beispielsweise hält sich ja auch ganz anders fit und ernährt sich anders als ein Gewichtheber.

Hören Sie also nicht auf andere, jedenfalls nicht ungefiltert. Nutzen Sie Ihren Verstand und tun Sie das, was notwendig ist, um sich in Ihrem Körper wohlzufühlen. Um zu erkennen, dass es nicht gesund ist, jeden Tag einen fetten Schweinebraten zu essen, braucht es keinen Professor Doktor Doktor, der irgendwo ein Sanatorium leitet. Auch nicht, um die Entscheidung zu treffen, sich im Rahmen der eigenen Möglichkeiten zu bewegen.

Ich selbst zum Beispiel könnte durch sehr intensives Training einen Waschbrettbauch haben. Für mich persönlich wäre aber der Aufwand zu hoch. Das Verhältnis Aufwand zu Ertrag stimmt nicht. Für mich jedenfalls ist das so. Ich nehme das als natürliche Grenze wahr. Ich konzentriere mich lieber auf das, was mir wirklich wichtig ist. Und das ist definitv nicht das Sixpack. Sportlichkeit allerdings ist mir wichtig. Schon allein, weil ich so oft auf der Bühne stehe. Am Abend nach einem Seminartag von zehn Stunden bin ich rein körperlich so ausgepowert, als hätte ich einen Marathon hinter mir. Wäre ich ein Couch-Potato und äße den lieben langen Tag nur Chips, könnte ich meine selbstgesteckten Aufgaben gar nicht leisten.

Mir persönlich ist es aber auch suspekt, wenn sich Leute zu sehr um ihre Gesundheit sorgen. Ich kenne Gesundheitsapostel, die nach einer Liste leben, was sie alles essen. Die Liste von den Sachen, die sie verweigern, ist noch viel länger. Sie fahren die 80 Kilometer von Zürich nach Konstanz am Bodensee, um die richtigen Körner für ihr Müsli einzukaufen. Dieser Tanz um meine Ernährung wäre mir eindeutig zu übertrieben und zöge zu viel Energie von wichtigeren Dingen ab.

Kürzlich wollte mir jemand ein Produkt mit 40 Vitaminen verkaufen. Eine Pille am Tag, und ich hätte mir keine Sorgen mehr machen müssen um Mineralstoffe, Vitamine und so weiter. Nun, wenn sich jemand sicherer fühlt, indem er so ein Präparat regelmäßig zu sich nimmt, ist das in Ordnung. Schaden wird es wohl nicht. Aber für mich ist das nichts. Eine vielfältige Ernährung mit Augenmaß reicht in meinen Augen vollkommen aus. Ich will kein Rädchen im Riesengeschäft der Nahrungsmittelergänzungsindustrie sein. Oft denke ich: Wie weit sind wir denn schon gekommen, dass wir lieber Tabletten einnehmen, statt einen Apfel zu essen?

Vierter Lebensbereich: Die materiellen Mittel

Es ist eine Grundsatzfrage: Welchen Stellenwert hat Geld für Sie? Brauchen Sie es, um sich wohlzufühlen, oder können Sie auch mit wenig leben? Egal, wie Sie dazu stehen – es ist in Ordnung!

Einer meiner Bekannten – ich kenne ihn schon viele Jahre – fasziniert mich ganz besonders. Er hat eine kleine, sehr spartanisch eingerichtete Wohnung, ein kleines Auto. Er braucht einfach nicht mehr Luxus. Es gibt ja viele Menschen, die gerne mehr und mehr Geld gehabt hätten, aber gescheitert sind. Nun sitzen sie in ärmlichen Verhältnissen und reden sich und anderen ein, dass sie es genau so gewollt hätten. »Geld bedeutet mir nicht so viel«, sagen sie dann – und träumen doch vom Lottogewinn. Nicht so mein Bekannter. In seiner Haltung ist er absolut glaubwürdig. Ich habe nicht den Eindruck, dass er Kompromisse macht. Er ist frei von allen Begehrlichkeiten und deshalb genau dort, wo er hinwollte.

Wenn man mit wenig Geld auskommt, hat man viel mehr Freiheiten, sein Leben zu gestalten. Denn man muss nicht einen großen Teil seiner Energie schon allein dafür aufbringen, finanzielle Mittel heranzuschaffen. Wenn die Priorität dem Geld gilt, ist man in seinen Möglichkeiten eingeschränkter. Dann muss man Geld verdienen. Aber bitte nicht, indem man andere ausbeutet. Diese Strategie hat nämlich rein gar nichts mit Kreativität zu tun, sondern ist nur armselig. Wer mit krummen Touren oder moralisch nicht ganz einwandfreien Mitteln Geld ansammelt, für den rächt sich so ein Vorgehen irgendwann. Bald wäre man als jemand bekannt, der andere übervorteilt und auf den kein Verlass ist. Dann wird es um einen herum sehr schnell einsam.

Seien Sie sich auch der Gefahr des Dagobert-Syndroms bewusst: Wozu genau brauchen Sie viel Geld? Wenn Sie sich einfach nur schöne Dinge leisten wollen, dann sorgen Sie dafür, dass Sie genug Geld verdienen. Oder ist es lediglich dafür gedacht, Ihr Ego aufzupolieren? Dann sollten Sie nochmals an Ihrer Einstellung arbeiten.

Bedenken Sie ebenfalls, wie Sie im Alter leben wollen. Es reicht nicht, während des aktiven Berufslebens gut über die Runden zu kommen. Gerade wenn Sie einen gewissen finanziellen Spielraum gewöhnt sind, wird es bitter, mit 60 oder 70 Jahren kürzertreten zu müssen. Noch dazu, weil Sie dann mehr Zeit haben, Geld auszugeben.

Fünfter Lebensbereich: Die Entwicklung der Persönlichkeit

Nun geht es um die Königsdisziplin: Die vier Bereiche, über die Sie bis hierher gelesen haben, hatten immer auch mit Ihrer Umgebung zu tun – mit wem Sie zusammenleben, in welchem Beruf Sie arbeiten … Im fünften Lebensbereich geht es ganz allein um Sie.

Was für eine Persönlichkeit möchten Sie sein? Welche Maßnahmen können Sie ergreifen, um Ihrem Ziel näherzukommen? Um das zu erkennen, braucht es zunächst eine Standortbestimmung: Was machen Sie und wie machen Sie es? Und dann das Ziel: Wer möchten Sie sein und wie können Sie das erreichen? Entdecken Sie Ihre Talente! Talente mit Willen zu füllen – es gibt nichts Produktiveres.

Wenn Sie Ihren Standort A und auch Ihr Ziel B bestimmt haben, müssen Sie noch von A nach B gelangen. Das wichtigste Mittel hierfür: Lernen. Im Grunde genommen gibt es zwei Arten zu lernen. Zum einen wie etwas funktioniert, und zum anderen wie etwas nicht funktioniert. Beides bringt enorm weiter. Rückschläge gibt es also nicht, denn sowohl aus dem, was gelingt, als auch aus dem, was nicht gelingt, wird man seine Schlüsse ziehen können.

Weiterbildung ist das A und O. Ich habe immer Menschen gefunden, die mich inspiriert haben; auf allen Ebenen. Ich breche mir keinen Zacken aus der Krone, wenn ich jemanden frage: »Hey, das ist toll, was du machst. Wie geht das?« Auch wenn ich in meinem Seminar auf der Bühne stehe, sehe ich mich nicht nur als jemanden, der andere an seinem Wissen teilhaben lässt. Ich lerne auch von den Teilnehmern.

Im nächsten Prozessschritt verbinden sich die fünf Bereiche. Sie kreieren Visionen und entwickeln Ihren ganz persönlichen und einmaligen Lebensplan. Die Visionen leiten Sie auf Ihrem Weg. Wer zum Beispiel in fünf Jahren fit sein will, muss heute mit dem Sport beginnen. Wer in Zukunft erfolgreich sein will, muss heute beginnen, sich weiterzubilden, Bücher zu lesen und Vorbilder zu suchen. Wohlgemerkt: heute, nicht morgen oder sogar erst zu Neujahr.

Das, was wir heute sind, ist nichts anderes als das Resultat unserer gestrigen Entscheidungen. Deshalb halte ich mir mindestens einmal im Monat einen halben Tag frei. Dann überprüfe ich jeden meiner fünf Lebensbereiche: Wo stand ich vor einem Jahr? Habe ich mich weiterentwickelt? Wenn ich in einem bestimmten Bereich keinen Fortschritt erkenne, dann konzentriere ich mich in der nächsten Zeit ganz besonders auf diesen Bereich.

Ein Beispiel: Sie suchen seit drei Jahren einen Geschäftspartner, um mehr Zeit für eigene weitere Entwicklungen zu haben. Mit zweien haben Sie es schon versucht, doch Sie mussten die Experimente jeweils vorzeitig abbrechen. Der eine war seiner Aufgabe kaum gewachsen, der andere hat sich zu sehr dafür interessiert, wie er sich persönlich bereichern kann. Solange Sie dieses Problem jedoch nicht gelöst haben, werden Sie weiter viel Zeit und Energie an dieser Baustelle verlieren. Also müssen Sie sich darauf fokussieren, den richtigen Partner zu finden. Dabei lassen Sie sich auf keine Kompromisse ein, denn die sind auf lange Sicht teuer. Meiner Erfahrung nach ist kaum etwas schlimmer, als auf einen zweitklassigen Partner angewiesen zu sein. Zur Not sollten andere Projekte zurückgestellt werden, um sich ganz dieser Aufgabe widmen zu können. Hat man den Richtigen gefunden, wird sich die eingesetzte Zeit mehrfach wieder auszahlen, denn nun lässt es sich wieder viel freier agieren.

Meiner Erfahrung nach unterliegen Menschen bei der Bewertung ihrer Möglichkeiten und der von ihnen geleisteten Fortschritte gleich mehreren Irrtümern. Der erste Irrtum: Die meisten überschätzen ihre kurzfristigen Möglichkeiten. Sie sind zum Beispiel der Meinung, in vier Wochen zehn Kilo abnehmen zu können oder aus dem Stand einen Halbmarathon laufen zu können. Das ist kaum möglich, und wenn es jemand trotzdem mit unbedingtem Willen durchzieht, dann ist es ganz bestimmt nicht gesund. Was ihre langfristigen Ziele betrifft, unterschätzen sie sich dagegen eher und bewerten ihre Möglichkeiten viel zu pessimistisch. Das ist der zweite Irrtum. »Ich bin jetzt Mitte 30 und über mir gibt es keine Gehaltsstufen mehr. Ende der Fahnenstange, jetzt heißt es nur noch, bis zur Rente durchzuhalten.« Und der dritte Irrtum: In der Rückschau sind Sie schnell bei der Einschätzung: »Es hat sich gar nichts geändert! Es ist überhaupt nichts besser geworden.« Auch wenn sich eine Menge geändert hat. Erst wenn ich gezielt die fünf Lebensbereiche abfrage, sagen sie: »Stimmt, daran habe ich gar nicht gedacht. Das war vor einem Jahr noch ganz anders.«

Und noch ein Tipp: Wenn Sie etwas immer wieder aufschieben, werden Sie Ihr Ziel nicht erreichen. Oder Sie verfallen in Aktionismus, ohne auch nur einen Schritt weiterzukommen. Das muss nicht daran liegen, dass Sie nicht genügend Einsatz zeigen. Eine mögliche Ursache für halbherzig verfolgte Ziele ist auch: Es sind gar nicht die richtigen für Sie! Statt sich wie eine dicke Stubenfliege den Kopf an der Fensterscheibe immer und immer wieder anzuschlagen, hilft es, einen Schritt zurückzutreten und noch einmal zu überlegen: Ist es denn wirklich das, was ich will? Manchmal löst sich der Knoten dann von selbst.

Sicherlich, auf dem Papier liest sich das ganz fabelhaft. Und die Realität ...

Das Liebesleben der Pflastersteine

Ich dachte lange Zeit, ich sei rhetorisch schwach. Ich habe immer die Schulkameraden bewundert, die vor der Klasse locker sprechen konnten. Für mich war es eine Katastrophe, ein Referat halten zu müssen. Man sagte mir: »Du brauchst Talent, um frei sprechen zu können. Du hast keins, also finde dich damit ab.«

Ich hatte Glück. Es gab auch andere, erfolgreiche Menschen, die mich unterstützt haben. Sie sagten mir: »Mensch, du kannst das ändern. Lass dir helfen.« Also entschloss ich mich mit 21 Jahren, ein Rhetorik-Training zu besuchen. Ich fand eine Reihe günstiger Angebote. Aber es gab auch die Möglichkeit, eine ganz andere Veranstaltung zu besuchen. Die jedoch kostete 3.000 Mark für drei Tage. Ich schaute in meinen Geldbeutel und war kurz davor, mich für eines der Billigseminare anzumelden. Dann gewann allerdings doch noch die Einsicht, dass das Billigste nicht das Beste sein muss, die Oberhand. Ich arbeitete Doppelschichten, lieh mir sogar Geld. Und schließlich: Was ich auf diesem Seminar gelernt habe, war Millionen wert. Buchstäblich.

Als ich am ersten Seminartag den Schulungsraum betrat, war ich noch voller Selbstzweifel. Der Trainer, etwa 40 Jahre alt, war schon anwesend, auch alle anderen Teilnehmer, das waren Manager, Führungskräfte, alle um die 50 Jahre alt, hatten sich bereits zusammengefunden. Ich war der letzte. Alle Gesichter wandten sich mir zu. Mir wurde ganz heiß. Aber das Spießrutenlaufen war noch nicht zu Ende. Die Stühle waren in einer U-Form angeordnet, nur einer noch war frei. Schnell wollte ich mich setzen, um wieder unsichtbar zu werden. Doch der Trainer rief mir zu: »Halt, halt, halt! Kannst gleich nach vorne kommen. Du fängst an.« Panik! Am liebsten hätte ich gleich auf dem Absatz kehrtgemacht. Doch der Trainer hatte sich schon vor die Tür gestellt – der Fluchtweg war verbaut.

Da stand ich nun, 9.02 Uhr am ersten Seminartag, und sollte mich aus dem Stand fünf Minuten lang über das Thema »Warum sind die Tomaten rot?« auslassen. Für mich der blanke Horror. Mein Gestotter dauerte gefühlte zwei Stunden. Danach wankte ich auf meinen Stuhl und dachte: Jetzt habe ich erst mal Ruhe. Doch der Seminarleiter fing mich ab und legte noch eins drauf: »Davon will ich mehr hören. Ihr nächster Kurzvortrag hat den Titel: ›Das Liebesleben der Pflastersteine bei Regenwetter‹«. Schlimmer konnte es nicht werden. Aber wir übten weiter Stegreifreden im Fünf-Minuten-Takt.

Der Trainer hatte gleich zu Anfang die Parole ausgegeben: »Mein persönliches Ziel ist es, dass niemand hier im Raum das Seminar verlässt, ohne dass er reden kann.« Und er hat sein Ziel erreicht. In diesen drei Tagen habe ich zwei Dinge gelernt. Erstens: Ich kann reden. Sogar so gut, dass es eine meiner Kernfähigkeiten geworden ist. Und zweitens: Wenn das Seminar nur in der Theorie geblieben wäre, hätte ich das nie gelernt. Unser Trainer hat uns gezwungen, ins kalte Wasser zu springen. Dafür bin ich ihm noch heute dankbar.

Auf glühenden Kohlen

Ich war keine 20 Jahre alt, als ich in Amerika mehrere Seminare besuchte. Das war eine schwierige Zeit für mich. Ich fühlte mich benachteiligt, wusste noch nichts Rechtes mit mir und dem bislang Erlernten anzufangen und schaute oft den ganzen Tag lang Fernsehen. Eines Tages sah ich eine Sendung über Stammesrituale. Irgendwelche Mitglieder irgendeines Stammes in irgendeiner Ecke der Welt liefen über glühende Kohlen. Ein Initiationsritus. Meine erste Reaktion: »Das geht doch gar nicht, die wollen mich wohl für blöd verkaufen!« Ich dachte, das wäre ein Trick, um die Sendung interessanter zu machen. In meiner Welt war das nicht möglich. »Sich selbst Schmerz zufügen ... Da kann doch nichts dran sein«, fand ich.

Wie das Leben so spielt, kam ich kurze Zeit später auf einem Seminar in Los Angeles mit einem Arzt ins Gespräch. Er wusste, wo man ausprobieren konnte, über glühende Kohlen zu laufen. Ich war verblüfft. Also waren das doch keine nachgestellten Szenen gewesen? Echtes Feuer? Und ganz in der Nähe gab es Leute, die das machten? Ich war fasziniert.

Wenige Tage später fuhr ich die eineinhalb Stunden von Los Angeles zu den Halbindianern, die ein Seminar für Touristen und stadtmüde Leute anboten. Zunächst war ich bitter enttäuscht. In meinen Augen war das nichts als Show. Für die Besucher wurde ein bisschen herumgeräuchert, dann sollten wir einen Apfel rituell verspeisen. Solche Sachen eben. Das war nicht das, was ich mir erhofft hatte. Aber dann, am Abend, ging es ans Eingemachte: Feuerlaufen. Die Indianer schütteten glühende Kohlen zu einem etwa sechs, sieben Meter langen Weg auf. Dann fragten sie nach einem Freiwilligen. Einer der Touristen sollte stellvertretend für alle durchs Feuer gehen.

Mein erster Reflex: ablehnen; in der sicheren zweiten Reihe bleiben. Ich hatte nicht die geringste Lust, mir die Füße zu verbrennen. Das Bild meiner schwarzen und blasenübersäten Fußsohlen stand plastisch vor meinen Augen. Höllische Schmerzen, Arztrechnungen, wieder Schmerzen. Doch gleichzeitig schien es mir in diesem Moment, als würde die Zeit grotesk verlangsamt ablaufen. Ich schaute mir von außen zu, hörte mich denken. Unter Hochdruck liefen viele Prozesse parallel in meinem Kopf ab: Angst, die wohl einzige Chance in meinem Leben, es auszuprobieren, zu verpassen. Aber auch brennende Neugier. Da stand ich nun mitten in der Gruppe und fragte mich: Willst du in der Komfortzone bleiben, dich hinter den Rücken der anderen verstecken und Statist sein? Ich wollte nicht als Zuschauer dabei sein, sondern als Akteur. Deshalb hatte ich mich doch auf den Weg gemacht!

Heute weiß ich: Vor dieser Entscheidung steht man immer wieder: Geht man einen Schritt nach vorne – oder einen Schritt zur Seite? Die einen begnügen sich mit folgender Lösung: erst mal schauen, was die anderen machen, und das machen sie dann auch. So gehen sie in vielen Fällen auf Nummer sicher. Aber auch nicht immer. Als Ende der 1990er-Jahre Telekom-Aktien auf den Markt geworfen wurden, war es kein Vorteil, das zu tun, was alle taten. Wer in die Aktien investierte, verlor einen Großteil seines eingesetzten Geldes.

Dann bin ich über das Feuer gelaufen. Ich weiß nicht wie, aber es hat geklappt. Wie in Trance kam ich am anderen Ende der Glut an – unbeschadet. Ich habe nicht verstanden, wie das möglich war. Ich fragte die Guides: »Wie geht das? Wie ist das möglich?« Doch sie zuckten nur mit ihren Schultern und grinsten.

Egal, was dahintersteckt: Ich war beflügelt. Wenn deine Füße über 500 Grad heiße Glut gehen können, ohne Schaden zu nehmen, was kannst du dann noch alles? Welche Limits gibt es dann eigentlich noch? Wenn man etwas wirklich will, und man kann sich dafür in den richtigen Zustand versetzen, dann ist man unschlagbar.

Und heute? In einem meiner Seminare integriere ich das Laufen über glühende Kohlen. Inzwischen sind über 50.000 Menschen in meinen Seminaren übers Feuer gelaufen. Doch ich sehe Feuerlaufen nicht als Selbstzweck, ich bin auch kein »Feuerlaufguru«. Anfangs zeigte ich in meinem Werbematerial noch beeindruckende Fotos davon. Damit sprach ich aber vor allem Adrenalinjunkies an, die sich sonst beim Bungee-Jumping oder Kitesurfen ihren Kick holen. Mit ihnen kann ich in meinen Seminaren nicht viel anfangen. Also werbe ich nicht mehr damit, dass wir über Feuer gehen.

Wichtig bleibt hierbei: Ziel ist nicht, übers Feuer gegangen zu sein. Wozu soll das auch gut sein? Es bringt ebenfalls nichts, wenn einer das nur tut, um andere zu beeindrucken. Deshalb macht diese Übung zum Beispiel bei firmeninternen Seminaren meistens keinen Sinn. Denn dann wird daraus automatisch ein Wettkampf: Wer traut sich, wer traut sich nicht? Der Angestellte läuft über die Kohlen, um seinen Vorgesetzten zu beeindrucken, und der Chef muss nachziehen, weil er meint, als »Anführer« nicht zurückstehen zu können. Über die Kohlen zu laufen ist weder ein Show-Highlight noch ein Wettkampf.

Ziel der Übung ist, dass man eine Erfahrung macht: Man erkennt, dass man seine Kräfte so mobilisieren und sich so fokussieren kann, dass man scheinbar Unmögliches möglich machen kann. Man erkennt, dass sich alles erreichen lässt, wozu man das Talent besitzt – wenn man nur wirklich will. Und dass man sich mit Halbherzigkeiten und faulen Kompromissen nur in Gefahr bringt. Also wagen Sie den Schritt. Ihren Schritt. Zum Wesentlichen.

Kapitel 5

Vom »Was ich wollen soll« zum »Was ich wirklich will«

Es ist schummrig an der Rezeption. Weiche, wohltuende Musik klingt aus versteckten Lautsprechern. Meine müden Füße stehen in hochflorigem Teppich. Der Flug war mörderisch, 90 Minuten standen wir auf der Rollbahn, bevor wir starten konnten, statt der geplanten vier Stunden bin ich über sechs unterwegs gewesen. Nur noch schnell einchecken und ich kann mich auf meinem Hotelzimmer entspannen. Das Seminar morgen wird anstrengend werden.

»Bitte füllen Sie noch dieses Formular aus, Herr Betschart«, sagt der rundgesichtige Concierge zu mir und schiebt ein Blatt Papier über die Theke. Ich bin durstig, ich möchte mich umziehen und ich will ganz bestimmt nicht diesen Papierkram ausfüllen müssen. Seufzend schaue ich auf den Vordruck und kann es kaum fassen: Er ist vollflächig bedruckt, auf beiden Seiten, die 6-Punkt-Schrift ist in dem schwachen Licht kaum zu entziffern.

Ich reise viel und ich mag es, die Abläufe zu optimieren. Ich schicke zum Beispiel immer ein kurzes Fax vorab in das Hotel, in dem ich übernachten werde. Darauf stehen meine besonderen Wünsche, schließlich wähle ich keine Jugendherbergen aus. Das ist nichts Aufregendes und mit wenig Aufwand vom Hotelpersonal zu bewerkstelligen – zum Beispiel dass ich zwei Kissen brauche und in der Minibar keine Snacks haben möchte. Ich kenne mich gut genug, um zu wissen, dass ich Schokolade, die herumliegt, auch aufesse. Besser also, wenn erst gar keine greifbar ist. Wenn ich der Verantwortliche in einem Hotel wäre, sähe ich eine solche Liste nicht als unbequeme Extrawünsche, sondern als willkommene Unterstützung in meinen Bemühungen, es meinem Gast recht zu machen. Sodass er gerne wiederkommt. Die Sache mit dem Fax klappt oft gut, manchmal liegt aber auch eine Extraportion Schokolade auf meinem Kopfkissen.

Und jetzt stehe ich hier an der Rezeption und schlage mich mit einem Formular herum, das irgendein Schreibtischtäter entworfen hat. »Name«, »Geburtsort« und »Nummer des Personalausweises«. Das ist wohl die Pflicht. Dann kommt eineinhalb Seiten lang die Kür: Ob ich schon einmal Gast an diesem Ort war und ob mich geschäftliche oder private Gründe hierhergeführt haben, und so weiter. Zweimal Nein – ich war noch nicht hier, und nein, wie ich hier so stehe, denke ich, dass mich nichts hierherführt, aber einiges möglichst schnell wieder fort. Mir verschwimmen die Buchstaben vor den Augen. Ich bräuchte eine Lupe und die Geduld eines Heiligen, um dieses Formular vollständig auszufüllen.

Entnervt unterschreibe ich das Blatt rechts unten auf dem vorgesehenen Feld und schreibe quer über das Formular: »Kann diesen Text nicht lesen. Kundenfeindlich. Muss aber leider unterschreiben, weil ich sonst kein Zimmer bekomme.«

Der Concierge, der in der Zwischenzeit anderen Gästen ihre Schlüssel ausgehändigt hat, nimmt das Blatt freundlich entgegen, ohne einen Blick darauf zu werfen, legt es auf einen Stapel und wünscht mir »einen angenehmen Aufenthalt.«

Auf Linie

Überall im Alltag begegnen uns klare Regeln und feste Abläufe. So haben die Dinge zu sein – und nicht anders. Ein gemeinsamer Arbeitsbeginn in einer Werkstatt ist sicher keine schlechte Idee. Auch nicht, dass es DIN-Normen gibt, die ein schnelles Zurechtfinden in der schier unübersehbaren Menge an Produkten möglich macht. Eine 3/8-Zoll-Schraube passt zu einer 3/8-Zoll-Mutter; böse Überraschungen sind da ausgeschlossen.

Schlimm wird es aber, wenn Formulare und Vorgaben zum Goldenen Kalb werden, um das herumgetanzt wird. Wenn sich ganze Heerscharen darum kümmern, dass die Schemata nicht durchbrochen werden, selbst wenn es Sinn machte, und wenn der Aufwand den Nutzen nicht mehr rechtfertigt. Wenn Vorlagen, Muster und Formulare nicht mehr dazu dienen, Abläufe zu vereinfachen und Klarheit und Schnelligkeit zu garantieren, sondern Ordnung zum inhaltsleeren Selbstzweck wird.

Bürokratie heißt »Herrschaft der Verwaltung«. Das heißt, dass die Verwaltung nicht mehr der Diener, sondern der Tyrann ist, dem sich alle unterordnen müssen. Bürokratie setzt starre Grenzen, automatisiert Handlungen und beschneidet die Freiheit des Einzelnen nicht zum Wohle der Gesellschaft, sondern zum Wohle der Bürokratie selbst. Sie erhebt sinnlose Ordnung zum Selbstzweck. Bürokratie statt Sinn – das hat fatale Auswirkungen. Statt Energie in Produktives zu lenken, saugt sie Energie an wie ein schwarzes Loch.

Dies ist das Klima, in dem Aktionen wie folgende notwendig werden: Die Werner-Bonhoff-Stiftung vergibt einmal im Jahr einen mit 50.000 Euro dotierten Preis an Unternehmer, die sich geschickt gegen bürokratischen Unsinn zur Wehr setzen. Auf ihrer Internetseite nennt sie das Beispiel eines Bäckerei-Familienbetriebes. Jedes Jahr muss die Chefin allein für das Statistische Landesamt Baden-Württembergs 17 Formulare ausfüllen: Genaueste Angaben über Umsatz, Mitarbeiterzahl und Auftragseingänge in den fünf Verkaufsfilialen werden abgefragt. Erhält das Amt die Unterlagen nicht pünktlich, drohen empfindliche Bußgelder. Den Arbeitsaufwand kann die Chefin nur mit Sonderschichten auffangen. Oder der Schlossermeister, der seine Blechbiegemaschine, an der er schon seit zehn Jahren arbeitet, plötzlich aufwendig umbauen muss, weil dem Kontrolleur vom Gewerbeaufsichtsamt aufgefallen ist, dass der Abstand zwischen dem

Stempel und der Unterkante eines Maschinenteils sieben Millimeter zu groß war.

Unsinn dieser Art kostet die deutsche Wirtschaft jährlich mehr als 46 Milliarden Euro. Diese Zahl hat das Institut für Mittelstandsforschung (IfM) in Bonn 2003 veröffentlicht. Seit 1994, als sich das Institut erstmals mit dem Thema beschäftigte, hat sich die Belastung der Wirtschaft damit um rund 25 Prozent erhöht.

Im Juni 2003 monierten FDP-Politiker in einem Antrag, dass das Bundesrecht in Deutschland weit über 90.000 Einzelvorschriften enthält: 2.197 Gesetze mit 46.779 Einzelvorschriften und 3.131 Rechtsverordungen mit 39.197 Einzelvorschriften. Die zahlreichen Gesetze und Verordnungen der einzelnen Bundesländer oder die Vorschriften auf kommunaler Ebene sind in diesen Zahlen erst gar nicht berücksichtigt. Die Politiker regten an, diesen immensen Wildwuchs zu beschneiden. Ihre Eingabe hatte übrigens den Namen *Drucksache 15/1233*. In der Folgezeit wurden tatsächlich einige Gesetze eliminiert. Nach einer Pressemitteilung von Januar 2010 waren Ende 2009 immer noch 1.924 Gesetze und 3.440 Verordnungen mit insgesamt 76.382 Artikeln und Paragrafen in Kraft. Tendenz wieder steigend.

Die Reglementierungswut treibt überall ihre Blüten. Es geht ja nicht nur darum, dass Hotelgäste lange Formulare ausfüllen sollen. Oder darum, dass unzählige Gesetze und Verordnungen die Entwicklung von Unternehmen hemmen – viele werden erst gar nicht gegründet, weil kreative Köpfe auf dem Weg durch den Paragrafendschungel entkräftet aufgeben, bevor der erste Stein gesetzt ist. Am schlimmsten ist, dass der Zwang zur Angepasstheit und Vereinheitlichung nicht vor dem Menschen selbst haltmacht.

Die Seligmacher

Wenn ich heute noch einmal Kind wäre, hätte ich es schwer. Um es einmal vorsichtig auszudrücken: Ich war ein sehr lebendiger Junge. Radio, Wanduhr, Kassettenrekorder – ich habe alles auseinandergenommen. Nichts war vor mir sicher. Mit dem Wiederzusammensetzen klappte es aber meistens nicht; dass ich zwei linke Hände habe, erwähnte ich schon. Meine Eltern und meine Lehrer mussten viel Geduld aufbringen, denn im Zaum halten konnten sie mich nicht. Ich war immer auf Entdeckungsreise. War mein Wissendurst gestillt, konzentrierte sich meine Aufmerksamkeit sofort auf etwas Neues. Dann war der nächste Flurschaden zu erwarten. Ich muss eine Schneise der kleinen Zerstörungen hinter mir hergezogen haben.

Aber ich bin groß geworden. Ohne größere Katastrophen. Ich hatte Platz. Und ich hatte Eltern, die anderes zu tun hatten, als ihre Energie darauf zu verwenden, mich klein und brav zu bekommen. Auch wenn ich ihnen sicher viele Sorgen bereitet habe.

Zum Glück haben meine Eltern damals Ritalin nicht gekannt.

Heute haben Eltern und Lehrer es leicht, Kinder gleichzuschalten. Und sie nutzen ihre Möglichkeiten auch. Ritalin gehört heute fast schon zum Pausenbrot dazu. Seit Anfang der 1990er-Jahre hat sich die in Deutschland verschriebene Menge des Wirkstoffes Methylphenidat (MPH) explosionsartig vervielfacht: von 34 Kilogramm im Jahr 1993 auf fast 1,8 Tonnen im Jahr 2010. Für ein Medikament, das auf der schwarzen Liste der *Welt-Anti-Doping-Agentur Wada* steht, eine erstaunliche Karriere.

Die *Frankfurter Allgemeine Zeitung* schrieb im Februar 2012: »Ritalin ist eine Pille gegen eine erfundene Krankheit, gegen die Krankheit, ein schwieriger Junge zu sein. Immer mehr Jungs bekommen die Diagnose. Die Pille macht sie glatt, gefügig, still und abhängig.« Relativ selten wird Mädchen diese Chemie verabreicht. Es sind meist die Jungen, die nicht still sitzen können. Jeder zehnte wird von seinen Eltern und von seiner Umgebung als zu wild und zu laut wahrgenommen. In Klassen mit 30 Kindern ist das anstrengend. Das stört. Es wird nicht lange danach gefragt, warum der Junge so ist, er wird ruhiggestellt.

Mittlerweile wird Ritalin nicht nur als Harmonisierer von Schulkindern missbraucht, sondern auch von Studenten als leistungssteigernde Droge. Schließlich erhöhen Ritalin und seine Generika die Aufmerksamkeit und die Konzentrationsfähigkeit. Nicht nur Studenten nehmen den Wirkstoff, um in Prüfungen besser abzuschneiden, auch ein Fünftel der 1.400 Wissenschaftler aus 60 Ländern, die im Januar 2008 an einer Umfrage des Magazins *Nature* teilnahmen, greifen nach eigener Auskunft zu Ritalin und Betablockern. Dass Ritalin schwere Nebenwirkungen verursacht, interessiert die wenigsten. Hauptsache, die Leistung stimmt.

Noch heute kann ich nicht zwei Stunden am Stück auf einem Stuhl sitzen. Das ist wahrscheinlich genau der Grund, warum ich auf der Bühne stehe und nicht im Publikum sitze. Nur: Dieses Talent musste ich erst einmal entdecken. Auch wenn ich in meiner Persönlichkeit nicht übermäßig beschnitten wurde, niemand hat mir dabei geholfen zu entdecken, was da in mir drin ist, was meine Talente sind. Sie erinnern sich an den Berufsberater in Pullunder und Breitcord? Der mich zum Bäcker machen wollte, weil Bäcker gerade gesucht wurden? So geht es noch heute vielen Kindern und Jugendlichen. Sie sollen möglichst auf Linie gebracht werden. Was dabei herauskommt: Standardlebensläufe. Das Prinzip: Quadratisch, praktisch, gut.

Die dritte Frage

Der elfjährige Hannes ist mit seinem Papa unterwegs. Über ihnen sieht er ein Flugzeug einen silbernen Kondensstreifen hinter sich herziehen.

»Papa, weißt du was? Ich werde später mal Pilot.«

Der Vater schaut nachdenklich auf seinen Sohn hinunter: »Mit deinen Noten in der Schule wird da kaum was draus. Werd erst mal besser in Mathe und Englisch, dann hast du vielleicht eine Chance.«

Zack! Schon sind die Flügel beschnitten. Hat der Vater etwa Angst, seinen Sohn an die Ferne zu verlieren? Mit elf Jahren ist ein Kind doch noch so weit vom Erwachsenenleben entfernt! Da braucht es Raum für Träume, es braucht Gelegenheiten, sich selbst auszuprobieren und zu entdecken. Aber der Vater setzt sofort Grenzen, Schranken. Er unterstützt sein Kind nicht, indem er sagt: »Das ist ein toller Beruf. Als Pilot kannst du viele Länder kennenlernen, und du trägst Verantwortung für alle Passagiere. Wenn du willst, kannst du das schaffen.«

Nein, der Traum vom Fliegen wird vom Papa sofort erkannt und pervertiert als gute Gelegenheit dafür, dem Sohn bessere Noten in der Schule abzupressen.

Schlimm, dass der Vater auf seine Art auch recht hat: Ohne gute Noten läuft nichts mehr. Einige Personalverantwortliche, besonders die der großen Konzerne, schauen zwar nicht mehr als Erstes auf die Abschlusszeugnisse, sondern interessieren sich auch für das, was der Lebenslauf über den Bewerber aussagt. Aber die Regel ist immer noch: Gute Noten, guter Job; schlechte Noten, kein Job. In der Schweiz zum Beispiel ist es nicht möglich, beim Staat einen verantwortungsvollen Posten zu bekommen, ohne einen akademischen Abschluss vorweisen zu können. Erfahrungen gelten nur etwas, wenn sie der wissenschaftlichen Form entsprechend gemacht wurden. Eine Karriere als Quereinsteiger? Fehlanzeige.

Hast du was, dann bist du was – das gilt für Geld und gute Noten. Nicht für gute Ideen und Charakter. Man könnte Formulare ausfüllen: Wie viel Geld besitzen Sie? Bitte ankreuzen. Unter 10.000 Franken; 10.000 bis 49.999 Franken; 50.000 bis 249.999 Franken, 250.000 bis 999.999 Franken, 1 Million Franken und mehr. Oder: Note 1, Note 2, Note 3 etc. So ein Formblatt im Kopf macht es einfach, Menschen zu kategorisieren, ihren vermeintlichen Wert einzuschätzen. Dass die Schubladen den Blick auf den eigentlichen Menschen verstellen, passiert laufend.

Ich bin einmal dem St. Gallener Ökonom Fredmund Malik begegnet. Eine seiner ersten Fragen, die er mir gestellt hat: »In welchem Fachgebiet haben Sie promoviert?« Seine kleingläubige Einstellung, dass einer nur ein ganzer Mensch ist, wenn er die akademische Laufbahn einschlagen hat, irritierte mich sehr. Ähnlich bei der Begegnung mit einem der bekanntesten Rhetorik-Trainer im deutschsprachigen Raum. Sein größtes Interesse galt meinem Tagessatz. »Bekommst du 10.000 Euro pro Seminartag? Oder mehr? Oder weniger?« Die Antwort darauf bestimmt, ob sich so einer weiter mit jemandem unterhält oder ob er desinteressiert abdreht. Er hätte sich weiter mit mir unterhalten wollen. Ich mich aber nicht mit ihm.

Und was wird aus dem kleinen Hannes? Wird er Pilot? Ich weiß es nicht. Gut möglich, dass dieser Wunsch dort landet, wo auch die Wünsche Pirat, Lokomotivführer und Astronaut zu werden auf Halde liegen: bei den Fußball-Sammelbildchen und der Liebe zu der Lehrerin in der ersten Klasse. In einem Jahr wird er vielleicht Entwicklungshelfer in Afrika werden wollen. Er will sich ausprobieren, verschiedene Kostüme anziehen. Nur dann wird er irgendwann wissen können, in welchem er sich am wohlsten fühlt. Kinder haben große Pläne und Träume von der Zukunft. Es sind Stufen auf dem Weg zum Erwachsenwerden. Kein Grund, sie ihnen auszureden oder schlechtzumachen. Und erst recht nicht, sie auf

Normalmaß zurechtzustutzen: »Du willst Pilot werden? Werde lieber städtischer Angestellter. Das sind die sichersten Jobs und du verdienst 14 Monatsgehälter.«

Hannes wird immer wieder die Erfahrung machen, dass er mit Standardlösungen auf keinen Widerstand trifft, mit unkonventionellen Ideen aber auf wenig Gegenliebe stößt. Irgendwann wird er sich nicht mehr nur fragen: »Will ich das? Kann ich das?«, sondern auch: »Darf ich das?« Schlimm, dass diese Frage überhaupt in den Köpfen der Menschen existiert. Es ist, als ob ihnen eingeimpft worden sei: »Pass auf, dass du bloß nicht so wirst, wie du sein möchtest.«

Ist es mit dem eigenen Willen wirklich so schlecht bestellt?

Willenskraft auf Rezept

Die kleine Gemeinde Oberstaufen im Allgäu liegt nahe der deutsch-österreichischen Grenze. Dass sich hier nicht Fuchs und Hase Gute Nacht sagen, liegt daran, dass es ein beliebter Kurort ist. Hier haben sich eine ganze Reihe Kliniken und Sanatorien angesiedelt, die unter anderem auf das Abspecken spezialisiert sind. Viele übergewichtige Patienten kommen nach Oberstaufen, um abzunehmen und zu lernen, wie man sich gesund ernährt. Gleichzeitig ist der Ort bekannt für seine zahlreichen Feinschmecker-Restaurants. Im Adler, im Löwen und in der Sonne wird geschlemmt, bis die Schwarte kracht.

Ist es nicht verrückt, dass sich gerade in Kurorten wie Oberstaufen eine Gastronomie etabliert, die ihresgleichen sucht? Hier gibt es zwar auch einen leichten Salat, verführerischer und verlockender aber sind die Renner der Speisekarte: Gerichte wie Rehgulasch mit Spätzle und Krustenbraten mit Klößen. Zum Nachtisch gibt es dann eine Panna cotta, bei der auch ein Kranz von Früchten nicht darüber hinwegtäuschen kann, dass »panna« nichts anderes als »Sahne« heißt. Nach einem Frühstück, dass nur aus einer Handvoll Müsli besteht, will man sich ja etwas gönnen.

Und wenn nach zehn Tagen die Waage dann kein Gramm weniger anzeigt als zu Beginn der Kur, ist das Unterbewusstsein extrem trickreich darin, schnell Wege und Ausreden zu finden. »Es sind eben meine schweren Knochen«, oder: »Ich wusste es doch, gegen seine Gene kann niemand ankommen«, heißt es dann. Dass es vielleicht die Sahnetorte in der Konditorei gewesen sein könnte, hat der Kurgast längst vergessen.

Ausreden finden – das passiert oft ganz unbewusst. Mit Ausreden lebt es sich leichter, denn nicht umsonst wird eine Ausrede auch als Ausflucht bezeichnet: Sie bietet eine Fluchtmöglichkeit aus einer Situation, die zwar rational als sinnvoll erkannt wurde und deshalb gemeistert werden müsste, aber als unangenehm empfunden wird. Was wir aus freiem Willen tun wollen, zum Beispiel fünf Kilo in Oberstaufen abnehmen, wird gleichzeitig durch Ausreden, Ablenkungen, Finten aller Art torpediert.

Haben wir überhaupt einen eigenen Willen? Die Wissenschaftler streiten sich immer noch. Manche meinen, dass alle vermeintlichen Willensakte nur auf physikalisch-chemische Mechanismen im Gehirn zurückzuführen sind. Sie leiten daraus ab, dass wir nichts anderes sind als Marionetten der chemischen Moleküle in uns, zum Beispiel von Neurotransmittern, Hormonen und natürlich auch Drogen wie Ritalin. Der Mensch als Maschine, deren Funktionsweise von der momentanen Konzentration bestimmter chemischer Wirkstoffe abhängt. Diese Weltsicht würde eine fundamentale Unfreiheit bedeuten. Ich glaube nicht daran.

Fest steht, dass die Dinge, die wir tun, und die Erfahrungen, die wir machen, unsere Hirnphysiologie beeinflussen: Neuronale Verbindungen werden geknüpft und verstärkt, wenn sie häufig genutzt werden. Und sie können wieder gelöst werden, sobald sie überflüssig sind. Zugegeben, das ist natürlich eine sehr grobe Zusammenfassung dessen, was in unserem Gehirn passiert. Aber das Fazit bleibt: Jeder ist die Summe seiner Erfahrungen und Erwartungen. Und wenn man etwas will, dann geschieht das, weil ein ganz spezieller Hintergrund uns diesen Willen äußern lässt. Ist jemand früher mit seiner Familie oft gewandert und hat Freude daran gefunden, auf einem Berggipfel zu stehen, dann wird er sich das neueste Bergschuhmodell mit extra-griffiger Sohle kaufen wollen. Wer es allerdings gewöhnt ist, am liebsten die Vorabendsendungen im Fernsehen anzuschauen, in dem wird dieser Wille kaum entstehen. Derjenige wird sich wohl eher ein paar bequeme Schläppchen besorgen.

Nun ist es aber so, dass sich der Wille nicht unbedingt offen und klar zu erkennen gibt. Das meiste findet auf der unbewussten Ebene statt. Man tut etwas, ohne dass sofort bewusst ist, *warum* man es tut. Dann erfindet das Gehirn die merkwürdigsten Gründe, um das Handeln zu rechtfertigen. Das zeigt die folgende Geschichte: Einer Frau wurde unter Hypnose befohlen, am nächsten Tag um 14 Uhr das Licht in ihrem Wohnzimmer anzuschalten. Als sie aus dem Tiefschlaf erwachte, war ihr nichts von ihrem Auftrag bewusst. Doch tatsächlich: Am nächsten Mittag um genau 14 Uhr knipste sie das Licht an. Als sie gefragt wurde, warum sie das getan hatte, antwortete sie: »Ich wollte etwas in der Nische hinter dem Schrank suchen.«

Der eigene Wille maskiert sich. Ich finde das faszinierend – und erschreckend. Sie können sich nicht sicher sein, ob der Grund für Ihr Handeln, so, wie Sie ihn sich vorstellen, auch wirklich der tatsächliche ist – oder ob es sich nur um einen vorgeschobenen handelt. Jemand kauft sich ein dickes Auto und sagt: »Ich will es, weil ich viel auf der Autobahn fahre. Mit einem schweren Auto bin ich bei Unfällen viel geschützter.« Dass er es aber in erster Linie anschafft, um seinen Nachbarn zu ärgern, blendet er aus. Es ist ihm nicht bewusst.

Noch gruseliger ist, dass auch andere uns ihren Willen einpflanzen können, und wir meinen, wir selbst seien auf die Idee gekommen. Jemand studiert zum Beispiel Medizin – vermeintlich aus eigenem Willen. Und dabei ist er doch nur fremdgesteuert, weil Eltern und Lehrer ihm erfolgreich eingetrichtert haben, wie er zu leben und was er zu wollen hat. Und weil zehn Jahre Tante Gerda, die immer sagte: »Du wirst einmal ein ganz toller Arzt werden«, an kaum jemandem spurlos vorbeigehen.

In gewissem Maße hat die Umgebung natürlich Einfluss auf uns und so soll es ja auch sein. Man lernt von anderen, nimmt andere zum Vorbild. Das beeinflusst die Persönlichkeit und auch den Willen. Doch muss man sehr aufpassen, dass der eigene Wille nicht von anderen gekapert wird. Denn dann lebt man nicht sein eigenes Leben, sondern das der anderen. Und das führt immer weg von der Individualität und hin zum genormten Leben. Bevor man eigene Erfahrungen machen kann, wird eine Passform übergestülpt. Der kleine Hannes soll nicht Pilot werden, sondern gute Noten schreiben – das ist die Norm. Man soll sich nicht selbstständig machen, sondern lieber angestellt bleiben, weil das sicherer ist – das ist die Norm. Man soll die Hälfte seines Einkommens in die Abzahlung eines Hauses stecken, das man sich eigentlich nicht leisten kann – das ist die Norm. Normal ist: sich anpassen, nicht auffallen, mitschwimmen im Strom.

Die Gesellschaften westlicher Staaten sind längst zu Zwangskollektiven geworden, die nur eines eint: die Angst vor Ausreißern. Die perfide Methode, Individualismus zu unterbinden: den Menschen den Willen nehmen. »Macht es am besten so, wie alle es machen, dann wird es schon richtig sein; einigermaßen zumindest.« In einem Leben aber, in dem die Erfahrungen selbst schon standardisiert sind, wird es der Wille auch sein. Wenn die Gesellschaft keine Ausreißer zulässt, gibt es bald nur noch den »Willen von der Stange«.

Getarnte Gefängnisse

»Das haben wir immer schon so gemacht.«

»Das war ja noch nie so.«

»Wo kommen wir denn da hin?«

»Was wäre denn, wenn jeder machen würde, was er wollte?«

»Das ist unsozial.«

»Ist doch prima so, wie es ist.«

»Das haben wir uns gut überlegt.«

»Das ist halt die Vorschrift.«

»Wenn das so einfach wäre.«

»Das macht man halt so.«

»Das hat schon seinen Grund.«

Die Gesellschaft funktioniert nach hausgemachten Regeln. Je mehr Regeln es gibt, desto weniger muss man selbst denken. Und je mehr man bereits verinnerlicht hat, wie angenehm so ein Norm-Leben ist, desto schwerer wird es sein, sich wieder auf sich selbst zu besinnen.

Zwischen der Anforderung, ein Formblatt auszufüllen, und einen »normalen« Arbeitstag hinter sich zu bekommen, gibt es keinen großen Unterschied. In beiden Fällen macht man das, was auf dem Schreibtisch landet. Nicht mehr und nicht weniger. Wenn Eigeninitiative nur die Abläufe stört, wenn es null Anreiz gibt, etwas zu verändern oder auch nur zu tüchtig zu sein, entsteht die typische Angestelltenmentalität: Minimalist sein im Denken und im Leisten. Mit dem Leitspruch »Ich krieg mein Geld doch sowieso« kann einer vielleicht ein ruhiges Leben führen, aber ob es ein erfülltes ist, ist eine ganz andere Frage.

Was mich immer wieder aufregt, ist der Anspruch auf Beförderung, den viele meinen zu haben. »Ich bin jetzt schon so lange im Betrieb, jetzt müsste ich langsam Abteilungsleiter werden«, sagen sie und reagieren beleidigt, wenn wieder ein anderer an ihnen vorbeizieht. Dieses Denken war vielleicht zu »Kaisers Zeiten« gebräuchlich, doch so funktioniert es schon lange nicht mehr. Heute wird der Fähigste gesucht, nicht der, der am längsten am Platz sitzt. Und wenn es noch Relikte aus alten Zeiten gibt, dann nur in manchen Behörden oder kirchlichen Einrichtungen, in denen die Uhren sowieso langsamer ticken. Also in den Stillgewässern, die sich im Uferbereich der klaren Ströme bilden und in denen nicht die wendigen, silbrig glitzernden Fische der Stromschnellen zu Hause sind, sondern die Bodenfische mit den breiten Mäulern, die im Schlamm und den Kieseln Zentimeter für Zentimeter nach Nahrung gründeln.

Zwischen dem anerzogenen Anspruchsdenken und der Realität klafft also eine gewaltige Lücke. Das macht der Wirtschaft große Schwierigkeiten, aber auch die Angestellten kommen nicht gut dabei weg. Sie begeben sich selbst in eine Abhängigkeit vom »War schon immer so«. Dass man sich auch selbst engagieren muss, kommt ihnen nicht in den Sinn. Wie auch, wenn ihnen von allen Seiten eingeblasen wird, dass alles um sie herum zu tanzen hat, um sie zufriedenzustellen? Was Menschen gerne hören, ist: »Du hast Anspruch auf ...« Entsprechend oft wird ihnen das auch von denjenigen, die wiedergewählt werden wollen, und denen, die von Mitgliedsbeiträgen abhängig sind, bestätigt. Wenn es dann ganz anders kommt als versprochen, ist die Katerstimmung da. Norbert Blüm, der noch heute behauptet: »Die Rente ist sicher«, stellt für mich ein Paradebeispiel dar.

Ich denke auch an Populisten, allen voran die Gewerkschaften, die den Menschen einreden, ein Arbeitsplatz müsse sicher sein. Die Realität ist eine ganz andere: Ein Arbeitsplatz ist genau so sicher, wie die Kündigungsfrist lang ist. Wer etwas anderes sagt, streut Sand in die Augen. Es hat sich eingebürgert, dass Dinge versprochen werden, die im Extremfall gar nicht gehalten werden können.

Das Schlimme daran ist ja nicht, dass sich auf diese Weise eine ganze Kaste ein gutes Einkommen sichert. Das liegt eben in der Natur der Dinge, dass, wo sich Möglichkeiten bieten, sie auch wahrgenommen werden. Schlimmer ist schon, dass das Ganze Unsummen kostet. Die eigentliche Katastrophe aber besteht darin, dass sich die Menschen, die an die Versprechungen glauben, unfrei machen. Sie werden dazu erzogen, nur noch das Minimale zu leisten. Ihnen werden aufwendig subventionierte Ruheräume geboten, in denen sie verlernen, für sich selbst einzustehen und für sich selbst Verantwortung zu tragen.

Ein Beispiel hierfür ist das Gesundheitssystem. Die Deutschen sind mit durchschnittlich 18 Arztbesuchen pro Jahr Weltmeister; die Zahlen lieferte die Auswertung der Daten für ambulante Versorgung von 1,7 Millionen Versicherten der ehemaligen Gmünder Ersatzkassen aus den Jahren 2004 bis 2008. Ein- bis zweimal im Monat zum Arzt? Im Durchschnitt? Wie kann das sein?

Die häufigsten Beschwerden sind mit 25 Prozent Rückenschmerzen. Mit 24,8 Prozent nur knapp dahinter: Bluthochdruck. Auf dem vierten Platz (knapp 19 Prozent): Probleme mit dem Cholesterin. Die fast zehn Prozent der Menschen, die den Arzt aufsuchen, weil sie schlichtweg zu dick sind, sind in dieser Zahl nicht mit erfasst. Es sind also vor allem die vermeidbaren Beschwerden, die die Patienten zum Arzt treiben. Schon ein bisschen mehr Bewegung und etwas ausgewogeneres Essen würden eine deutliche Wende herbeiführen. Doch die Verantwortung für den eigenen Körper und die eigene Gesundheit geben die Menschen ab. Erwartet wird aber, dass die Wartezeiten beim Arzt kurz sind und dass der Betrieb sich Gedanken macht, seine Angestellten gesund zu erhalten.

Große Konzerne wie Daimler leisten sich mittlerweile ein Gesundheitszentrum auf dem Werksgelände – mit eigenen Physiotherapeuten. Aber auch der Mittelstand soll was tun. Auf der Webseite des Bundesministeriums für Gesundheit heißt es: »Für viele Firmen ist die betriebliche Gesundheitsförderung mittlerweile Teil der Unternehmensstrategie. In zahlreichen Handlungsfeldern gibt es bereits heute verschiedene Projekte, die zeigen: Kleine und mittlere Betriebe können etwas für die Gesundheit ihrer Arbeitnehmer tun. Aber auch die Beschäftigten können sich engagieren.« Gerade der letzte Satz ist ein Hohn, denn um Ergonomie am Arbeitsplatz geht es doch schon lange nicht mehr. Arbeiter, die mit einer Schaufel in der Hand sich den Rücken krumm schuften, oder Angestellte, die sich auf billigen Stühlen eine Wirbelsäulenverkrümmung holen, gibt es kaum noch – und nur in einem solchen Fall sehe ich den Betrieb in der Pflicht, seinen Arbeitern zu gewährleisten, dass sie ihren Job machen können, ohne Schaden zu nehmen. Das ist selbstverständlich. Heute geht es um Arbeitnehmer, die es verlernt haben, auf ihre Gesundheit achtzugeben. Und deren Bewegung darin besteht, dass sie einmal in der Woche ihren Rasen mähen – mit einem starken Motor, der das Gerät vorantreibt, sodass sie nur noch hinterhergehen müssen.

Übrigens: Arbeitnehmer gehen besonders gerne während der Arbeitszeit zum Arzt. Das ist gängige Praxis, die Arbeitgeber wissen schon gar nicht mehr, dass sie dem nicht unbedingt zustimmen müssen. Und wüssten sie es, würden sie es trotzdem erlauben, denn wenn sie darauf bestehen würden, dass ihr Angestellter erst nach Feierabend zum Arzt geht, dann würden sie nur ungläubiges Kopfschütteln ernten.

»Ich kann mich nicht um mich kümmern, mach du das für mich« – kein Mensch, der als Selbstständiger arbeitet, kann es sich leisten, sich auf so ein Anspruchsdenken zurückzuziehen. Eine Gesellschaft, die dieses Denken unterstützt, kann nicht auf Dauer funktionieren. Denn alle ihre Mitglieder stecken in Zwangsjacken. Die einen, weil sie sich darin wohl- und geborgen fühlen, die anderen, weil sie darüber verrückt geworden sind, das mit ansehen zu müssen.

Baumstelle

Der zweite Schlag gerät ihm ein wenig zu weit links. Der kleine weiße Golfball trifft nicht auf das kurz geschorene Grün, in dem die Fahne das Loch kennzeichnet, sondern die Krone einer großen Eiche, die nur wenige Schritte entfernt wächst. Die Zuschauer des Benson & Hedges International Open im englischen Fulford, die sich in der Nähe des Grüns postiert hatten, um zu sehen, wie der junge deutsche Golfprofi Bernhard Langer den Ball ins 17. Loch bringt, lachen ungläubig auf: Der Ball hängt fast vier Meter über dem Boden in einer Astgabel fest.

Die Regeln im Golf sind klar: Verschwindet ein Ball im Teich oder geht er auf andere Art verloren, legt der Spieler einen neuen Ball an die Stelle, wo der Ball verloren ging, und spielt weiter. Er muss aber einen Strafschlag hinnehmen, seinen bisherigen Schlägen wird also einer hinzugezählt. In einem Spiel, in dem ein Profi für 18 Löcher insgesamt vielleicht 70 oder 72 Schläge braucht, ist das ein sehr schmerzhafter Nachteil.

Bernhard Langer denkt nicht daran, den Strafschlag hinzunehmen. Er tut etwas, womit niemand gerechnet hat. Er klettert in den Baum. Er lässt sich von seinem Caddie einen Schläger hinaufreichen und sucht nach sicherem Stand. Es ist geradezu unmöglich, in dem Geäst einen kontrollierten Schlag zu landen. Doch Langer schafft es; der Ball landet auf dem Grün. Er beendet das Loch mit einem Par, also der vorgesehenen Schlagzahl, und geht in die Golf-Geschichte ein.

Unvermeidlicherweise musste nach diesem Turniertag ein Journalist eine der typischen Sportjournalisten-Fragen stellen: »Herr Langer, da haben sie aber unheimliches Glück gehabt, nicht wahr?« Darauf soll Langer lapidar geantwortet haben: »Ja, das habe ich auch schon bemerkt. Je mehr ich übe, desto mehr Glück habe ich.«

Ich weiß nicht, ob es sich wirklich so zugetragen hat, denn dieses Zitat gibt es in zahlreichen Urheberschaftsvarianten. Einer der Ersten, der sich über den Zusammenhang von Glück und Bemühen Gedanken machte, war wohl Thomas Jefferson: »Ich stelle fest, je härter ich arbeite, desto mehr Glück scheine ich zu haben«, sagte er. Auch dem Golfprofi Arnold Palmer wird dieser Satz zugesprochen. Ganz gleich, wer es sagte – er hat recht gehabt. Es gibt zwei Arten von Glück: das passive Glück, auf das ein Lottospieler und ein Mensch, der auf Beförderung kraft der Länge seiner Betriebszugehörigkeit wartet, zählt. Und es gibt das aktive Glück, das mit persönlichem Einsatz angelockt wird.

Nur wenige profitieren vom passiven Glück. Im Lotto gewinnen meist die anderen. Und eine unverdiente Beförderung füllt zwar das Konto, macht aber nicht zufriedener. Denn dieses Glück wird nur von außen zugeteilt, die Wärme kommt nicht von innen. Schnell klopfen wieder neue Begehrlichkeiten und damit Unzufriedenheit an. Aktives Glück dagegen hält lange an. Es speist sich aus der eigenen Tätigkeit, aus dem eigenen Wirken und bestimmt und begleitet das ganze Leben.

Fazit: Willen kann von außen eingepflanzt werden. Aber echte Willens*kraft* kann immer nur aus uns selbst kommen. Sie kann nicht von außen verordnet werden. Zu sagen »Der Staat will«, »meine Eltern wollen«, »meine Freundin will …« mobilisiert nicht die inneren Kräfte. Wer aktives Glück erleben möchte, muss sein Leben in die Hand nehmen. Trennen Sie sich von den Ausreden. Wenn Sie erst bewusst sagen: »Ich will«, dann kommen auch die Ideen. Und mit den Ideen das Glück.

Zur Willenskraft gehört eine weitere Eigenschaft, ohne die es nicht funktioniert. Doch sie steht genauso wie der eigene Wille auf der »roten Liste«.

Ende der Komfortzone

Für mich arbeitete eine Putzfrau. Ihr Name war Ruth. Sie erledigte ihren Job sorgfältig, machte die Waschbecken sauber, putzte die Küche, saugte Staub; das klappte alles prima. Eines Tages Ende November fragte ich sie, ob sie mich und meine Frau ein paar Tage später in unserem Auto zum Flughafen bringen könne. Ich fand das eine ganz praktische Sache, doch Ruth war ganz aufgelöst. »Nein, nein. Zum Flughafen! Zürich!« Abwehrend ruderte sie mit ihren Armen. »So weit bin ich noch nie mit dem Auto gefahren. Und was ist, wenn es Schnee gibt? Ich fahre so ungern Auto, wenn es glatt ist.«

Wir haben nicht weiter insistiert und bestellten ein Taxi.

Wie soll sich jemand entwickeln, wenn er sich nichts zutraut? Mangelndes Selbstvertrauen ist das größte Hindernis auf dem Weg zu einem eigenen Willen. Das eine ist ohne das andere nicht denkbar.

Man erlangt Selbstvertrauen nur, wenn man regelmäßig und bewusst die Komfortzone verlässt und Dinge tut, die man normalerweise nicht tut – das ist keine Mutprobe, sondern schlichtweg die Voraussetzung für Wachstum und Entwicklung.

Mir wurde mein Selbstvertrauen nicht in die Wiege gelegt. So wie ein Baumstamm an Jahresringen zulegt, habe ich aber Erfahrung für Erfahrung an Selbstvertrauen gewonnen. Das Wachstum ist nie beendet. Zum Beispiel ist mir vor einigen Jahren die Entscheidung, in einem Land wie Thailand ein Apartment zu kaufen, nicht leichtgefallen. Ich war sehr unsicher. Die fremden Gepflogenheiten, die Sprachbarriere, die herrschende Korruption, die unbekannten rechtlichen Eigenheiten – ich fragte mich: Sind da die Banken wirklich sicher? Einwände hätte es genug gegeben. Doch immer wenn eine innere Stimme mir sagte: »Lass die Finger davon, Martin. Bleib bei dem, wovon du etwas verstehst, geh nicht dieses Risiko ein!«, dann erkannte ich sie schnell als Versuch, mich wieder in sichere Gewässer wie in einen warmen Whirlpool zurückfallen zu lassen. Nur: Whirlpools sind zwar warm und wohlig, aber auch sehr begrenzt. Mein Wille war stärker als meine Bequemlichkeit. Ich hatte es mir eben in den Kopf gesetzt, in Thailand ein eigenes Domizil zu erwerben. Ich war auch nicht bereit, irgendwelche Kompromisse einzugehen.

Offiziell ist es gar nicht möglich, ein Grundstück in Thailand zu erwerben. Die Standardantwort: »Das geht nicht.« Ich musste die richtigen Menschen finden, die mich unterstützten und einen Weg fanden, mein Projekt durchzuziehen. Am heikelsten war der Moment, als ich den Vertrag unterschrieb. Ich hatte keine Ahnung, ob die Vereinbarung überhaupt funktioniert – aber es hat funktioniert.

Das Leben ist auf Wachstum ausgelegt. Mit jeder eigenständigen Erfahrung treibt man seinen Entwicklungsprozess voran und wird seine Möglichkeiten und sein Selbstvertrauen steigern. Übernehmen Sie die Verantwortung für Ihr Leben und entdecken Sie sich selbst. Seien Sie es sich wert. Nehmen Sie Ihren Willen ernst. Lassen Sie nicht zu, dass andere Ihnen Grenzen setzen. Und wenn die Zwangsjacke schon um Ihre Schultern gelegt ist, denken Sie daran: Ausbruchsversuche lohnen sich. Immer.

Kapitel 6

Wer hat gesagt, Sie müssen?

Als ich etwa zehn Jahre alt war, schaute ich mir eine Kirche an. Eine andere Kirche. Nicht die Kirche, in die ich zusammen mit meiner Familie regelmäßig gegangen war, seit ich denken konnte. Ich schaute mir diese andere Kirche an, einfach weil wir umgezogen waren, weil ich mich noch nicht auskannte und weil ich neugierig auf die Welt war. Ich ging hinein und zufällig war Gottesdienst. Dieser Kirchenbesuch veränderte meinen Blick auf die Welt. Er öffnete mir die Augen. Er veränderte mein Leben.

Vielleicht wäre ich niemals der geworden, der ich heute bin, wenn ich damals nicht zufällig in diesen Gottesdienst gegangen wäre, den ich zuerst merkwürdig, dann interessant fand. Möglicherweise wäre ich heute genauso fanatisch religiös wie zwei meiner Geschwister, die sich an Gott und der Kirche festhalten wie zwei Schiffbrüchige an einer Planke.

Ich stamme aus einem abgelegenen Bergdorf in der Schweiz, dort bin ich aufgewachsen. Meine Familie und das ganze Dorf waren katholisch. Nein, sie waren nicht katholisch, sie waren erzkatholisch! Bis zu meinem siebten Lebensjahr hatte ich nicht die geringste Ahnung, dass das, was für mich normal war, in anderen Dörfern, Städten und Ländern völlig anders lief.

Beispielsweise gab es jenseits von unserem Dorf protestantische Kirchen. Der Gottesdienst, in den ich nach dem Umzug geriet, war ein protestantischer. Ich war verblüfft, denn ich konnte plötzlich verstehen, was der Pfarrer sagte, der nicht Latein, sondern Schwyzerdütsch sprach und der auf Hochdeutsch aus der Bibel vorlas. Das war ich nicht gewöhnt.

Als ich davon zu Hause begeistert erzählte, brach die Hölle los. Ganz offensichtlich hatte ich etwas getan, was man nicht tun darf! Sünde! Mein Vater las mir die Leviten.

Ihr sollt auf meine Sabbate achten und
mein Heiligtum fürchten. Ich bin der Herr, euer Gott.

Zuerst schämte ich mich ein paar Tage. Dann wurde ich wütend. Ich bin der Herr, euer Gott? Du sollst neben mir keine anderen Götter haben? Und dann begriff ich: Es gibt auf der Welt nicht nur *die* eine Kirche, es gibt Tausende verschiedene Kirchen. Es gibt nicht nur *den* einen Gottesdienst, es gibt Tausende verschiedene Gottesdienste. Und jeder ist anders.

Nicht, dass ich belogen worden war, nein, aber die Erwachsenen in meinem Dorf hatten mich absichtlich über die Welt im Unklaren gelassen. Sie hatten gewollt, dass ich so lange wie möglich nichts davon erfuhr, dass es nicht nur *die* eine Religion gibt, sondern Hunderte von Religionen. Dass nicht nur die Welt 500 Jahre vor Christus, als das Buch Levitikus entstand, relevant ist, sondern dass es auch die Welt 2.000 Jahre nach Christus gibt, in der ganz andere Gesetze gelten. Heute weiß ich: In welche Kirche man geht, ist einfach Zufall, abhängig davon, wo man aufgewachsen ist und in welche Kirche die Eltern gegangen sind. Die Erwachsenen um mich herum, meine Eltern, Onkel und Tanten, die Lehrer und der Pfarrer verheimlichten uns Kindern, dass unsere Kirche und unsere Religion nicht die einzige war, denn sie wollten Macht über uns behalten. Ein Kind, das ein Schlupfloch fand, um aus diesem geistigen Gefängnis auszubrechen, wäre womöglich für immer und ewig ihrem Machtbereich entflohen – und in den Machtbereich eines anderen Pfarrers einer anderen Konfession geraten. Flucht! Entführung! Das musste verhindert werden!

Als mein »Fremdgehen« herauskam, hatten meine Eltern wirklich Angst. Nämlich Angst, mich zu verlieren, wenn ich die Weltgegenden jenseits ihres Machtbereichs erforschen und dort irgendetwas finden würde, das mich weglockte. Das kann ich verstehen. Aber indem sie mich strafend und schimpfend in die kleine muffige Ecke der Welt zurückdrängen wollten, aus der ich kam, trieben sie mich in Wahrheit nur noch weiter davon. Mit zehn Jahren begann ich zu ahnen, wie viel größer, reicher und schöner die Welt war, als man es mir eingetrichtert hatte.

Ich begriff, dass es einen Unterschied gibt zwischen dem, was ich will, und dem, was die anderen wollen. Alle anderen, vor allem meine Eltern, die mir ständig sagten, was ich tun muss, wollten mich damit nur zwingen, auf jeden Fall das zu tun, was sie wollten. Es war ein reiner Machtkampf. »Du musst« ist nur eine Kurzform von »Ein anderer will, dass du das tust, was dieser andere will, und dass du aufhörst zu tun, was du selbst willst.« Ich entschied mich nach einiger Zeit dafür, einfach aus dieser Kampfarena auszusteigen, und sagte mir: »Ich muss weder das tun, was andere Menschen oder deren Stellvertreter in meinem Kopf von mir verlangen, noch muss ich das Gegenteil tun. Wer hat gesagt »ich muss«?

Himmlisches Teufelszeug

Beispielsweise muss ich nicht in die Kirche gehen. Ich muss auch keinem Glaubensbekenntnis folgen, weder dem einen noch dem anderen, noch überhaupt einem. Ja, ich muss nicht einmal an einen Gott glauben, nur weil andere Menschen es ganz furchtbar finden, wenn einer nicht an Gott glaubt.

Auf einer Reise in die USA begegnete ich einmal einem Kollegen, der am Rande eines großen Kongresses eine Andachts- und Gebetsstunde anbot. Er war bekannt dafür, ein sehr frommer Christ zu sein. Ich dagegen war bekannt dafür, überhaupt kein Christ und überhaupt nicht religiös zu sein. An diesem Tag lernte ich, dass dieser Christ nicht nur eine fromme Seite hatte, wogegen ich nichts zu sagen habe, sondern auch eine missionarische

Seite, wogegen es eine ganze Menge zu sagen gibt. Denn er versuchte mich zu beknien und zu bedrängen, zu bitten und zu betteln und am Ende mir ein schlechtes Gewissen einzureden, weil ich partout nicht mit in seine Gebetsstunde kommen wollte.

Oft sind mir inzwischen solche Leute über den Weg gelaufen. Und immer wieder habe ich gemerkt: Je vehementer jemand ein tugendhaftes Leben betont, umso mehr hat er selbst dieses tugendhafte Leben nötig.

So unangenehm ich das damals fand, mir wurde auch klar, dass der Mann tatsächlich glaubte, auf der richtigen Seite zu stehen. Und dass er meine Seite überhaupt nicht richtig, sondern abgrundtief falsch fand. Ja, ich vermute, dass er aus seiner Sicht einfach nur tat, wovon er glaubte, es sei seine Pflicht. Meine arme Seele, deren Haut bereits vom Höllenfeuer angesengt wurde, musste unbedingt gerettet werden. Musste! Es waren seine eigenen internalisierten »Ich muss«-Sätze, die ihn dazu trieben, mich von der Teufelsfraktion abzuwerben.

Natürlich schaffte er es nicht. Ich blieb standhaft Atheist und er ließ von mir ab. Vermutlich konnte er ein paar Nächte nicht ruhig schlafen, weil sein groteskes Über-Ich ihn malträtierte: »Schon wieder habe ich eine Seele über die Kante rutschen lassen! Schon wieder einen Kampf gegen den Teufel verloren! Versager!«

Nein, niemand muss an Gott glauben. Die Wissenschaftler glauben heute mehrheitlich, dass die Menschen bereits vor 120.000 Jahren Religionen folgten. Die Menschen beteten seitdem die unterschiedlichsten Dinge an, Tiere, Geister, Symbole und Menschen, was letztlich unterschiedliche Kulturen von Zeremonien, Verhaltensnormen, Gebäuden und Kunstwerken hervorgebracht hat. Die einen glaubten an den Großen Bären, die anderen an die heilige dicke Frau, die nächsten an die Sonne, an die Menschenmutter, an die Erde, an den Tod, an den Mond, an den schönen Mann mit der blauen Haut und den vier Armen, an den dicken Mann mit Elefantenkopf oder an was auch immer, eben auch an den alten Vater mit dem langen Bart, seinen Sohn und die Engel im Himmel. Andere glauben lieber an den *Kleinen Prinz* und dass man nur mit dem Herzen gut sieht. Wirklich, es ist völlig beliebig und einfach nur eine Frage der Zeit und des Ortes, an was wir glauben.

Ich habe begriffen, dass all die Menschen, die an einen oder mehrere Götter oder einfach nur »an Gott« glauben, das nicht tun, weil sie es wollen, sondern weil sie sich noch nicht von der Macht befreit haben, die die Menschen vor ihnen und um sie herum auf sie ausüben. Gott, das ist die Person gewordene Stimme der anderen, der internalisierte Chor all der Menschen, die Ansprüche an mich stellen, mich beeinflussen und mich für ihre Zwecke benutzen wollen, die mich begleitende und kontrollierende Stimme meiner Eltern und meiner Vorfahren, meines Dorfes, meiner mitteleuropäischen Heimatkultur. Sie alle wollen, dass ich ihnen diene, dass ich mich klein mache, das ich mich vor ihnen verneige und mich ihnen verpflichte. Die meisten Menschen glauben, sie müssten glauben. Aber wer hat gesagt, dass Sie müssen?

Glaubensfrage

Mir geht es hierbei überhaupt nicht um Religion im Speziellen. Die Schwierigkeiten, die es mit dem Glauben gibt, lassen sich daran aber besonders gut zeigen. Jede Religion ist aus meiner Perspektive nichts weiter als eine Weltanschauung, also eine bestimmte Art und Weise, die Welt zu sehen. Sozusagen eine Denkschule. Wenn in dieser Art, die Welt zu interpretieren, ein Gott eine Rolle spielt, dann ist es ein religiöser Glaube, wenn nicht, dann ist es trotzdem ein Glaube, wenn auch kein religiöser.

Mir geht es ganz allgemein um das, an was wir so glauben. Zum Beispiel dass wir glauben, dass jeden Morgen die Sonne aufgeht, dass die Erde eine flache Scheibe ist, dass der Nachbar ein unfreundlicher alter Zausel ist, dass das Geld jeden Monat zuverlässig auf dem Konto eingeht oder dass man immer alles selber machen muss, weil sonst ja nichts funktioniert. Manche Weltsichten sind unbestritten und reichlich praktisch. Bei anderen Anschauungen ist der Nutzen für unser eigenes Wohlergehen eher fraglich.

Offensichtlich haben wir nicht sonderlich gut im Griff, was genau wir eigentlich glauben. Die Tendenz, uns an die Weltsicht anzukoppeln, die alle oder zumindest die meisten derzeit gerade haben, ist groß. Warum? – Weil der soziale Druck, den die Menschen aufeinander ausüben, das zu glauben, was sie jeweils selbst glauben, sehr groß ist. Wer vor 400 Jahren glaubte, die Welt sei eine Kugel, musste das tunlichst für sich behalten, genauso wie derjenige, der heute lebt und glaubt, die Welt sei eine flache Scheibe. Wer von dem üblichen Glauben abweicht, lebt gefährlich und wird sanktioniert. Dabei ist das »Levitenlesen« noch vergleichsweise harmlos.

Das ist verständlich, denn mit diesem massiven Glaubensdruck möchten die Gläubigen sich vergewissern, dass sie an »das Richtige« glauben. Es ist ja tragisch: Jeder, der glaubt, wird ständig von Zweifeln heimgesucht, ob er auch an »das Richtige« glaubt. Je mehr Menschen in einer Weltgegend an eine bestimmte Sache glauben, desto leichter fällt dann das Glauben. Das ist nachvollziehbar.

Um es noch mal an der Religion deutlich zu machen: 2,1 Milliarden Menschen auf unserer Welt sind Christen, es ist die mit Abstand größte Religion aller Zeiten. Wir leben in einer vom Christentum über ungefähr anderthalb Jahrtausende geprägten Weltgegend. Anderthalb Jahrtausende! Und wenn da nahezu 100 Prozent der Menschen in Ihrer Umgebung bekennende Christen sind, dann müssen Sie es erst einmal schaffen, etwas anderes zu glauben! Gar nicht so einfach. Wenn Milliarden von Menschen über mehr als 1.000 Jahre etwas ganz Bestimmtes glauben, dann kann das doch nicht falsch sein, oder?

Das ist aber leider genau die falsche Frage: Denn es geht gar nicht um richtig oder falsch. Es geht um Gruppendruck. Gruppendruck ist aber kein himmlisches, sondern ein zutiefst menschliches Phänomen. Erst wenn Sie es schaffen, Ihren Fokus zu erweitern und die ganze Welt zu sehen, dann sehen Sie, dass die Menschen überall andere Dinge voneinander erwarten.

Abgesehen vom Thema Religion: Wir werden ganz generell von den Erwartungen, die die anderen Menschen um uns herum an uns stellen, geprägt, gestanzt, in Form gepresst, zurechtgestutzt und plattgemacht. Die Erwartungen der anderen, der stetige Druck von »Du musst dies und du musst jenes« geht uns mit der Zeit so in Fleisch und Blut über, dass wir irgendwann beginnen zu glauben. Wir glauben zu müssen: »Ich muss brav und folgsam sein, sonst bin ich böse. Ich muss nett und sympathisch und gut gelaunt sein, sonst mag mich keiner. Ich muss die Zeitung lesen, sonst bin ich nicht informiert. Ich muss informiert sein, sonst bin ich dumm. Ich muss ein guter Schüler sein und studieren, sonst finde ich keinen Beruf. Ich muss einen Beruf lernen, sonst kann ich nicht erfolgreich sein. Ich muss reich sein, sonst bin ich nichts wert.«

Jeder dieser Glaubenssätze ist schlicht und ergreifend wahr. Doch, doch, sie sind wahr – und zwar aus der Perspektive desjenigen, der an sie glaubt. Denn Wahrheit ist nichts anderes als das Resultat von Wahrnehmung. Wer sich also dafür entscheidet, die Welt so wahrzunehmen, dass er reich sein muss, um etwas wert zu sein, der hat sicher recht. Aber nur weil man einen Glauben für wahr nimmt, heißt das nicht, dass diese Wahrnehmung hilfreich wäre oder glücklich macht. Allzu oft sind unsere »Wahrheiten« nur die internalisierten Erwartungen der anderen.

Seit Sigmund Freud diese internalisierten Forderungen als »Über-Ich« bezeichnete, gibt es Hunderte von Spielarten und Schulen der Psychologie, die alle mehr oder weniger das Gleiche aussagen. Ob das »Eltern-Ich« der Transaktionsanalyse oder der »Charakterpanzer« von Wilhelm Reich oder das »Gewissen« oder die »Moral« oder das »Introjekt« oder ganz modern der »innere Kritiker« oder unsere »Glaubenssätze« oder wie auch immer die Bezeichnungen lauten ... die Psychologen sind sich jedenfalls einig, dass diese innere Instanz, die uns sagt, was wir tun oder denken müssen, etwas Gelerntes ist, etwas Erworbenes, etwas, das unsere Eltern und unsere Umgebung, unsere Kultur und Gesellschaft von unserer frühesten Kindheit an in uns anlegen und aufbauen.

Was ich begriffen habe, während ich mich über die Jahre von möglichst vielen dieser Glaubenssätze befreit und mich somit von den Forderungen der anderen unabhängig gemacht habe: Diese Glaubenssätze sind nicht mein Wesen, sie machen mich nicht aus. Mein Wesen, meine Identität bleibt, auch wenn ich diese ganzen Glaubenssätze aus meinem Leben fege wie das Laub von meinem Rasen.

Gesprengte Ketten

Als ich das erste Mal ein reicher Mann geworden war, platzte ich beinahe vor Stolz über das, was ich geleistet hatte. Aus dem Nichts, mit null Franken Startguthaben hatte ich mich mit meiner Firma hochgearbeitet bis zum Millionär. Ich hatte ein wunderschönes Leben, konnte kaum so viel Geld ausgeben, wie ich einnahm, baute mir ein luxuriöses Zuhause, kaufte schicke Autos und genoss das Leben in vollen Zügen. Das hatte ich mir verdient! Das viele Geld sagte mir jeden Tag, wie viel ich wert war. Ich war ein typischer Neureicher, der sich über seinen Besitz, seinen Luxus, sein Bankkonto, seine Statussymbole definierte. Schaut her, das habe ich gemacht! Das habe ich geschafft!

Nun gut, ich hatte es nicht alleine geschafft, ich hatte einen Geschäftspartner. Und eines Tages kam ich dahinter, dass er mich still und heimlich übers Ohr haute. Er missbrauchte mein Vertrauen und zog heimlich Geld aus unserer Firma, er betrog mich nach Strich und Faden.

Natürlich stellte ich ihn zur Rede und obwohl ich nichts wirklich beweisen konnte, gab er es bald zu. Ja, er entschuldigte sich wortreich und vielmals und gelobte, mich nie wieder zu hintergehen. Aber außerdem wusste er ganz genau, dass er alle Trümpfe in der Hand hatte. Vor Gericht konnte ich ihn nicht bringen, denn er würde alles abstreiten und ich würde ihn nicht überführen können. Durch die Konstruktion unseres Gesellschaftsvertrages konnte ich aber auch nicht einfach die Hälfte des Unternehmens nehmen und meiner Wege gehen. Wir hatten unser Geschäft so konstruiert, dass es unteilbar und mit dem kompletten Vermögen erhalten blieb, auch wenn einer von uns die Trennung wollte. Wir hatten uns sozusagen aneinandergekettet, um in unserer jugendlichen Euphorie zu verhindern, dass der Erfolg des Unternehmens durch den Rückzug des jeweils anderen gefährdet werden könnte. Die Angst um den Erfolg war die Kehrseite unserer Gier nach dem Erfolg. Und diese Angst verleitete uns, uns in die gegenseitige Abhängigkeit zu begeben.

Das Schlimme an dieser Konstruktion: Derjenige, der den anderen betrügt, ist klar im Vorteil. Denn der Betrogene verliert nicht nur sein Vertrauen in den anderen, sondern im Zweifelsfall auch sein ganzes Vermögen.

Da stand ich nun. Die Entscheidung, die ich zu treffen hatte: Entweder ich arbeitete weiter mit diesem Mann zusammen, dem ich nie wieder vertrauen konnte. Oder ich verlor alles, was ich aufgebaut hatte.

Im ersten Fall würde ich jeden Tag, jede Stunde, jede Minute wissen, dass ich betrogen werden würde, sobald ich ihm den Rücken zukehrte, irgendetwas nicht kontrollierte oder durchschaute. Meine Vermutung war, dass ich in dieser vergifteten Atmosphäre irgendwann krank werden würde. Oder ich würde unter diesem Einfluss selbst ein betrügerischer Mensch werden und dann würde es darauf hinauslaufen, dass derjenige gewinnt, der gewiefter ist.

Im zweiten Fall würde ich nicht nur mein Geld verlieren. Ich hatte mein komplettes Selbstwertgefühl an meinen finanziellen Erfolg geknüpft. Meiner Familie hatte ich es gezeigt: Schaut her, das ist aus mir geworden! Im Kreis meiner Freunde und Bekannten hatte ich mich positioniert als der Zampano, der aus Nichts Gold machen konnte. Mit Geld, Autos und Luxus konnte ich den Frauen imponieren und mich stark und männlich fühlen. Und nicht zuletzt hatte ich mich für mein Luxusleben auch hoch verschuldet, mit dem Nachweis eines traumhaften Einkommens gegenüber der Bank und der Erwartung, dass das auch so bleiben würde.

Das war mein Dilemma. Es gab keine gute Lösung für mich. Die Frage war letztendlich, was schwerer wog: meine eigenen Werte und mein Selbstwertgefühl oder meine Glaubensätze, also die Werte der anderen. Was war wichtiger: Was ich sah, wenn ich in den Spiegel schaute, oder das Bild, das ich nach außen abgab? Was würden die Leute über mich reden, wenn ich plötzlich pleite wäre? Würden sie sich insgeheim schadenfreudig die Hände reiben? »Na, da hat sich wohl einer übernommen ...«

Was würden meine Eltern und meine Geschwister und meine Freunde sagen? Würden sie über mich spotten? Oder noch schlimmer: Würden sie mich bemitleiden? »Oh, Martin, du Armer, jetzt hast du's in den Sand gesetzt. Na, sei nicht traurig, das kann jedem mal passieren. Dürfen wir dich zum Essen einladen? Komm, wir können's uns leisten, wir bezahlen die Rechnung ...«

Mein Fehler war die Abhängigkeit gewesen, in die ich mich begeben hatte. Abhängigkeiten erzeugen Dilemmata, also Verliererpositionen. Das Einzige, was dann hilft, ist, den Preis zu bezahlen, das Lösegeld sozusagen, egal wie teuer das ist. Und so machte ich es. Ich rettete mich, indem ich nochmals bei null anfing. Ich löste mich von meinem betrügerischen Geschäftspartner – und von meinem Vermögen.

Und das ging untrennbar zusammen mit dem Abschied von einigen meiner hartnäckigsten Glaubenssätze, deren Anführer war: »Hast du was, dann bist du was.« – Ich hatte geglaubt, dass, wer etwas wert sein will, reich sein muss. Aber wer hat gesagt, dass man das muss?

Bis dass der Tod euch scheidet

Glaubenssätze sind einfach Entscheidungen, die wir in der Regel unbewusst getroffen haben, und zwar ein für alle Mal, kategorisch und grundsätzlich. Glaubenssätze bestimmen, wie wir die Welt sehen und wie wir bewerten und urteilen, und das hat bisweilen dramatische Folgen. Beispielsweise ist es je nach getroffenen Glaubensentscheidungen eine Todsünde oder eine Heldentat, ein Flugzeug zu kapern und in das World Trade Center zu steuern. Machen Sie sich das klar: Der eine sagt, 3.000-facher Mord ist ein 3.000-facher Verstoß gegen das fünfte Gebot und deshalb eine schreckliche Sünde. Der Zweite sagt, niemand darf über das Leben oder Sterben eines Mitmenschen entscheiden, außerder Mitmensch selbst, also ist 3.000-facher Mord ein unzulässiger Übergriff auf Autonomie und Menschenwürde von 3.000 Menschen. Und der Dritte sagt: Märtyrer kommen ins Paradies, wo 72 Jung-frauen, zahllose Plätze für Familienmitglieder und immerwährende Glückseligkeit für ihn reserviert sind – also ist es eine 3.000-fach gute Tat und das Ehrenvollste, was man für sich und seine Familie tun kann 3.000 Ungläubige auf einen Schlag umzubringen. So furcht-bar es ist: Abseits der jeweils geltenden Moral gibt es keinen prinzipiellen Unterschied zwischen der einen Sichtweise und der zweiten oder der dritten. Reine Glaubenssache.

Natürlich hat jeder Glauben seine Schwächen, beispielsweise liegt erstens die göttliche Herkunft der beiden Gebotstafeln, die Mose gefunden haben soll, in einer ziemlich dichten Wolke verborgen.

Es ist zweitens auch nicht eindeutig, wo die Grenze verläuft zwischen zulässigem und unzulässigem Übergriff auf die persönliche Autonomie, nehmen Sie nur das Attentat auf Adolf Hitler durch Claus Schenk Graf von Stauffenberg. Das war eindeutig ein Mordversuch, aber möglicherweise ein zulässiger, oder?

Und drittens, das mit den 72 Jungfrauen? – Na ja. Zum einen ist das Ungerechte an diesem Versprechen für die Ewigkeit, dass eine Jungfrau nach Gebrauch laut Definition keine mehr ist. 72 Entjungferungen müssten da für die ganze Ewigkeit reichen. Und dummerweise sind die Gelehrten sich ja nicht einmal einig, ob mit den im Koran als Belohnung versprochenen »großäugigen Huris« wirklich Jungfrauen gemeint waren oder ob das nicht doch ein Übersetzungsfehler ist. Ein deutscher Koranforscher, der lieber nicht genannt werden will, weil ihm das Leben lieb ist, kam nach gründlicher Untersuchung dieser Koranstelle zur Meinung, dass mit »Huris« eher »weiße, kristallklare Trauben« gemeint waren, und die wären dann das Sinnbild eines Lebens im Luxus, ob mit oder ohne Jungfrauen.

Also, wie gesagt, jeder Glauben hat seine Schwächen, und damit meine ich nicht nur die Religionen. Andererseits geht es aber auch nicht ohne Glaubenssätze, denn irgendwie müssen wir Werturteile bilden und zu einem klaren »Richtig« und einem eindeutigen »Falsch« kommen, auch wenn es nur aus unserer persönlichen Perspektive ist. Die Idee, dass Sie sich einfach durch irgendeine Methode von allen Glaubenssätzen befreien könnten und dann wirklich frei wären, funktioniert nicht, denn dann wären Sie Insasse einer geschlossenen psychiatrischen Anstalt, und das ist gerade das Gegenteil von Freiheit.

Nein, der entscheidende Punkt ist der, dass es Glaubenssätze gibt, die Sie in Ihrem Leben behindern, einschränken, unglücklich machen. Und andere Glaubenssätze, die Ihnen das Zusammenleben mit anderen Menschen und Ihre eigene persönliche Weiterentwicklung erleichtern. Und in den meisten Fällen haben wir uns die Glaubenssätze, mit denen wir unser Leben gestalten, ob das nun gut klappt oder schlecht, nicht bewusst selbst ausgesucht, sondern sind »mit ihnen groß geworden«. Und jetzt halten wir daran fest ...

Ist es also möglich, Glaubenssätze, die man schon sein Leben lang mit sich herumträgt, einfach zu verändern, auszutauschen oder zu löschen? – Ja, natürlich, das geht. Aber das hat Konsequenzen. Es geht beispielsweise nur dann, wenn Sie sich als Allererstes von dem Glaubenssatz verabschieden, dass Sie immer zu Ihren Entscheidungen stehen müssen, dass es Ihre Pflicht ist, sich niemals zu widersprechen, weil Sie sonst keine integre Persönlichkeit wären. Beinahe wir alle glauben, dass ein Versprechen für die Ewigkeit gelten muss, wenn wir ehrenhafte Menschen sein wollen. Und dass wir das, was wir schon immer getan haben, weiterhin tun müssen, um nicht als wankelmütig, sprunghaft oder willkürlich zu gelten. Man will sich schließlich auf Sie verlassen können, oder? Ein Mann, ein Wort! Das gilt natürlich auch für Frauen ...

Gut, aber was tun, wenn Sie glauben, Sie wären ein integrer Mensch, und eines Tages ändern Sie trotz allem Ihre Meinung? Sie haben beispielsweise bislang geglaubt, dass Sie mit Ihrem Lebenspartner bis an Ihr Lebensende glücklich sein werden. Nun stellt sich heraus, dass genau das Gegenteil der Fall ist: Sie haben die Meinung über Ihren Partner geändert, vielleicht, weil Sie in seinem Handy merkwürdige SMS einer Ihnen unbekannten Person gefunden haben. Und nun? Natürlich, das ist vielleicht die größte Enttäuschung Ihres Lebens. Ent-täuschung, das Ende der Täuschung, Sie hören endlich auf, sich selbst zu täuschen über die Treue und die Ehrlichkeit Ihres Partners. Sie ändern schlagartig Ihre Meinung über ihn.

Und was machen Sie jetzt mit dem Schwur, den Sie vielleicht vor dem Altar geleistet haben: »... ihn lieben, achten und ehren, in guten und in bösen Tagen, bis dass der Tod euch scheidet ...«? Sie haben vor Gott und der Gemeinde geschworen, aber das war, bevor die Täuschung aufflog! Wenn Sie es ernst gemeint haben mit diesem Schwur, dann müssen Sie jetzt auf die Zähne beißen und weitermachen, oder? Und wenn Sie es doch nicht so ernst gemeint hatten, warum haben Sie dann überhaupt die Ewigkeit herbeibeschworen?

Jede Beziehung zwischen Menschen bringt ein Stück Abhängigkeit in ihr Leben. Aber mir ist mittlerweile klar geworden: Jede Beziehung gehen wir freiwillig ein. Jede!

Jede Beziehung erhalten wir freiwillig aufrecht. Schließlich ist die Sklaverei seit 1981 offiziell in allen Ländern der Welt abgeschafft, seit nämlich auch Mauretanien die Sklavenhaltung verbot. Natürlich gibt es in manchen Weltgegenden immer noch vereinzelt und illegal Leibeigene, aber erzählen Sie mir bitte nicht, dass Sie dazugehören!

Jede einzelne Beziehung, die Sie eingegangen sind und aufrechterhalten, selbst die zu Ihrem Hund, bedeutet eine freiwillige Aufgabe von Unabhängigkeit. Im Umkehrschluss: Beziehungen, die Ihre Unabhängigkeit über die Maßen einschränken, mehr, als Sie eigentlich wollen, dürfen Sie lösen. Es gibt niemanden, der Sie zu einer Beziehung zu einem anderen Menschen zwingen kann! Egal, ob Sie einst geschworen, versprochen, unterschrieben oder sonst wie zugestimmt haben. Sie müssen eine Beziehung nicht aufrechterhalten. Sie basiert immer auf Freiwilligkeit. Oder hat jemand gesagt, Sie müssten?

Wenn Sie meinen ...

Es ist in Wirklichkeit niemand da, der uns zwingt, jeden Tag aufs Neue unsere Entscheidungen von gestern zu bestätigen. Der Einzige, der uns dazu zwingt, sind wir selbst.

Wenn Sie sich in einer Beziehung unfrei fühlen, dann liegt das weniger am Wesen der Beziehung schlechthin als an den unausgesprochenen Erwartungen, die Sie und Ihr Partner gegenseitig haben. In den meisten Fällen versäumen es die Lebenspartner, miteinander Regeln abzusprechen. Fehlende Regeln werden immer ersetzt durch das Ego. Zum Beispiel sagt das Ego dann: »Du gehörst mir!« – Diese üble Sache namens Eifersucht ist für mich die Folge mangelnder Kommunikation und ein schlimmes Symptom für eine ungesunde Beziehung.

Ja, natürlich, es gibt auch Menschen, die empfinden Eifersucht als Liebesbeweis, und manche sind wahre Künstler darin, ihren Lebenspartner eifersüchtig zu machen, um die alte Glut noch einmal in ihm zu entfachen ... Dass Eifersucht in Ordnung und ganz normal ist, dürfen Sie glauben. Nur, ich muss gestehen, das ist nicht mein Glaubenssatz. Ich glaube vielmehr, dass Eifersucht aus der Addition von Verlustangst und mangelndem Selbstvertrauen entsteht. Eine klare, offene, freiwillige Absprache, welches Verhalten gegenüber anderen potenziellen Sexualpartnern noch okay ist und welches nicht mehr, weil es Verlustangst erzeugt oder den Partner erniedrigt, gibt es dann einfach nicht – weil die beiden sich nicht trauen, voreinander zuzugeben, dass sie so sind, wie sie nun mal sind: Triebe scheren sich nicht im Geringsten darum, was der Pfarrer oder der Standesbeamte einst gesagt hat!

Warum sagt es kaum jemand offen, dass er es nicht aushält, wenn die Partnerin mit anderen Männern flirtet? Dann ist das eine klare Ansage und sie weiß, wie sie sich verhalten kann, um ihm ihre Liebe zu beweisen. Wie offen eine Beziehung ist, von der strikten monogamen Ehe bis zum Swingerpaar, ist alleine Sache der beiden Protagonisten. Es ist ein Deal. Ein Vertrag. Was geht es die »Gesellschaft« an? Nur: Eifersucht hat in einer Beziehung nichts verloren.

Die Form der Beziehung folgt den persönlichen Bedürfnissen, nicht den gesellschaftlichen Konventionen. Neulich habe ich einen Witz gehört, der es ganz gut auf den Punkt bringt: Es treffen sich ein Programmierer, ein Arzt und ein Unternehmer. Sie unterhalten sich bei einem Bier, dann taucht die Frage auf: Was ist besser, eine Frau oder eine Freundin? Der Unternehmer sagt: »Die Freundin natürlich, dann bleibe ich frei.« Der Arzt sagt: »Die Frau natürlich, die gibt mir Sicherheit.« Der Programmierer: »Am besten beides zugleich – wenn die Frau glaubt, du bist bei der Freundin, und die Freundin glaubt, du bist bei der Frau, dann kannst du in Ruhe programmieren ...«

Die konventionelle Vorstellung, wie eine »korrekte« Beziehung auszusehen hat, also das Bild der bis in den Tod währenden Ehe, ist nicht nur längst keine Realität mehr in unserer Gesellschaft, sondern sie war es wohl auch nie so richtig. Sie bestand in Wahrheit nur im öffentlichen Raum. Es war eine Mehrheitsmeinung. Aber Meinungen sind keine Tatsachen.

Ich selbst übrigens bin nicht gemacht für ständige Beziehungswechsel. Ich habe gelernt: Ich brauche Stabilität in meinem Leben. Und mittlerweile weiß ich auch, wie man es schafft, über einen längeren Zeitraum zusammenzubleiben: Sie brauchen gemeinsame Ziele, sowohl für das ganze Leben als auch für den Alltag, und Sie brauchen möglichst gleiche Vorstellungen, wie Sie diese Ziele gemeinsam realisieren wollen. Sie sollten sich in Zielen und Wegen mit Ihrem Partner einig sein – mit dem Partner, nicht mit der Mehrheitsmeinung.

Es ist erstaunlich, wie leicht wir uns von Mehrheitsmeinungen um uns herum beeinflussen lassen und wie vielen Meinungen, Moden, Lehren, Ideologien und Trends wir anhängen – andauernd und überall.

Neben den mehr oder weniger dogmatisch vertretenen Meinungen, man müsse an Gott glauben, man müsse zu einer einmal getroffenen Aussage ein Leben lang stehen und man müsse unbedingt mit dem Partner auf Ewigkeit zusammenbleiben, gibt es beispielsweise die Modeerscheinung, dass die meisten Menschen glauben, Geld sei schmutzig, und Leute, die Geld haben, seien schlechte Menschen, denen man das Geld wieder wegnehmen müsse, möglichst staatlich organisiert.

Wenn Sie in eine Kneipe in Bahnhofsnähe gehen, dann hören Sie an den Theken und Stammtischen ausländerfeindliche Sprüche, schwulenfeindliche Aussagen, frauenfeindliche Witze. Das ist altbekannt und wundert niemanden mehr. Aber wenn Sie in eine Studentenkneipe gehen oder in ein modernes Café, wo sich durchaus die gehobene Mittelschicht tummelt, dann können Sie dort genau dieselbe Hetze hören, nur richtet sich das dann gegen Amerikaner und Chinesen, gegen Unternehmer und Manager, gegen Reiche und Berühmte, gegen den Chef und den Nachbar mit dem größeren Auto. Die schimpfenden und spottenden Gutmenschen glauben nur an ihre eigene Moral, die Objekte ihres unbewussten Neides werden als unmoralisch abqualifiziert: Für weite Kreise unserer gebildeten Bevölkerung gelten die »Amis« als ungebildet, ignorant, schießwütig, erdölsüchtig und bigott. Die Chinesen gelten als aggressiv, egozentrisch und als skrupellose Umweltsünder. Unternehmer gelten als Ausbeuter, profitgierige Sklaventreiber und zu Unrecht Privilegierte. Manager, vor allem Banker, gelten als Gierschlünde und schlechte Menschen, die sich auf Kosten von »Otto Normalverbraucher« schadlos halten. Reiche gelten als Menschen, die sich unrechtmäßig bereichert haben, Berühmte gelten als ungerecht überbezahlt. Der Chef ist ein Idiot und der Nachbar ist ein Umweltverpester mit seinem übermotorisierten und überteuerten Auto, das ohnehin die Firma bezahlt. Ach ja, und die Politiker haben sowieso keine Ahnung.

Es ist für mich immer wieder erschütternd, wie viele Menschen den weitverbreiteten Vorurteilen anhängen, wie viele sich an der Neiddebatte beteiligen und wie viele Menschen der Meinung sind, dass alle, die über die allgemeine Durchschnittlichkeit hinausragen, egal in welcher Hinsicht, um einen Kopf kürzer gemacht gehören. Die Aggressivität, mit der der Mainstream unserer Gesellschaft den Wert Gleichheit über die Werte Gerechtigkeit und Freiheit stellt, ist frappierend. Ob ein Reicher sein Geld sich redlich verdient hat oder nicht, spielt für die meisten gar keine Rolle. Fest steht für sie, dass er es wieder hergeben muss, denn sonst geht ja die Schere zwischen Arm und Reich immer weiter auseinander, und eigentlich müssten doch alle Menschen gleich viel haben, oder?

In einer aktuellen Studie des John Stuart Mill Institute an der SRH Hochschule Heidelberg, des Instituts für Publizistik an der Universität Mainz sowie des Instituts für Demoskopie Allensbach wurde der Stellenwert des Werts

Freiheit in Deutschland im Vergleich mit anderen Werten gemessen. Heraus kam, dass für den Großteil der Bevölkerung Gleichheit und Sicherheit höher eingeschätzt werden als Freiheit und Gerechtigkeit. Ein Großteil der Befragten wünscht sich mehr staatliche Verbote und Lenkung. Interessanterweise förderte die Studie auch zutage, dass die meinungsführenden Medien den Wert Freiheit sogar noch geringer einschätzen als der Bevölkerungsdurchschnitt. Die Meinungsmacher sind offenbar vom Gutmenschenvirus infiziert. Aber das hindert sie nicht, die herrschende Meinungsfreiheit und die Pressefreiheit in Deutschland zu genießen ...

Was steckt hinter der Neiddebatte und dem Wunsch nach sozialer Gleichheit? Nun, wer neidisch ist und mit dem Moralfinger auf andere zeigt, entzieht sich damit vor sich selbst der Verantwortung, es besser zu machen, sich anzustrengen und sich weiterzuentwickeln. Es ist einfacher, diejenigen, die weiter sind als man selbst, aufzuhalten und zu behindern, als sich selbst anzuspornen. Und wer dabei noch in der Sicherheit breiter Trends hetzen, schimpfen und jammern kann, der fühlt sich unangefochten im Recht.

Doch dem Mainstream nachzulaufen hat einen gravierenden Nachteil: Es macht unfrei. Es macht abhängig, es ist ein geistiges Gefängnis. Wer die US-Amerikaner nicht mag, sollte in die USA reisen. Danach kann er ein Urteil fällen. Wer Unternehmer oder Manager hasst, sollte Führungsverantwortung übernehmen und schauen, wie das ist. Danach kann er selbst urteilen. Wer Reiche für »Schweine« hält, sollte reich werden und dann schauen, ob er ein Schwein geworden ist. Aber solange er das noch nicht geschafft hat, sollte er sich verbal mehr zurückhalten und stattdessen die Augen und die Ohren offen halten und dazulernen. Man muss den Mehrheitsmeinungen nicht hinterherlaufen. Wer hat gesagt, Sie müssen?

Respekt!

Einmal erzählte mir ein altgedienter Ingenieur von ungefähr 50 Jahren, dass ihn die jungen Mitarbeiter im Konzern nicht respektieren würden. Er hasste das. Diese jungen Leute heutzutage! Gerade frisch von der Uni und noch nichts geleistet im Leben! Und keinen Respekt!

Mir gefiel, wie stolz der Mann auf seine eigenen Leistungen und Erfahrungen war und wie er seine Ingenieursehre verteidigen wollte. Aber ich fand gleichzeitig, dass er bei seiner inneren Haltung den Nachwuchskräften gegenüber gehörig etwas verdrehte. Sie respektieren ihn nicht? Was heißt das genau?

Er wollte von mir wissen, wie er mit den jungen Leuten reden sollte, damit sie auf ihn hören und ihm Respekt erweisen. Seine Analyse der Situation war klar: »Es liegt an den Jungen. Es liegt definitiv nicht an mir selbst!«

Ich fragte ihn, woran er denn merken würde, dass die Jungen ihn nicht respektieren. Seine Antwort: »Die Jungen grüßen nicht.«

Ich: »Sie grüßen Sie auch dann nicht, wenn Sie ihnen Hallo oder Guten Tag sagen?«

Er: »Wie bitte? Ich sage denen nicht Hallo oder Guten Tag! Die müssten mich ja wohl zuerst grüßen!«

Ich: »Wieso das denn?«

Er: »Na, weil ich doch der Ältere bin!«

Ich: »Wissen Sie was? Ich glaube, das ist nur ein Missverständnis. Ich kenn die jungen Leute, die ticken da anders. Ich glaube, die trauen sich nicht, Sie zuerst zu grüßen.«

Er: »Wieso das denn?«

Ich: »Weil sie so großen Respekt vor Ihnen haben ...«

Als wir uns das nächste Mal trafen, kam er mir strahlend entgegen. Er hatte angefangen die jungen Leute als Erster zu grüßen, und seitdem lächelten ihn alle an und grüßten zurück. Einer aus seinem Team hatte ihm sogar gestanden, dass er früher sehr verunsichert gewesen war, weil er geglaubt hatte, er, der Ingenieur, sei so unfreundlich zu allen, weil er unzufrieden mit ihren Leistungen war. Seit er nun aber viel freundlicher geworden sei, habe sich das ganze Team entspannt.

Alte Weisheiten wie die, dass der Jüngere zuerst zu grüßen hat, schränken uns in erheblichem Maße ein. Viele Lebensweisheiten sind von dieser Warte aus eher »Lebensdummheiten«. Und viele Regeln im Job sind ebenfalls mit Vorsicht zu genießen. Aber unser Alltag ist voll davon:

»Der Weg ist das Ziel?« – Wer auf einen Berg hinauf wollte und es nicht geschafft hat, führt diesen Spruch gerne im Mund.

»Wer keinen Uni-Abschluss im jeweiligen Fach hat, sollte zu einem Thema öffentlich nichts sagen.« – Hoppla, was hat denn das eine mit dem anderen zu tun?

»Der Kunde ist König!« – Ich behandle meine Kunden lieber auf Augenhöhe und fahre gut damit.

»In der Abschlussphase des Verkaufsgesprächs muss man Körperkontakt herstellen.« – Ich fand heraus: Bei einigen kommt das gut an, bei anderen ist es tödlich.

»So geht Management richtig, so ist Management falsch ...« – Ohne meinem Kollegen Fredmund Malik, dem Papst des »guten und richtigen« Managements, nahetreten zu wollen: Warum gibt es tausenderlei erfolgreiche Unternehmen, die auf tausenderlei erfolgreiche Weise geführt werden und sich nicht im Geringsten darum scheren, was in der Manager-Schmiede St. Gallen für gut und richtig befunden wurde?

Nein, richtig und falsch sind die falschen Kriterien. Dafür könnte ich hier Hunderte Beispiele aufzählen. An diesem Zwang, richtig und falsch zu unterscheiden, merkt man, dass wir alle jahrelang auf die Schule gegangen sind, wo wir eben gelernt haben, die Welt in richtig und falsch einzuteilen. Aber wer recht haben will, sollte seine Lebensweisheiten auf Zuckertütchen drucken lassen und in Cafés verteilen, da werden sie dann wenigstens nicht mehr hinterfragt.

Keiner hat gesagt, dass Sie es richtig machen müssen, keiner hat gesagt, dass Sie recht haben müssen!

Übrigens: Falls Sie mir glauben, was ich geschrieben habe – bitte verwechseln Sie mich nicht mit Ihrem Propheten. So wie ich mir von Ihnen wünsche, dass Sie nicht einfach ungeprüft den Glauben anderer übernehmen, so erhebe ich hier auch keineswegs den Anspruch, recht zu haben. Glauben Sie bitte, was Sie wollen ... und das meine ich wörtlich.

Kapitel 7

Warum unverdientes Geld unglücklich macht

Irgendwo in Kreuzberg. Müde laufe ich den Bürgersteig entlang. Die kleine Reisetasche wird immer schwerer. Ich habe schon einen langen Tag hinter mir und bekomme langsam Hunger. Ich würde gerne etwas essen gehen, aber ich besitze nicht einen einzigen Geldschein. Nur ein paar Münzen klimpern traurig in meiner Hosentasche. Genau 11 Euro habe ich, damit muss ich den Tag über auskommen. Erst morgen kommt wieder Nachschlag. Eine kühle Weinschorle wäre jetzt schön, aber 2,10 Euro für ein 0,3-Liter-Glas? Lieber nicht, dann hätte ich ein Fünftel meines verfügbaren Geldes schon ausgegeben.

Mein uralter Pullover kratzt auf der Haut, die vor Jahren abgelegten Jeans sitzen nicht richtig. Die ausgetretenen Schuhe sind eine einzige Katastrophe. Ich fühle mich unwohl und deplatziert. In der Hand halte ich einen Stadtplan; mir ist eine Wohnung zugewiesen worden, die ich erst einmal suchen muss. In Berlin kenne ich mich nicht gut aus, und in dieser Ecke der Stadt am allerwenigsten.

Am Würstchenstand, in der Eckkneipe frage ich mich durch. Dann endlich habe ich meine Bleibe gefunden. Als ich die kleine Wohnung betrete, bin ich überrascht: Alles ist da, was man so braucht. Stereoanlage, Geschirrspüler ... Ich hatte Schlimmeres erwartet.

2007 bekam ich einen Anruf von einer deutschen Fernsehproduktionsfirma. Sie fragten, ob ich nicht Lust hätte, bei *The Secret Millionaire* mitzuwirken. Dieses aus England stammende Fernsehformat, das ein Jahr später übrigens den international renommiertesten Preis, die *Goldene Rose,* als beste Reality-Sendung gewann, setzt auf einen ganz besonderen Gegensatz seiner Protagonisten: Ein Selfmade-Millionär lebt eine Woche lang als Hartz-IV-Empfänger. Nach dieser Zeit in der ihm völlig fremden Umgebung outet er sich und wird zum Förderer für diejenigen, die er in seiner Zeit als Underdog kennen- und schätzen gelernt hat.

Mich hat die Sache sehr interessiert. Ich sah die Chance, die für mich in dieser Geschichte steckte. Denn ich bin immer auf der Suche nach neuen Erfahrungen und ich war sehr neugierig, wie es im Hartz-IV-Milieu tatsächlich zugeht. Für mich als Martin Betschart wäre es niemals möglich gewesen, unmittelbare und unverstellte Informationen über diesen Bereich der Gesellschaft zu bekommen. In der Rolle eines Gescheiterten aber könnte ich ungeschminkte Einsichten erlangen. Also sagte ich zu.

Ich verabredete mit der Produktionsfirma einen Termin. Weil jeder hören konnte, sobald ich den Mund aufmache, dass ich südlich des Bodensees meine Heimat habe, sollte ich als gescheiterter Unternehmer und Arbeitsloser aus der Schweiz unter die Leute gehen. Die Wahl meines Einsatzortes fiel auf Berlin, unter anderem weil ich dort zu der Zeit am wenigsten Auftritte gehabt hatte und deshalb die Chance entsprechend gering war, dass ich auf der Straße erkannt werden würde.

All inclusive

Kann man von 11 Euro am Tag leben? Das war die Frage, die mir nach der Rückkehr in mein eigenes Leben am häufigsten von Journalisten und Bekannten gestellt wurde. Für viele von ihnen ist das ungefähr die Summe, die sie bei einem guten Mittagessen als Trinkgeld auf dem Tisch lassen. Ich hatte in Berlin die Erfahrung gemacht: Ja, man kann ganz gut davon leben. Man kommt zurecht. Es sei denn, man gibt bereits 6 Euro am Tag für Zigaretten aus. Es ist total verrückt, aber fast alle Hartz-IV-Empfänger, die ich in dieser Woche kennengelernt hatte, waren starke Raucher.

Ich musste aufpassen, dass ich in Kreuzberg nicht automatisch in meine Rolle als Coach zurückfiel. Dann hätte ich den Rauchern gesagt: »Hört mal, das kann doch keine gute Idee sein, über die Hälfte dessen, was euch an Geld zur Verfügung steht, für Zigaretten auszugeben! Steckt das Geld lieber in eine vernünftigere Ernährung oder in Fortbildung.« Doch vernünftig zu sein, so wie ich Vernunft definiere, war nicht die Sache derjenigen, die ich getroffen habe. Und doch sahen sich die

Leute, mit denen ich dort redete, als Gewinner im System.

Es war wirklich so: »Lass die anderen nur schuften, für mich ist das nix«, hieß es. Für die Menschen, die ich in Berlin getroffen hatte, waren diejenigen, die arbeiten gehen, die Deppen. »Wenn die blöd sind, gehen die Vollzeit arbeiten und haben am Ende nur ein paar Euro mehr in der Tasche als ich. Dafür mache ich doch keinen Finger krumm! Ich bin cleverer als die.«

Ihre Herausforderung im Leben sahen Olli, Matze, Steffi und die anderen darin, das Maximum herauszuholen und dafür das Minimum zu leisten. Vorzugsweise beschäftigten sie sich mit der Frage: »Wo gibt es was gratis?« Und: »Gibt es eine neue Verordnung, von der ich profitieren kann?« Die Rechtslage ändert sich ständig, dauernd werden die Gesetze überarbeitet. So kommt es, dass die Leistungsempfänger oft besser Bescheid wissen als ihre Betreuer im Amt. Weil die Gesetzeslage so unüberschaubar ist, werden die Sozialgerichte mit Klagen überhäuft. Von Januar bis einschließlich November 2009 gingen in Deutschland insgesamt 766.000 Widersprüche gegen einen Hartz-IV-Bescheid ein. Das Ganze natürlich wieder auf Kosten der Gemeinschaft. In einem Drittel der Fälle hatte der Einspruch übrigens Erfolg – kein Ruhmesblatt für die Ämter.

Halten denn alle Hartz-IV-Empfänger nur die Hand auf? Natürlich nicht. Aber es sind viel mehr, als der Gesellschaft, die sie unterhält und ernährt, guttut. Gerade Berlin hat sich schon seit Langem zur Hartz-IV-Szene entwickelt. Im August 2012 titelte die *Frankfurter Rund-*

schau: »Hauptstadt der Alimentierten«, und nannte Zahlen: Jeder sechste Einwohner Berlins erhält Hartz IV; eine katastrophale Zahl! Und der Nachschub ist auch gesichert: Fast jeder zehnte Schüler verlässt die Schule ohne Abschluss; in Berlin herrscht die höchste Jugendarbeitslosigkeit bundesweit.

Es ist natürlich grober Unsinn zu behaupten, alle Hartz-IV-Empfänger seien Arbeitslose, die sich im System eingerichtet hätten und dauerhaft auf Kosten anderer leben wollten. Im Juni 2011 waren es zum Beispiel knapp 20.000 Vollbeschäftigte in Berlin, die zusätzlich Mittel aus der Hartz-IV-Kasse erhalten müssen, um über die Runden zu kommen. Mit anderen Worten: Sie verdienen in ihrem Vollzeitjob nicht so viel, dass sie ihr Auskommen haben. Das ist ein unglaublicher Skandal – hier aber nicht das Thema. Denn ein gutes Drittel aller erwerbsfähigen Hartz-IV-Empfänger in Berlin ist bereits über ein Jahr arbeitslos, oft schon viel länger. Die ursprünglich als Hilfe zur Selbsthilfe gedachten Zuwendungen erfüllen also nicht immer ihren Zweck, denn es gibt eine ganze Menge Leute, die sich in diesem Biotop sehr gut eingerichtet haben. Im März 2012 waren es trotz aller Bemühungen und Initiativen seitens der Stadt immer noch 76.000 Berliner, die als Langzeitarbeitslose registriert waren.

Noch einmal: Es ist mir wichtig klarzumachen, dass ich mit meinen Ausführungen nicht alle Hartz-IV-Empfänger über einen Kamm scheren will. Das wäre schlichtweg dumm. Auch ist mir bewusst, dass der Produktionsfirma vermutlich daran gelegen war, die gängigen Vorurteile zu bedienen, und Scouts losgeschickt hatte, um entsprechende Leute zu finden und vor der Kamera vorzuführen. Ja, mag sein, dass diese Leute einen alles andere als repräsentativen Ausschnitt aus der gesamten Bandbreite darstellen. Was für mich aber wichtig ist: Es gibt diese Leute. Es gibt diejenigen, die sich besonders schlau vorkommen, weil sie es schaffen, ihre Ansprüche gegenüber der Allgemeinheit geltend zu machen, ohne einen Handschag dafür tun zu müssen. Über diese Menschen rede ich im Folgenden.

Da ist zum Beispiel King, mit dem ich in Kreuzberg sprach. Er hieß natürlich nicht wirklich King, aber in seinem Viertel war er der König, der Kiezheld. Er war mit allen Wassern gewaschen. Er klagte lauthals über das System, kannte aber jede Möglichkeit, genau dieses System zu seinen Gunsten zu nutzen. Die Leute kamen zu ihm, um sich Rat zu holen, wenn es um Zuwendungen vom Staat ging. Ich dachte: Früher konnte man als »Held der Arbeit« Bewunderung erwecken, heute geht das auch als »Held der Almosen«. Auf Kings T-Shirt stand: »Scheiß-Kapitalismus«. Aber ein supermodernes, teures Fahrrad hatte er. An ihm habe ich die Haltung »Geld will ich nicht anfassen, also überweist es mir« in Reinform gesehen.

Ziemlich schlechte Freunde

Für Leute wie den King ist die Welt streng in Schwarz und Weiß geteilt. Politiker: Blödmänner, die keine Ahnung von seinen Problemen und Bedürfnissen haben. Sachbearbeiter: Idioten, die nur zwischen ihm und dem ihm zustehenden Geld stehen und stören. All die, die ihr eigenes Geld verdienen: Verrückte, die sich ihr Leben nur schwer machen. Reiche: das personifizierte Böse, das sich auf Kings Kosten ein Luxusleben leistet und in fetten Autos herumfährt. Leute, die von der Stütze leben: das Salz der Erde, Helden im Kampf gegen die Allgewalt des Geldes. – Nun, jeder hat das Recht, sich seine Welt so zu malen, dass er selbst möglichst gut dasteht. Das ist nur menschlich. Doch Kings Weltbild ist mir trotzdem zu verzerrt. Wenn er genau diejenigen, die ihm sein Leben ermöglichen, also die Steuerzahler, wahlweise als Unterdrücker, Bösewichte oder Schwachköpfe hinstellt, dann ist das pervers. Denn pervers heißt nichts anderes als: verdreht, umgekehrt.

Der Unterstützer und Helfer in der Not wird als Feind wahrgenommen – dieses Reaktionsschema ist gar nicht so selten. In der Euro-Krise um Griechenland wird das auf die Spitze getrieben: Angela Merkel und die Deutschen helfen in schier unvorstellbarem Maß, pumpen Abermillionen in den kranken Staat und werden im Gegenzug von den Griechen, die bislang noch jedes Versprechen, das sie der Europäischen Union gaben, gebrochen haben, als Nazis tituliert. Wem geholfen wird, der will sich seinen Stolz bewahren dürfen, indem er in die helfende Hand beißt. Das ist so, als ob ich demjenigen, der mich vor dem Ertrinken rettet und aus dem Wasser zieht, eins auf die Nase gebe, weil ich blaue Flecke davongetragen habe, als er mich durch die Wellen zog. Dann stehe ich vor mir und den anderen nicht als derjenige da, dem die Puste ausgegangen ist, kann erhobenen Hauptes den Strand verlassen und noch sagen: »Trottel. Der soll froh sein, dass ich ihn nicht verklage …«

So. Ist das nun eine billige Hartz-IV-Schelte? Eine unerträgliche Verspottung derjenigen, die dazu verurteilt sind, am Rande der Gesellschaft zu stehen? Manch einer mag sich aufregen und meinen, dass ein reicher Schnösel aus der Schweiz aus Langeweile eine Woche lang den Underdog spielt und sich die Verlierer der Gesellschaft wie in einem Zoo beguckt. Ich denke nicht, dass es so war. Wenn ich mein Geld nur geerbt, nie einen Schlag gearbeitet hätte und mein Leben damit verbringen würde, mein Geld zu verprassen oder – schlimmer noch – ohne echte Leistung zu bringen oder Mehrwert zu schaffen nur noch mehr daraus zu zaubern, dann wäre mein Ausflug in die Welt der Sozialhilfeempfänger tatsächlich unerträglich.

Ich aber habe in meinem Berufsleben genau dort angefangen, wo die Hartz-IV-Leute noch heute stehen: mit nichts in der Tasche.

Aber der Reihe nach: billige Hartz-IV-Schelte? Nein. Ganz im Gegenteil. Viele Leute reden über Hartz IV und haben keine Ahnung, wovon sie sprechen. Ihre Köpfe sind angefüllt mit Stereotypen und Vorurteilen. Einige von ihnen sitzen in den reichen Vororten und erlauben sich, die Beweggründe und Probleme von Leuten zu beurteilen, die sie nie im Leben zu Gesicht bekommen. Ich mache das nicht so. Ich habe mit eigenen Augen gesehen und mit eigenen Ohren gehört, wie einige Menschen am anderen Ende der Gesellschaft ticken. Ich bin vor Ort gewesen. Klar, es war immer eine künstliche Atmosphäre, schon allein das Kamerateam im Rücken hat nicht gerade zur Spontaneität beigetragen. Doch das echte Hartz-IV-Leben war zu sehen, die Einstellung und Haltung der Leute zu spüren. Und wie gesagt: Ich generalisiere nicht. Ich beschreibe, was ich in Kreuzberg gesehen und erlebt habe.

Es liegt mir auch fern, über Menschen zu spotten, die unverschuldet in die Situation geraten sind, ihr Leben als Sozialhilfeempfänger fristen zu müssen. Oder die sich selbst in diese Ecke hineinmanövriert haben. Sie tun mir von Herzen leid. Nicht, weil sie relativ arm sind oder weil sie aus welchen Gründen auch immer nicht mithalten können, sondern weil ihnen das Selbstwertgefühl abhandengekommen ist. Doch dazu später.

Ich habe die Leute auch nicht wie in einem Zoo angeschaut. Mir war zu jeder Sekunde klar: So hoffnungslos am Boden könntest du auch sein, wenn du anders gepolt wärst. Denn die Leute fühlen sich ja meist als Loser, weil sie in die falsche Gegend, in die falsche Familie hineingeboren wurden. Sie kompensieren dieses Gefühl nur mit einem großspurigen Anspruchsdenken. Von ihrer Warte aus gesehen könnte ich das auch von mir sagen – auch ich war nicht auf Rosen gebettet. Mir hat keiner ein Studium geschenkt oder ein Auto oder eine Reise um die Welt. Ich hatte nur das Glück, Eltern zu haben, die mir Freude an der Leistung vorgelebt haben, und dass ich mich immer auf mich selbst verlassen konnte, auf mein Selbstwertgefühl und auf meinen Willen, etwas zu schaffen.

Ich muss allerdings zugeben, ein wenig ist an dem Vergleich mit einem Zoobesuch doch dran, nur dass es eher eine Geisterbahn war. Viele meiner Vorurteile – und die hatte ich natürlich – haben sich in dem Mikrokosmos, auf den ich in Kreuzberg traf, in erschreckender Weise bewahrheitet. Denn gruselig ist es, wenn eine Frau, die von Sozialleistungen lebt, ihren Hund »Steuerzahler« nennt …

Abstellgleis der Kuscheltiere

Genauso wie der Blick von King auf den Rest der Gesellschaft sehr eindimensional ist, ist es auch der Blick der anderen auf die Hartz-IV-Empfänger. Für die einen sind sie durch die Bank Arbeitsscheue, die es sich auf Kosten der Gesellschaft gemütlich machen und nur eine Menge Geld kosten – dieser undifferenzierte Blick ist armselig. Auch den anderen fehlt jede Detailfreude: Für sie sind alle Hartz-IV-Empfänger bedauernswerte Menschen, Verlierer eines inhumanen und skrupellosen Systems, die ein Anrecht darauf haben, auf immer von den Segnungen eines wohltätigen Staates zu profitieren.

Ich weiß nicht, welche der beiden Ansichten menschenverachtender ist.

Eine Fotografin von SAT.1 sagte zu mir mit feuchten Augen und empörtem Timbre in der Stimme: »Sehen

Sie nicht diese Armut?!« Sie fand es skandalös, dass es die Zustände überhaupt gab. Sie war wütend, dass Globalisierung und Heuschreckentum nur deshalb einen Siegeszug um die Welt machen konnten, weil die Banker und Konsorten keine Verantwortung für die Menschen fühlten, die sie nicht brauchten und deshalb ausgrenzten und ins Elend stürzten. Ich aber sah keine Verelendung um mich herum; jedenfalls keine materielle. Ich sah Menschen, die sich durchaus das leisten konnten, was auch der Durchschnittsbürger hat. Ich sah Menschen, die sich gut in ihrer Welt eingerichtet hatten, gleichzeitig aber auf den Wohlstand anderer schielten. Was ich nicht sah: den Willen, ihre Lebenssituation zu verändern. King, Matze, Steffi und all die anderen hatten die Verantwortung für ihr Leben längst an andere abgegeben. Sie sahen sich nur noch als Opfer und Zukurzgekommene, deren gutes Recht es ist, sich vom Kuchen zu holen, was zu holen ist. Dass sie selbst Verantwortung übernehmen könnten für ihr Leben, kam ihnen nicht in den Sinn. Sie waren unzufrieden, aber sie waren es leider nicht in dem Maße, dass es ihnen die Energie geliefert hätte, aus ihrem Gefängnis auszubrechen.

Was bringt gestandene Männer und Frauen wie die SAT.1-Fotografin dazu, andere Menschen wie einen verletzten Koalabär an die Brust drücken zu wollen? »Du Armer, dir wurde ja wirklich übel mitgespielt! Böse, böse Welt! Hier hast du ein Eukalyptusblatt zu fressen.« Ich weiß es nicht, es interessiert mich auch nicht sonderlich. Ich weiß nur, dass mit dieser Art von Betroffenheit dem Mitleidigen selbst geholfen ist – schließlich hat er sich als emotional voll auf der Höhe präsentieren können. Ganz bestimmt aber ist dem Koalabären *nicht* geholfen. Wenn der Zoo geschlossen und die Besucher mit warmem Gefühl im Herzen und etwas Bitterkeit darüber, dass nicht alles auf der Welt wohlgeordnet ist, wie man es sich gewünscht hätte, nach Hause gegangen sind, dann hat der Koala zwar ein Eukalyptusblatt, aber immer noch gebrochene Beine.

Ich habe etwas gegen Heuchelei und Scheinheiligkeit. Und ich habe etwas gegen diejenigen, die sich selbst aus der Verantwortung ziehen, indem sie mit ihren Fingern auf andere zeigen. Es ist mir ein zu einfaches Weltbild, die Schuld an allem in einer als unmenschlich titulierten Wirtschaft zu suchen, und gleichzeitig den untragbaren Status quo gutzuheißen, der Langzeitarbeitslose zu Almosenempfängern, In-Arbeitsamtfluren-Herumstehern und Formularausfüllern degradiert.

Die deutsche Sendung von *The Secret Millionaire,* so wie sie konzipiert war, wurde übrigens nie ausgestrahlt. Sie wurde umbenannt in *Die geheimen Helfer*. Nun wurde der Teil der Sendung, in dem es darum geht, dass der Inkognito-Millionär einem der Hartz-IV-Leute finanzielle Starthilfe gibt, in den Fokus gerückt. Man versprach sich davon mehr Zuschauerinteresse. Aber das hat nicht funktioniert. Die Sendung ging sang- und klanglos unter. Warum es nicht geklappt hat? Es gab niemanden, der tolle Ideen hatte, dem aber die böse Gesellschaft einen Strich durch die Rechnung gemacht und seine Zukunft verbaut hatte. Das vom Sender erhoffte Spiel von Gut und Böse, von Opfer und Mächtigem ging nicht auf. Im Gegenteil. Die Frösche waren da. Und auch die gute Fee mit dem goldenen Zauberstab stand zur Verfügung, um aus ein paar Fröschen Prinzen zu machen. Aber die Frösche waren eben Frösche und wollten es auch bleiben. Sie waren es gewohnt, im Schilf zu quaken, und hatten sich mit ihrem zugeteilten Kontingent an Fliegen längst abgefunden.

Es scheint nicht am Geld allein zu liegen, wenn Leute wie King sich nicht einen Zentimeter weiterentwickeln. Für einen wie ihn sieht das nach einem guten Deal aus: Er kommt durch, ohne dass er dafür was tun muss. Oberflächlich betrachtet stimmt das vielleicht. Doch der Preis, den King für sein Lebensmodell zahlt, ist verdammt hoch.

Die Sinnfrage

Eines der vielen Unterstützungsprojekte für Hartz-IV-Empfänger, die ich in Berlin kennengelernt habe, hat mir wirklich eingeleuchtet: Das war ein Secondhand-Laden, in dem aus Wohnungsauflösungen stammende Möbel verkauft wurden. Die 1-Euro-Mitarbeiter räumen die Wohnungen aus, schauen, was noch verwertbar ist, möbeln die Sachen bei Bedarf wieder auf und bieten sie zum Verkauf an. Ich war von dem Konzept begeistert und habe später gerne 10.000 Euro gespendet, um die Miete der Verkaufsräume eine Zeit lang zu sichern. Das Konzept ist nicht nur ökologisch zweckdienlich und bietet der Wegwerfgesellschaft die Stirn, sondern die Mitarbeiter haben auch eine vernünftige Aufgabe gefunden. Sie können etwas Sinnvolles leisten. Am Ende des Tages sehen sie das wiederhergerichtete Bett oder das reparierte Schränkchen, das bald wieder einen neuen Besitzer haben wird.

Die Menschen, die in der Möbelverwertung gearbeitet haben, waren zufrieden mit ihrem Leben. Sie gingen in ihrer Arbeit auf. Das habe ich sofort gespürt. Meine Erfahrung wird durch die Ergebnisse der Studie des Instituts für Arbeitsmarkt und Berufsforschung (IAB) gestützt. Sie kam 2009 zum Schluss, dass 1-Euro-Jobber signifikant zufriedener sind, als Menschen, die nur von Arbeitslosengeld II leben. Geld ist eben nicht alles. Wo der Lebenssinn fehlt, kann Geld nicht die innere Leere ausfüllen. Das gilt für einen nicht arbeitenden Hartz-IV-Empfänger genauso wie für einen mit dem Silberlöffel im Mund Geborenen, der nichts mit sich anzufangen weiß.

Grundsätzlich möchte der Mensch etwas leisten. Das ist in ihm unverrückbar verankert und ein wichtiger Bestandteil von Glück und Erfüllung. Glück kommt von Gelingen, und Gelingen kann etwas nur, wenn eine Leistung erbracht wird. Sein Bestes geben zu können, das ist echtes Glück. Stolz auf seine Leistung sein zu dürfen, das ist Erfüllung.

Nur als kleines Kind hat der Mensch mit Leistung noch nichts am Hut und ist rein seins-orientiert. Das heißt: Das Kind macht die Erfahrung, dass es allein durch sein Dasein geliebt wird. Das ist jedenfalls der Normalfall … Schon bald ändert sich das: Es baut mit Lego-Steinen hohe Türme, malt aufwendige Fantasielandschaften, lernt schneller zu laufen als der Nachbarsjunge. Und beschaut sich zufrieden das Geschaffene, das Geleistete.

Wenn irgend möglich, holt es sich Anerkennung: »Schau mal, Mama, was ich gemacht habe!« – »Schau mal, Papa, wie weit ich springen kann!« Leisten-Wollen ist immer auch mit dem Wunsch nach Anerkennung verknüpft. Auf seine Leistung stolz sein zu können und dafür noch Lob von außen zu bekommen – es gibt kaum etwas Zufriedenstellenderes.

Natürlich besteht auch Gefahr, irgendwann nur noch für Anerkennung zu leisten. Das ist ein weitverbreitetes Problem. »Der Applaus ist des Künstlers Brot«, heißt es. Doch der Schauspieler, der seine Leistung nur an der Zustimmung seines Publikums misst, ist in gravierendem Maße von seinen Zuschauern abhängig. Bei verhaltenem Applaus am Ende der Vorstellung ist er unglücklich; ganz gleich, ob er wirklich einen schlechten Tag hatte oder ob er gerade die Vorstellung seines Lebens geliefert hat. Wenn die Referenz nur von außen kommt, ist er ausgeliefert und unfrei. Denn der von der Meinung der Theaterbesucher abhängige Schauspieler wird sich sagen: »Nun, wenn mein Publikum es liebt, wie ich mit den Augen rolle, dann werde ich eben mit den Augen rollen.« Ein Schauspieler aber, der diese Unfreiheit nicht kennt, wird so spielen können, wie er es für richtig hält: »Das Publikum liebt Augenrollen? Ich bin doch kein Schmierenkomödiant!«

Ich selbst kenne das von meinen Vorträgen und Auftritten: Für mich gilt ein innerer Maßstab, eine innere Referenz. Ich bin der Einzige, dessen Bewertung wirklich zählt. Für mich. Es kommt vor, dass ich sage: »Diesmal war ich schlecht. Ich muss das besser machen.« Auch wenn das Publikum glücklich war – dann bin ich selbst nicht zufrieden mit meiner Leistung. Oder auch anders herum: Das Publikum war gedämpfter Stimmung, ich aber wusste: Die habe ich in den Bann gezogen. Mein Vortrag war nicht die Streicheleinheit, die sie sich vielleicht erwartet hatten, aber er wird etwas verändern. Dann bin ich glücklich.

Gerade in meiner Branche kann man einen Auftritt mühelos so steuern, dass Standing Ovations garantiert sind. Ein bisschen »Tschaka«, und alle finden es großartig. Aber dann habe ich mich verkauft oder besser noch: verramscht. Für den Effekt zu leben, ist hohl. Nach schnellem Applaus zu gieren, ist armselig. Wenn ich nur noch auf die Bühne gehe, um Beifall einzuheimsen, dann habe ich keine Macht mehr – sondern habe sie den anderen gegeben.

Wo die innere Referenz fehlt, herrscht die Sucht nach der externen Anerkennung. Vielleicht kennen Sie diese aufblasbaren Riesenschläuche mit menschenähnlichen Konturen, durch die viel heiße Luft hindurchgepustet wird. Dann blähen sie sich auf, schlackern mit den Schlaucharmen und sehen aus wie tanzende Riesen. Von weither sind sie sichtbar. Doch sobald der Kompressor abgestellt wird, fällt das Gebilde in sich zusammen. So ist das auch mit den Menschen, die nur für äußere Anerkennung leisten. Wenn von außen kein Zuspruch mehr kommt, dann fallen sie wie ein Kartenhaus in sich zusammen.

Doch zurück zum seins-orientierten Kind, das ja noch gar nicht weiß, dass es Dinge wie Leistung, Anerkennung und innere und äußere Referenz gibt. Erwachsene, die in der Seinsorientierung verharren, ohne sich an ihrem Tun messen zu lassen, sind wie kleine Babys. »Ich bin da. Liebe mich! Füttere mich!« Ich kenne Frauen, die so denken. Ihre Leistung besteht darin, modisch auf dem Laufenden zu bleiben und immer einen Mann an der Hand zu haben, der ihren Lebensunterhalt bestreitet. Wenn sie mal an einem Tag sowohl bei der Maniküre als auch bei der Pediküre gewesen sind und sich durch den Feierabendverkehr quälen mussten, den die arbeitende Bevölkerung verursacht, sinken sie erschöpft in den Sessel: »Was für ein anstrengender Tag war das!«

Manche Arbeitslosengeld-II-Empfänger verhalten sich genauso. »Ich bin da. Gib mir Geld!« Sie verhalten sich wie ein Kleinkind. Das, was beim Baby aber den Beschützerinstinkt seines Gegenübers auslöst, die vorgewölbte Stirn, die niedliche Nase und die großen Augen, das kann King aus Kreuzberg nicht vorweisen. Bei ihm ist es nicht das Kindchenschema, das Herz und Beutel öffnet, sondern das schlechte Gewissen der anderen. Und noch ein Unterschied: Das Kind wird sich entwickeln, wird sich binnen kurzer Zeit aus der natürlichen Phase des »Kümmere dich gefälligst um mich!« lösen. King wird das wohl nicht mehr tun.

Joe Kelly ist für mich ein besonderer Mensch: Als Musiker hat er auf den Bühnen der Welt gespielt, die Familienband organisiert und zusammengehalten. Nach der musikalischen Karriere hat er seine Laufbahn als Extremsportler mit erbittertem Ernst und großem Einsatz vorangetrieben. Er bringt es so stark auf den Punkt: »Du darfst es dir bequem machen, nichts tun. Keine Frage. Aber du kannst dabei nicht gleichzeitig jammern.«

Ritalin für Arbeitslose

Ein Paar geht Hand in Hand an einem Spielplatz vorbei. Der Sandkasten, die Rutsche und die Schaukel, alles ist mit den Papierchen, Papptellern und gebrauchten Servietten des nahe gelegenen Schnellimbissses vermüllt. Der Mann schaut sich das kopfschüttelnd an und sagt: »Es gibt doch so viele Arbeitslose, die könnten doch den Müll aufsammeln.«

Seine Freundin rückt automatisch einen Schritt von ihm ab; sie ist entsetzt. »Was ist denn mit dir los? Wie kannst du so etwas auch nur denken! Das ist zutiefst menschenverachtend!«

Es ist geradezu schon ein Reflex, die armen Menschen in Schutz zu nehmen, die von der öffentlichen Fürsorge abhängig sind. Denen geht es auch so schon schlecht genug, auch ohne dass ihnen die vom Glück Begünstigten noch entwürdigende Arbeiten aufdrücken. So jedenfalls ist die weitverbreitete Meinung.

Manche Dinge darf man noch nicht einmal im Spaß sagen, sonst gibt es Ärger. Das ist das Wesen von Tabubrüchen. Ich aber sage das Folgende nicht im Spaß, sondern meine es ganz ernst: Was ist so schlimm daran, einen Spielplatz oder eine Straße sauber zu machen? Was ist so schlimm daran, die Wände in einem Kindergarten zu streichen? Was ist so schlimm daran, für alte Leute einkaufen zu gehen? Es ist alles andere als zynisch und inhuman, Leistung zu erwarten oder im Extremfall auch einzufordern. Denn Leistung gehört zu einem menschenwürdigen Leben.

Nein, es verhält sich genau andersherum: Es ist menschenverachtend, wenn ich von Menschen *keine* Leistung erwarte. Wenn ich ihnen Geld gebe, ohne im Gegenzug etwas von ihnen zu fordern; zum Beispiel, dass sie in absehbarer Zeit wieder auf eigenen Füßen stehen sollen. Denn die Botschaft lautet dadurch: »Wir können auf deine Leistung gut verzichten; wir brauchen dich nicht. Also nimm das Geld und stör uns nicht. *Wir* haben nämlich was Wichtiges zu tun.« Oder auch: »Wir trauen dir nichts zu. Es ist klar, dass du niemals das Nötige lernen wirst. Also bekommst du eben Geld, ohne dass wir eine Gegenleistung erwarten. Es käme ja sowieso nichts Gutes dabei heraus.«

Doch halt! *Eine* Gegenleistung wird erwartet: Der Arbeitslose soll jede Woche mindestens eine Bewerbung schreiben. Das wird von der zuständigen Stelle kontrolliert. Gerade diejenigen, die schon längst alle Hoffnung haben fahren lassen, picken sich dann irgendetwas aus der Zeitung und bekommen natürlich postwendend eine Absage. Jede Woche eine Abfuhr. Diese Vorgabe erhöht nicht die Chancen, sondern nur den Frust. Viele Hartz-IV-Empfänger, die ihrer Situation entkommen möchten, meinen auch, viel hilft viel. Sie schreiben 100 Bewerbungen – und bekommen 100 Absagen. Wie soll so jemand einen gesunden Stolz bewahren können, wenn er Tag für Tag das Gefühl vermittelt bekommt: »Du taugst nichts. Niemand braucht dich.« Die innere Referenz kommt abhanden. Übrig bleibt nur die Meldung von außen: »Hier hast du Geld. Sei still, mach damit, was du willst, aber geh uns nicht auf die Nerven.«

Darin liegt das Kranke an dem bestehenden System begründet. Es verwaltet rein materiell diejenigen, die es ans untere Ende der Einkommensskala gespült hat. Es sorgt dafür, dass sie alle ein Dach über dem Kopf, Kleidung im Schrank und etwas zu essen haben – das ist gut. Dabei geht es aber in unerträglich übergriffiger Art und Weise vor und macht seine Schützlinge damit gleichzeitig mental völlig kaputt – eine Katastrophe. Das herrschende Zuteilungsprinzip spricht ihnen jede Kompetenz und Eigenverantwortlichkeit ab und nimmt ihnen jeden Anreiz, sich für sich selbst verantwortlich zu fühlen. Einem Arbeitslosengeld-Empfänger wird keinerlei Entscheidungsspielraum zugestanden. Verwaltungsprofis entscheiden, was er zum Leben braucht, und das bekommt er dann auch.

Es hat schon eine innere Logik, dass der Begriff »Stolz« in neuerer Zeit nicht mehr positiv besetzt ist. Stolz auf sich zu sein hat einen merkwürdigen Beigeschmack bekommen. Viele denken sofort an falschen Stolz, also an Hochmut. Sie unterstellen, dass Stolz rein ego-getrieben ist, in südlichen Ländern bis hin zur Blutrache. Für mich aber gehört zu den schlimmsten Dingen, die man einem Menschen antun kann: ihm seinen Stolz zu nehmen. Dann verliert er auch das Gespür für seinen eigenen Wert. Denn Stolz und Selbstachtung gehen Hand in Hand. »Alle Geschenke, alle Gefälligkeiten der Welt ersetzen nicht einen Augenblick Vergnügen an sich selbst.« Der Ausspruch stammt nicht von mir, sondern von Goethe. Und genau dieser Stolz auf sich selbst und seine Leistungen wird den Menschen systematisch genommen, die aus dem Raster gefallen sind.

Brüche im Lebenslauf sind normal. Es passiert fast jedem irgendwann einmal, dass er in einer Krise steckt. Über Nacht ist die Arbeit weg, Geschäfte haben sich anders entwickelt als geplant, familiäre Katastrophen werfen uns aus der Bahn … Es gibt zahllose Gründe dafür, mal am Boden zu liegen. Winston Churchill war es, der gesagt hat: »Die Kunst ist, einmal mehr aufzustehen, als man umgeworfen wird.« Wieder aufstehen, das heißt zu wissen, wofür man wieder aufsteht, sich seines Wertes bewusst zu sein. Wer aber Formulare ausfüllen muss, um eine Bewilligung für einen neuen Wintermantel zu erwirken, dem wird es nach einiger Zeit schwerfallen, sich an seinen eigenen Wert zu erinnern. Er verliert den Glauben an sich. Solche Menschen entfalten keine Wirkung mehr. Ihnen ist damit jede Chance genommen, sich selbstbewusst an den Aufbau eines neuen Lebens zu machen.

Ich denke dabei auch an das Subventionssystem: Noch bis vor Kurzem wurde im Ruhrgebiet fleißig Kohle gefördert und eine Bergbautradition gefeiert, ohne darauf zu achten, dass das Prinzip dahinter schlichtweg mit Kulissenbau zu vergleichen ist: Ist spiele einem anderen etwas vor, was nicht so ist. Bei der deutschen Steinkohle liegt der Fall so, dass sie nur deshalb überhaupt noch Abnehmer findet, weil der Staat mehr als die Hälfte bezahlt. Keine Frage, dahinter steckt harte Arbeit – aber wenn es diese Arbeit nur noch gibt, weil man sie mit Millionen an Steuergeldern künstlich am Leben erhält, dann ist das für mich nichts anderes als Folklore und Arbeitsbeschäftigungsmaßnahme. Mit Stolz und Zufriedenheit hat das nichts zu tun.

Indem wir einem großen Teil der Gesellschaft den Stolz nehmen, verzichten wir auf die Talente – Millionen Menschen werden ruhiggestellt und abgeschoben. Damit das auch möglichst reibungslos klappt, gibt es ein Riesensystem, das die Ruhigstellung gewährleistet. Sachbearbeiter, Prüfer, Kontrolleure, engagierte Helfer … sie sind die eigentlichen Profiteure. Ihr Lebenssinn liegt darin, dass es die »Kaste der Loser« gibt. Gäbe es keine Arbeitslosen mehr, ständen sie mit leeren Händen da.

Helfer auf dem Egotrip

»Guten Tag, mein Name ist Schmidt. Ich komme, um Ihnen Ihr Geld vorbeizubringen.« An der Tür im dritten Stock des alten Mietshauses steht der Malermeister aus der Nachbarschaft. Ihn hat das System gestern per Mail angewiesen, diese Woche seinen Beitrag von 126,17 Euro an Frau Seegers, Kreuzstraße 17, abzugeben. Frau Seegers ist Mitte 40 und seit fünf Jahren arbeitslos. Sie bekommt einfach nicht die Kurve und ist deshalb darauf angewiesen, dass andere für sie Miete und alle anderen Lebenshaltungskosten übernehmen.

Herr Schmidt hat das Geld in einen Umschlag gesteckt und gibt ihn nun der Frau in die Hand. Die öffnet ihn, schaut kurz rein und sagt: »Okay. Passt.« Herr Schmidt wartet erst gar nicht auf ein Dankeschön, es ist schließlich seine Pflicht, der Frau zu helfen. Er dreht sich im Türrahmen um und geht langsam wieder die Treppe hinunter.

Im ersten Stock trifft er Frau Liebig, die Friseurin vom Salon um die Ecke. Auch für sie ist heute Zahltag. In ihrem vorbereiteten Umschlag stecken 78,41 Euro für Frau Seegers. Freundlich grüßend gehen die beiden aneinander vorbei. »Schönes Wetter heute, nicht wahr?«, sagt Frau Liebig. »Bestens, bestens«, antwortet Herr Schmidt.

Eine groteske Situation. Aber im Grunde passiert doch genau das: Arbeitende Menschen geben einen Großteil ihres verdienten Geldes ab, das dann unter anderem bei denen landet, die keinen Handschlag tun. Auf Dauer erträglich und durchsetzbar ist das nur, weil das Geldverteilen anonym abläuft.

Um keine Missverständnisse aufkommen zu lassen: Es ist absolut notwendig, dass der Staat Steuern einsammelt, um damit die Infrastruktur zu garantieren, Sicherheit zu gewährleisten und auch denen zu helfen, die im Moment nicht für sich selbst sorgen können. Es ist gut, dass der Staat diese Aufgabe übernimmt, denn die Zeiten der direkten Nachbarschaftshilfe, wie es sie früher in einer Dorfgemeinschaft gab, sind vorbei. Sicher, wenn eine Mutter von drei Kindern sich einen Arm gebrochen hat, dann kommen auch heute noch Nachbarn vorbei und bringen ein warmes Mittagessen. Wenn aber der Verdienst ausfällt, weil der Job weg ist, dann kommt niemand auf die Idee, über Monate oder gar Jahre einzuspringen und der Familie finanziell unter die Arme zu greifen. Diese Rolle hat der Staat übernommen. Dass solche Hilfe nicht mehr in direktem nachbarschaftlichen Kontakt geleistet wird, sondern anonym über einen gigantischen Beamtenapparat, hat einen entscheidenden Nachteil.

Früher hat man aufeinander geschaut; in der Familie, in der Dorfgemeinschaft. Einem, dem es schlecht ging, wurde unmittelbar geholfen, bis er wieder auf die Beine gekommen war. Man wusste voneinander, woran es fehlte. In dem einen Jahr hatte vielleicht der Zimmermann einen Unfall und musste unterstützt werden, bis er wieder arbeiten konnte, im anderen Jahr traf es den Bäcker, dessen Frau unerwartet starb und ihn mit vier halbwüchsigen Kindern zurückließ. Es konnte jeden treffen und jeder half, wenn er konnte. Die soziale Kontrolle sorgte dafür, dass es sich niemand in einer Opferrolle allzu bequem machte. Waren die Bemühungen, wieder auf die Füße zu kommen, nur halbherzig, dann wurde auch ein ernstes Wort gesprochen. Druck wurde aufgebaut, aber auch ermuntert. Das hat im Großen und Ganzen gut funktioniert.

Heute funktioniert es nicht mehr so gut. Das, was früher kurzfristig angelegt war, erstreckt sich heute über lange Zeiträume. Denn die Rollen sind fest verteilt. Auf der einen Seite gibt es den Bedürftigen, das »Opfer«– und auf der anderen Seite gibt es den Verteiler, der die Mittel bei denen, die über sie verfügen, einsammelt und ausgibt. Dazwischen liegt ein tiefer Graben. Ein Überschreiten dieses Grabens ist zwar offiziell gewünscht, wird aber in vielen Fällen gar nicht mehr erwartet. Der Arbeitslose richtet sich in seiner Opferrolle ein. Aus der Förderung ist Hilfsbedürftigkeitsverschleppung geworden.

Und es gibt noch eine dritte Gruppe: die der Helfer. Auf den ersten Blick würde ohne die Helfer nichts mehr laufen. Sie engagieren sich, sie unterstützen bei der Beantragung von Sonderhilfen, gründen Selbsthilfegruppen und Vereine, sammeln zusätzliche Gelder und Mittel ein, teilen Suppe aus. Beim zweiten Blick wird klar: Stimmt, sie sind es, die dieses System mit am Laufen halten. Leider.

Eine Notschlafstelle zu unterhalten, Essen, das sonst weggeworfen werden würde, zu organisieren, eine heiße Suppe an einem kalten Tag bereitzuhalten, den gröbsten Kummer zu lindern bei denjenigen, die an ihrer Situation zu verzweifeln drohen, all das ist wirklich sinnvoll – für den Moment. Ich bewundere das Engagement und würdige die soziale Einstellung. Ohne Menschen wie die Helfer wäre es in unserer Gesellschaft ein paar Grade kühler.

Aber es gibt eben auch die andere Seite der Medaille. Der Helfer sagt: »Wenn ich nicht wäre, müssten die Kinder ohne Frühstück in die Schule gehen.« Stimmt. Das müssten sie. Denn die Eltern, die morgens lieber im Bett bleiben und ihre Kinder allein aufstehen lassen, haben sich längst daran gewöhnt, sich auf andere zu verlassen. Sie meinen, kein schlechtes Gewissen haben zu müssen, denn der Helfer ist ja da. Er versorgt die Kinder vor der ersten Schulstunde mit einem gesunden Frühstück. »Ich bin ja nicht blöd«, mag da mancher Vater, manche Mutter sagen. »Geht doch auch ohne mich.«

Und der Helfer? Er hat einen Sinn gefunden. Für ihn ist die Hilfsbereitschaft nicht mehr spontan, sondern Lebensinhalt. Das geht bis zur Ausprägung des Helfersyndroms mit suchtähnlichen Verhaltensweisen. So jemand kommt gar nicht mehr mit Situationen zurecht, in denen er nicht der Gebende, der Stärkere ist. Auch nicht mit Menschen, die ihm nicht zur Dankbarkeit verpflichtet sind. Sogar im privaten Bereich sind Helfer mit Helfersyndrom die Gebenden und erziehen ihre Partner zur Abhängigkeit. Ihr Bedürfnis nach Anerkennung ist maßlos. Das Schlimmste, was ihnen passieren könnte, ist, dass sie nicht mehr gebraucht werden und dass sie sich nicht mehr als besonders gute, uneigennützige Menschen zeigen können. Ihre Sucht, gebraucht zu werden, lässt sie blind dafür werden, dass ihr Verhalten nur auf die Kosten derjenigen möglich ist, denen sie »helfen« wollen. Denn die hängen irgendwann nur noch am Tropf, verlieren ihre Selbstachtung und damit ihre Würde.

Alle Seiten brauchen sich, alle miteinander sind eine fatale Liaison eingegangen. Alle sind voneinander abhängig. Die Beamten wollen das System erhalten, weil sie ja sonst keinen Arbeitsplatz mehr hätten. Die Helfer wollen das System erhalten, weil sie sonst ihren Status und Lebenssinn verlören. Die »Opfer« wollen das System erhalten, weil sie sich in ihrer Unbeweglichkeit gut eingerichtet haben. Die Politiker werden das alles nicht infrage stellen, weil sie sich nicht den Mund verbrennen wollen und auf die nächste Wahl schauen müssen.

Das Ganze hat darüber hinaus einen wahnwitzig hohen Preis. Den wer bezahlt? Jeder, am meisten aber der, der gar nicht mit von der Partie ist. Sozusagen der letzte Sklave der Moderne: der treue Steuerzahler, der rund 70 Prozent seines Einkommens zwangsläufig abliefern muss. 70 Prozent? Sie wundern sich, so hoch erscheint das gar nicht auf der Steuererklärung? Dann fahren Sie doch einfach mal zur Tankstelle und tanken. Bei 80 Euro und 50 Litern im Tank gehen 32,98 Euro Mineralölsteuer an den Staat, und dann gleich noch einmal 12,77 Euro Mehrwertsteuer. Macht 57 Prozent Steueranteil. Dazu kommen Kfz-Steuer, die Stromsteuer für die Beleuchtung, die Lohnsteuer für die Tankstellenangestellen. Ach ja, kommen Sie ja nicht auf die Idee, sich noch ein Päckchen Zigaretten zu kaufen – dann hätten Sie es gleich mit der Tabaksteuer zu tun. Ein Kaffee gefällig? Schon kommt die Kaffeesteuer. Sie sparen sich ein Auto und legen das Geld auf die Bank? Glückwunsch. Dann freuen Sie sich über die Kapitelertragssteuer.

Wie die Pest werden immer wieder Schwarzarbeit und Steueroasen gegeißelt. Ich denke: Wenn die Leute das Gefühl hätten, sie wären fair besteuert, dann gäbe es keine Steuerflucht, keine Schwarzarbeit. Wenn eine Steueroase geschlossen wird, macht die nächste gleich auf. Solange sich grundlegend nichts ändert.

Die Helfer brauchen »Opfer« – und die »Opfer« brauchen Helfer. So ein Abhängigkeitsverhältnis habe ich auch in Afrika und Asien erlebt. Nur ist es dort noch viel extremer. Es gibt, in Indien zum Beispiel, Bettlerkasten, die gar nicht so schlecht von den Almosen leben. Mütter setzen sich mit ihren Kindern an die Straße und halten den Vorübergehenden eine Schale hin. Je süßer das Kind ist, das sie auf dem Schoß haben, desto mehr Münzen werden ihnen zugeworfen. Das Erste, was ein Kleinkind lernt, ist, traurig zu gucken und die Hand aufzuhalten. Im Extremfall werden die Kinder verstümmelt, um sie bemitleidenswerter zu machen und ihnen so ein Einkommen zu sichern. Nicht alle Verkrüppelten in diesen Ländern haben ihre Hände oder ihre Augen durch einen Unfall oder eine Krankheit verloren …

Es ist schwer, diesen Teufelskreis zu durchbrechen. Da sitzt das arme blinde Kind, dem muss ich doch was geben. Ja, stimmt, wer kann da schon kalten Herzens vorbeigehen? Aber es gibt eben auch die andere Seite: Gäbe es keine Mildtätigen, die Almosen verteilen, gäbe es auch viele der Verstümmelten nicht. Auf die Spitze getrieben: Wer heute eine Rupie in die Bettelschale der Mutter des Kindes mit den verkrüppelten Beinen wirft, sorgt dafür, dass der kleine Bruder bald auch nicht mehr laufen können wird. Aber diesen Zusammenhang will niemand sehen.

Lose-lose-Situation

Die Woche in Kreuzberg hat mich um viele Erfahrungen reicher gemacht. Eine davon: die Straßenzeitschrift *Motz* zu verkaufen. Diese Zeitschrift wird von einem hauptamtlichen und einer Reihe freier Mitarbeiter aus der Szene erstellt. Langzeitarbeitslose und Obdachlose holen sich morgens zum Selbstkostenpreis einen Stapel, versuchen die Zeitung an den Mann zu bringen und dürfen den Gewinn behalten. Da haben wir doch das Leistungsprinzip! Ist doch alles sinnvoll und bestens, oder?

Nein. Diese Zeitung in einer Fußgängerzone zu verkaufen, war der schlimmste Job, den man sich vorstellen kann. Es war reines Spießrutenlaufen. 90 Prozent der Leute schauten demonstrativ zur Seite, wenn sie mich schon von Weitem sahen. Ihnen war es sichtbar unangenehm, auf mich treffen zu müssen. Die anderen 10 Prozent waren unerträglich freundlich. Man konnte auf ihren Stirnen lesen, wie sie sich schon darauf freuten, davon zu erzählen, wie sie dem armen Mann auf der Straße die Zeitung abgekauft und ihm noch einen Euro draufgelegt hatten. Die Zeitung schmissen sie noch in Sichtweite in den nächsten Mülleimer.

Der ungelenke Versuch, die Leute zu beschäftigen, bewirkt oft genau das, was sie noch tiefer in ihre Situation hineinrutschen lässt. Man nimmt ihnen die Möglichkeit, positive Referenzerfahrungen zu sammeln, und steckt sie in eine Art Getto. Sie werden stigmatisiert und bekommen so viel Ablehnung, dass es beschämend ist. Mit einem derartig gigantischen Frust muss man erst mal umgehen können. Selbst mich, der aus einem ganz anderen Leben kam, der erfolgreich ist und über kein geringes Selbstwertgefühl verfügt, hat es schon nach einem einzigen Vormittag auf Ground Zero heruntergezogen. Ich war fertig. Und deprimiert. Und gedemütigt. Wie muss es da erst jemandem gehen, der in diesem Leben gefangen ist und der nicht nach einer Woche first class wieder zurück in sein privilegiertes Leben fliegt!

Wer am Tropf hängt, ist machtlos und abhängig. Wer sich nicht auf ein gesundes Selbstwertgefühl verlassen kann, ist machtlos und abhängig. Wer unverdientes Geld ohne Gegenleistung bekommt, ist machtlos und abhängig.

Unverdientes Geld zementiert die Verhältnisse. Genauso gut könnte man dem Empfänger Beton an die Füße gießen. Sein Status festigt sich genauso, wie der Beton fest und steinhart wird. So ein Mensch wird sich nicht mehr aus eigener Kraft aus seiner Rolle herausbewegen.

Das Ziel muss sein: Weg von der Selbstbedienungsmentalität – hin zur Frage: »Was kann ich leisten?« Weg von der Einstellung »Der andere wird's schon richten« – hin zu dem Selbstbewusstsein »Ich kann auf eigenen Beinen stehen. Die habe ich ja dafür«. Auf eigenen Beinen stehen – das meint, selbstständig zu sein. Für sich selbst einzustehen. Auch wenn das Leben einem einige Zeit zuvor noch übel mitgespielt hat. Wieder eigene Kraft zu erlangen und zu spüren, dass dies wirklich guttut.

Und *The Secret Millionaire* beziehungsweise *Die geheimen Helfer*? Nun, mein Part wurde komplett herausgeschnitten. Denn ich war zu oft in meine Rolle als Coach gefallen. Ich wollte, dass die Menschen, die ich in Berlin kennengelernt hatte, die Chance begreifen, dass sie sich entwickeln können. Das war allerdings nicht das, was man zeigen wollte.

Kapitel 8

Der Briefträger und der Bauer

»Ja, es war ein Sprung ins kalte Wasser.« Der alte Mann in seinem Ledersessel lächelt vor sich hin. »Das war 1931. Ich war aus Frankreich mit 75 Dollar in der Tasche in Amerika angekommen.«

Der Reporter der Lokalzeitung beugt sich ein wenig nach vorne. »Das muss eine ganz fremde Welt für Sie hier gewesen sein.«

Die Fenster der Bibliothek, in der sich die beiden Männer zum Interview getroffen haben, geben den Blick auf den großen Garten frei. Von draußen ist das fröhliche Geschrei der tobenden Urenkel zu hören. Erwachsene unterhalten sich, Stühle werden auf der weiten Rasenfläche zurechtgerückt, Teller auf dem langen Tisch angeordnet. Sogar aus dieser Entfernung ist die mit Ranken geschmückte »90« auf der großen Torte zu erkennen. Festtagsstimmung.

»Ja, das war es. Anfangs hatte ich keine Idee. Aber ich merkte schnell, wo meine Chancen lagen. Ich kannte mich mit Weinen aus und ich hatte auch noch sehr guten

Kontakt in meine Heimatstadt Toulouse. Ich handelte also mit Wein. Zunächst natürlich in ganz kleinem Rahmen. Mein erstes Ladenlokal befand sich im Souterrain des Hauses, in dem ich zur Untermiete wohnte.« Wieder geht ein Leuchten über das Gesicht des Patriarchen.

»Ja, ich habe Glück gehabt. Heute habe ich 24 Filialen im ganzen Staat, demnächst wird die 25. eröffnet werden. Es war viel Arbeit, und manchmal war es auch hart am Rand. Aber ich habe es immer geschafft.«

Die Schwiegertochter klopft leise an und ermahnt den alten Mann, dass die ersten Gäste bereits auf ihn warten. – »Ja, ich komme gleich.«

Der Journalist aber will noch eine Frage stellen: »1931 war ein schlimmes Krisenjahr. Niemand hat damit rechnen können, dass Sie sich mit dem Verkauf von Wein über Wasser halten konnten, geschweige denn expandieren würden. Woher haben Sie den Mut genommen, gerade zur Zeit der Großen Depression ein Unternehmen zugründen? Schließlich war damals die amerikanische Wirtschaft in einem desolaten Zustand, Millionen standen auf der Straße und hungerten. Nach dem Börsencrash 1929 hatte ein Viertel der Amerikaner keinen Arbeitsplatz. Und wer noch einen hatte, verdiente nur noch die Hälfte. Die Banken vergaben keine Kredite. Keine guten Vorzeichen, um ein Unternehmen zu gründen, oder?«

Der alte Mann lacht leise auf, zwinkert mit den Augen und steht auf. Er geleitet den Journalisten zur Tür und sagt: »Ich hatte keine Ahnung, wie schlimm es war. Damals konnte ich kaum ein Wort Englisch. Von einer Krise wusste ich nichts. Ich habe es einfach getan.«

Die Lebens-Verunsicherung

Wenn Krisenstimmung herrscht, dann investieren Menschen lieber in Gold und deponieren Silbermünzen im Wäscheschrank. Erst mal abwarten und sehen, wie es weitergeht. Schon der Gedanke an eine Krise schlägt aufs Gemüt und lähmt die Schaffenskraft. Das Ziel ist dann nicht mehr, etwas Neues zu schaffen. Besitzstandswahrung ist die Devise – möglichst ohne größere finanzielle Verluste aus der Krise wieder herauskommen. Der Tatendrang fällt in einen Winterschlaf; wie ein Backenhörnchen lebt er vom angesammelten Fett und bewegt sich so wenig wie möglich.

Euro-Krise, Sorge um die Rente, Pflegenotstand, Angst um den Arbeitsplatz. Heute ist die Krisenstimmung ein Dauerzustand. Die Angst vor den Unwägbarkeiten des Lebens lähmt nicht nur die Tatkraft, sondern beherrscht auch die Gedanken. Heute ist die Angst vor dem Risiko größer als jemals zuvor. Davon lebt eine bestimmte Branche sehr gut: die Versicherungen. 1.500 Versicherungsunternehmen gibt es allein in Deutschland, 2010 kassierten sie von den Versicherungsnehmern Beiträge in Höhe von fast 180 Milliarden Euro. Zum Vergleich: Die gesamtfiskalischen Kosten der Arbeitslosigkeit betrugen 2011 in Deutschland 56 Milliarden Euro, so die Studie des Instituts für Arbeitsmarkt- und Berufsforschung IAB aus dem Jahr 2012. In dieser Summe enthalten sind unter anderem das ausbezahlte Arbeitslosengeld, die Steuerausfälle und die weggefallenen Sozialbeiträge.

Eine Versicherung sorgt dafür, dass nicht mehr der Einzelne im Schadensfall die finanziellen Kosten eines Schadens übernehmen muss; sie verteilt das Risiko auf eine größere Gemeinschaft. Der Abschluss einer Versicherung ist immer dann vernünftig, wenn man im Ernstfall nicht für mögliche Kosten aufkommen könnte. Dass jemand eine Haftpflichtversicherung abschließt, finde ich deshalb nachvollziehbar und richtig. Sollte zum Beispiel durch meine Schuld, weil ich in Gedanken bei Rot über die Kreuzung laufe, ein Tanklastzug beim Ausweichmanöver mehrere Passanten verletzen, schließlich umkippen und Zehntausende Liter Heizöl in die Kanalisation entlassen, dann ist es gut, wenn ich diese Versicherung mit einer Schadensdeckung von vielen Millionen Euro abgeschlossen habe. So viel kann im Leben kaum jemand verdienen, um den verursachten Schaden finanziell wiedergutzumachen. Den Abschluss einer Haftpflichtversicherung gebietet auch mein Verantwortungsbewusstsein anderen gegenüber, denn die würden lange auf einen Schadenersatz warten, wäre ich nicht versichert.

Doch ein Auto für 400 Euro im Jahr Vollkasko zu versichern, das keine 3.000 Euro mehr wert ist, macht keinen Sinn. Einen eventuellen Totalschaden kann man im Notfall auch selbst tragen. Dennoch bringen Versicherungen auch Policen erfolgreich an den Mann, die rational kaum zu erklären sind. Eine Versicherung zum Beispiel, die den Schadensfall durch ein ausgelaufenes Aquarium regelt. Warum dann nicht auch eine Versicherung gegen vorzeitiges Ableben der Aquarienfische abschließen? Die HanseMerkur Reiseversicherung AG in Hamburg bietet einen Hochzeits-Rücktrittskosten-Schutz an: Fällt die geplante Hochzeit aus, weil das Brautpaar es sich doch noch anders überlegt oder die Schwiegermutter erkrankt, übernimmt die Versicherung die Kosten für das Hochzeitsarrangement.

Es gibt die verrücktesten Versicherungen. Manche sind nur ein werbewirksamer Gag, so wie die gegen die Entführung durch Außerirdische – für 12 Euro im Monat. Im Schadensfall gibt es dann 5.000 Euro; Beglaubigungsschreiben von Luftfahrtbehörden und Ärzten müssen allerdings vorgelegt werden. Doch warum wird zu jeder Reise fast schon automatisch auch eine Reiserücktrittskostenversicherung mit verkauft? Und dazu noch die Versicherung gegen Gepäckverlust? Wer einen Platz in den Ferienparks und Campingplätzen der niederländischen Firma Roompot bucht, kann sich sogar gegen schlechtes Wetter versichern: »Sie genießen mit Ihrer Familie Ihren wohlverdienten Urlaub. Leider regnet es während Ihres Aufenthaltes fast ununterbrochen, und die Wettervorhersagen sind auch nicht besser. Dank dieser Versicherung können Sie Ihren Urlaub fortsetzen oder beenden mit dem Recht auf Vergütung von 50 Prozent beziehungsweise 100 Prozent. Sie haben die Wahl.«

Was ist da los? Über jeden Cent, den der Preis von Benzin oder Diesel steigt, wird endlos diskutiert, aber 7 Prozent des gesamten Reise- beziehungsweise Mietpreises wird ohne Weiteres an die Firma Roompot überwiesen, nur damit man sich mit einem Rundum-sorglos-Paket zurücklehnen kann. Hinter dem Wunsch, sich gegen alles und jeden zu versichern, steckt ein merkwürdiger Gedankengang und gleich mehrere Missverständnisse.

»Jetzt kann mir nichts mehr passieren.« Dies ist das erste Missverständnis: Denn eine Versicherung kann schließlich nicht verhindern, dass einem Unangenehmes oder Schaden widerfährt. Sie hat keinen Einfluss darauf, ob es regnet oder nicht, jemand schusselig ist und das Bügeleisen eingeschaltet lässt, während er fröhlich pfeifend die Autoschlüssel nimmt, um in die Stadt zu fahren. Die Versicherung hat auch keine Macht darüber, ob Materialermüdung die Klebeverbindungen der Aquariumsglasscheiben im Wohnzimmer aufplatzen lässt und sich auf das Eichenparkett 25 Fische und 200 Liter Wasser ergießen. Eine Versicherung zahlt immer nur Schmerzensgeld. Und gibt einem im besten Falle die finanzielle Möglichkeit, so zu tun, als ob nichts gewesen sei.

Das zweite Missverständnis: Eine Versicherung sei eine günstige Form des Sparens. Was ist, wenn der fünfjährige Sohn später mal seine Zähne korrigieren lassen muss? Das ist ja so schrecklich teuer. Also schnell eine entsprechende Police für 4 bis 13 Euro monatlich abgeschlossen, und man kann wieder ruhig schlafen. Ein kleines Rechenbeispiel: Bei Eintritt in die Versicherung ist das Kind fünf Jahre alt. Mit 13 bekommt es eine Spange, die Behandlung kostet 4.000 Euro. Selbst wenn die 13-Euro-Police gewählt wurde, sind das nur 1.248 Euro einbezahlte Beiträge, bis das Kind 13 Jahre alt ist. Und dann übernimmt die Versicherung die Behandlungskosten in Höhe von 4.000 Euro. Ein hübsches Geschäft, oder? Dazu kann ich nur sagen: Wer meint, 1.000 Euro in eine Versicherung einzuzahlen, und garantiert irgendwann auch wieder 1.000 Euro oder sogar mehr wieder herauszubekommen, der hat das Prinzip nicht verstanden. Heerscharen von Versicherungsmathematikern sorgen dafür, dass die

Rechnung aufgeht – für die Versicherungen. Nicht jedes Kind braucht später wirklich eine Zahnspange. Der Einsatz zahlt sich für den Versicherten rein finanziell nicht aus. Aber für die Versicherungen. Das zeigt schon die Tatsache, dass sie sich gigantische Glaspaläste in bester Lage bauen können. Granit, Marmor, wohin man schaut. Drinnen sitzt ein gigantischer Verwaltungsapparat, der auch bezahlt werden will. Von vielen, vielen 13 Euro monatlich.

Für Kinder werden auch die *Teddy-Police* des Finanzdienstleiters Skandia oder der *Biene-Maja-Schutzbrief* der Nürnberger Versicherungsgruppe abgeschlossen. So können Eltern und Großeltern schon heute die Rente ihrer Nachkommen von übermorgen aufbessern. Fertig ist das Anti-Sorgen-Paket, das den Nachwuchs gegen alle Unwägbarkeiten des Lebens absichern soll. Was uns zum dritten Missverständnis bringt: Die Versicherung sorgt besser für mich und meine Angehörigen, als ich selbst das könnte.

Was sagt es über jemanden aus, der eine Ausbildungsversicherung für sein Kind abschließt? Dass er sich nicht in der Lage sieht, selber beizeiten Geld zurückzulegen, und auch nicht über die notwendige Disziplin verfügt, dies konsequent durchzuziehen. Da zieht er sich lieber die Zwangsjacke an und schließt einen Vertrag ab, aus dem er ohne deutlichen finanziellen Verlust nicht mehr herauskommt. Das wird ihn dann davon abhalten, das angesparte Geld vorzeitig für eine schöne Reise oder ein neues Sofa auszugeben. Apropos finanzieller Verlust: Ein bisschen Verlust ist auf jeden Fall dabei. Die Dienstleistung der Bank oder der Versicherung will natürlich auch bezahlt werden. Warum sollte sie das auch umsonst machen? Mit dem *Biene-Maja-Schutzbrief* stellt man sich also nicht nur eine Bescheinigung über die eigene Unfähigkeit aus, sondern macht auch ein schlechtes Geschäft.

Unterm Strich bleibt nur festzustellen, dass der Großteil der angebotenen Versicherungen keinen Sinn macht. Meist würde eine jederzeit verfügbare Rücklage für unvorhergesehene Ausgaben die Police überflüssig macht. Als Faustformel gelten übrigens drei Nettogehälter. Das genügt. Langfristige Sparverträge kann man auch selber verwalten. Dass die Banken und Versicherungen angespartes Geld nicht unbedingt sicherer anlegen, hat sich ja in letzter Zeit hinreichend gezeigt.

Es geht also nicht darum, ein Risiko zu verteilen, sondern ein Sicherheitsgefühl zu vermitteln. Selbstverantwortung wird abgegeben, man klammert sich wieder an »Muttis Rockzipfel«: »Liebe Versicherung, nimm mich an die Hand und kümmere dich um mich!« Ein Gefühl von Unfreiheit, für das man auch noch bezahlt.

Sind die Menschen in der komplexen Welt denn wirklich so sehr überfordert, dass sie das nötig haben?

Hokuspokus und Horoskope

»Sie brauchen frischen Wind, eine Überraschung oder Veränderung. Sonst kann die innere Ungeduld überhandnehmen und sich in unpassenden Momenten entladen. Probieren Sie einfach einmal etwas Neues aus!«

»Dunkle Wolken stehen über Ihrer Partnerschaft und es ist besondere Vorsicht geboten. Unzufriedenheit macht Sie anfällig für Reize von außerhalb. Liegt Ihnen etwas an Ihrem Partner? Dann fangen Sie an zu kämpfen.«

Keine Zeitschrift ohne Horoskop. Weil sie so beliebt sind. Sie unterhalten den Leser und geben ihm eine Erklärung dafür, warum es im Job gerade so gut läuft oder der Partner sauer ist. Die Grenze zwischen reiner Unterhaltung und Lebenshilfe nach dem Gießkannenprinzip ist dabei nicht klar gezogen. Im Allensbacher Bericht Nr. 25 von 2001 heißt es: »Egal, in welche Bevölkerungsgruppe man schaut: Befragte mit einfacher Schulbildung oder mit höherer Schulbildung, einfache Arbeiter oder leitende Angestellte, politisch links oder rechts orientierte Befragte – die Zahlen sind ähnlich. Zwischen 70 und 80 Prozent in jeder Gruppe lesen in den Zeitungen auch die astrologischen Deutungen und Vorhersagen.« Elf Jahre später befragte das Meinungsforschungsinstitut Emnid über 1.000 Deutsche nach ihrer Einstellung zu Horoskopen – die Zahlen hatten sich nicht wesentlich geändert. Ein Viertel der Befragten glaubte, dass die Sterne das Leben beeinflussen. Die Bandbreite reichte von: »Nur die Sterne allein entscheiden über mein Schicksal« bis zu einem gefühlten »Irgendwie wird da schon was dran sein«. Weitere 35 Prozent gaben an, dass sie zwar nicht wirklich daran glauben, aber gerne Horoskope lesen. Mit diesen Prozentsätzen kommen die Sportseite oder das Feuilleton der Tageszeitung kaum mit.

Wie das mit den Orakeln genau funktioniert, müsste eigentlich jedem klar sein: Der Erfolg liegt in der Unverbindlichkeit. Die Autoren der Horoskope sorgen dafür, dass für alle etwas dabei ist. Mit einer Formulierung wie »Heute werden Sie eine interessante Entdeckung machen« wird auf jeden Fall ein Treffer gelandet. Es kann sein, dass der Leser entdeckt, dass sein Partner ihn seit drei Jahren betrügt, aber auch, dass der nette Teamkollege in der Parallelstraße wohnt. Es ist so, als ob der Wetterdienst voraussagen würde: »Die Wahrscheinlichkeit, dass sich die Sonne zeigt, ist recht groß, aber es ist auch mit Wolken und Niederschlag zu rechnen.«

Die sprachlichen Winkelzüge haben Erfolg, dazu kommt der Placeboeffekt. Wenn der Löwe-Mann nur nach einer Steinbock-Frau Ausschau halten soll, dann wird er auch unter dem begrenzten Angebot irgendwann eine passende finden und sich sagen: »Gut, dass ich mein Horoskop gelesen habe.« Wenn er keine findet, übt er sich noch ein wenig länger in Geduld, denn er weiß ja: »Mit einem Fisch kann es nur eine Katastrophe geben.«

Das Phänomen tritt nicht nur in der westlichen Welt auf. In Thailand sitzen die selbst ernannten Heilsbringer noch nachts um zwei an der Straße und ziehen den Leuten das Geld aus der Tasche. Sie haben ein Tuch auf dem Boden ausgebreitet und setzen sich im Schneidersitz darauf. Ihr auffallend esoterisches Outfit lockt Kunden an.

Manche reden auch auf die Vorübergehenden ein: »Ich weiß, was dein Problem ist. Hör mir zu, und du wirst reich und erfolgreich werden. Leg nur ein paar Münzen in meine Schale und ich verrate dir den Schlüssel zum Glück.« Für mich ist das nichts. Dazu bin ich viel zu rational eingestellt. Wenn einer dieser Gurus auch nur ansatzweise seine Versprechen halten könnte, dann würde er nicht auf der Straße sitzen müssen.

Die Anziehungskraft solcher »Erklär mir die Welt«-Methoden ist verständlich – denn Horoskope, »spirituelle Lebensberater« und selbst ernannte Gurus bieten etwas, wonach sich viele sehnen: Vereinfachung der komplexen Welt. In einer übersichtlichen Welt fühlt sich der Mensch einfach wohler. Man kann es sich so vorstellen: Wenn ein Kind auf seiner Spielwiese eine überschaubare Anzahl an Bausteinen vor sich hat, fängt es an zu bauen; Türme, Häuser, Männchen. Wäre es aber ein Riesenberg von mehreren Kubikmetern an Bausteinen, würde es heillos überfordert sein. Es wüsste gar nicht, wo es anfangen soll. Also nimmt es sich eben ein paar Handvoll Steine aus dem Riesenhaufen heraus, baut mit denen seine Welt und dreht dem Rest den Rücken zu.

Horoskope geben Entscheidungshilfen und Handlungsanweisungen und machen damit das Leben einfacher. Zumindest scheinbar. Auch Religion wirkt wie eine Art Horoskop: hinknien, wieder aufstehen, beten, beichten gehen, altruistische Taten. Wer diese Verhaltensregeln befolgt, darf darauf hoffen, dass alles gut wird. Dahinter steckt die Sehnsucht: »Sollen doch die anderen über mein Leben entscheiden. Solange ich tue, was sie sagen, kann ich nichts falsch machen. Dann bin nicht ich verantwortlich, wenn es schiefgeht.«

Was aber eigentlich passiert: Menschen vertrauen irgendwelchen Scharlatanen mehr als ihrem eigenen rationalen Denken und ihren Überzeugungen.

Ein selbstbewusster, selbst denkender Mensch braucht keinen Anschub oder Bestimmer von außen, weder den Blick in sein Tageshoroskop noch Tarot-Karten, Pendel oder Sonstiges, und auch keine religiöse Führung, um sein eigenes Leben zu leben. Er wird nicht seine Taten und damit sein Schicksal von irgendwelchen Quacksalbern oder, schlimmer noch, Überzeugungstätern, abhängig machen. Die Verantwortung für sich selbst an andere abzugeben, kommt für ihn nicht infrage.

Die einen finden Sicherheit in den Rundum-Schutzbriefen der Versicherungen oder in den Verheißungen der »spirituellen Lebensberatung«. Die anderen tragen die Sicherheit unantastbar in sich. Der Unterschied liegt in ihrer Art des Denkens.

Bungee-Jumping, CS-geprüft

Die Zielgruppe des Versicherungsmarktes sind die Problemvermeider. Für sie gilt: Jedes Problem stellt ein Risiko dar und jedes Risiko ein Problem. Die Strategie dieser Menschen: Probleme vermeiden, Risiken vermeiden. Um jeden Preis. Allerdings, immer nur zu denken: »Was könnte mir heute Schlechtes passieren? Welche Probleme kommen auf mich zu?«, ist sehr destruktiv. Ständig die Schattenseite im Blick zu haben, schlägt auf Dauer aufs Gemüt. Denn je panischer man auf mögliche Risiken schaut, desto größer ist die Wahrscheinlichkeit, dass man auch fündig wird. Wenn gleichzeitig die Bereitschaft dafür, die Unwägbarkeiten des Lebens auszuhalten, gegen null geht, ist man in seinem Leben nur noch dabei, hohe Dämme gegen die erwarteten Fluten zu bauen. Das bindet nicht nur die Tatkraft, sondern errichtet gleichzeitig auch ein Gefängnis, in dem man sich freiwillig einschließt.

Risiko hatte auch einmal eine andere Bedeutung. Während es heute nur noch »Gefahr« meint und Alarmlampen rot aufleuchten lässt, hatte es früher auch die Bedeutung »Chance«. Zu Recht. Denn wenn ein Projekt kein Risiko birgt, dann taugt es auch nichts. Dann könnte ich genauso gut ein Leben lang Roulette spielen und immer gleichzeitig auf Schwarz und Rot setzen. Was ich auf der einen Seite verliere, gewinne ich auf der anderen – ein Nullsummengeschäft. Apropos Null: Die gibt es auch noch beim Roulette. Dann gewinnt weder Schwarz noch Rot, der Einsatz wird eingezogen. Das sind dann die Fälle, in denen selbst der sicherste Plan Schiffbruch erleidet.

Wer nicht wagt, der nicht gewinnt. Wer gewinnen will, muss auch Rückschläge hinnehmen. Nur wer loslassen kann, kann gewinnen. Wagnisse und Rückschläge hinnehmen – beides ist aus der Mode gekommen.

Stattdessen: lieber Besitzstandswahrung, lieber nichts aufs Spiel setzen. So denken problemorientierte Menschen. Seltsamerweise suchen sie parallel zu ihren Bemühungen, alles im Leben Vollkasko zu versichern, nach dem Kick. Fallschirmspringen, im Iglu übernachten, Eisklettern … Aber bitte nur kurz und in überschaubarem Zeitraum. Und dann wieder zurück in die alarmanlagengesicherte Wohnung. Das ist doch verrückt! Mir scheint, dass damit die Sehnsucht nach dem Unvorhersehbaren kompensiert wird. Ein Leben in Watte ist eben nicht der Plan.

Aber es gibt sie tatsächlich: die Menschen, die das alles nicht brauchen.

Kein Urlaub, keine Freizeit, nur Glück

Beat hat noch nie das Meer gesehen, saß noch nie in einem Flugzeug. Er lebt sehr einfach auf seinem Hof. Frühmorgens schon geht er hinaus und kümmert sich um seine Tiere. Ein paar Kühe hat er. Die produzieren Mist, den er jeden Tag mühsam wegräumt. Doch für Beat gibt es keinen Dreck. Für ihn ist es nur Material, das am falschen Ort liegt.

Er besitzt kein Handy und keinen Fernseher. »Interessiert mich nicht«, hat er mir einmal gesagt. Für ihn hört seine Welt an seiner Grundstücksgrenze auf. Urlaub machen? Kein Bedarf. Er muss sich nicht von etwas erholen, das er gar nicht machen will. Beat ist nicht dumm, er ist auch nicht unbelehrbar oder hoffnungslos rückständig. Er weiß nur sehr genau, was er will und was er nicht will. Er will genau das tun, was er tut. Er will genau das sein, was er ist.

Beat ist einer der glücklichsten Menschen, die ich kenne.

Sein innerer Reichtum besteht darin, dass er weiß, wohin er gehört. Er verdient sehr wenig, aber er braucht auch sehr wenig. Ein guter Teil seines Verdienstes sind Subventionen vom Staat. Mich persönlich würde das stören. Beat nicht. Und deshalb ist das in Ordnung. Beat verlässt kaum seinen Hof, einmal die Woche geht er in die Kirche. Er ist ein guter Mensch, eingebettet in seine Gemeinde. Für Beat gehört das dazu, deshalb ist das in Ordnung. Ich bewundere ihn wegen seiner absoluten inneren Unabhängigkeit.

Wenn ich im Winter in Thailand bin, sehe ich am Strand Leute mit Handys am Ohr auf- und ablaufen. Sie reden sehr laut, als ob die Lautstärke ihre Stimme bis nach Boston oder London oder Sydney tragen müsste. Sie telefonieren mit ihren Angestellten, mit ihren Teamkollegen, mit ihren Chefs. Warum tun sie das? Wenn sie arbeiten wollen, sollen sie in Boston, London oder Sydney bleiben. Wenn sie Urlaub machen wollen, sollen sie ihr Smartphone daheim lassen.

Gleichzeitig Urlaub machen und mit der Firma telefonieren, das bringt nichts. Alles immer gleichzeitig tun zu wollen, ist schlichtweg nicht praktikabel. Multitasking ist eine Lüge. Bügeln und Musik hören – das geht, wenn man es mit dem Bügeln nicht so genau nimmt und wenn es eine bestimmte Art von Musik ist. Aufzugmusik. Man weiß hinterher gar nicht mehr, dass man sie gehört hat. Gute Musik kann man nicht mit einem Bügeleisen in der Hand genießen.

Wenn Beat Rüben erntet, dann erntet er Rüben, nichts sonst. Wenn er den Stall ausmistet, dann tut er das ohne MP3-Player im Ohr. Wenn er Heu macht, denkt er nicht darüber nach, welchen Zuchtbullen er nächstes Jahr nehmen will. Er denkt dann auch nicht darüber nach, was er sich zum Mittagessen machen wird. Er ist in seine Arbeit vertieft. Das bringt wohltuende Klarheit ins Leben. Beat muss nicht alles tun, nur das für ihn Richtige.

Dass es so schwerfällt, sich auf das Hier und Jetzt zu fokussieren, hat einen Grund.

Wer sind wir wirklich?

Wenn in der Schule gesungen wurde, bekam ich immer eine grottenschlechte Note. Damit hatte ich mich seit der ersten Klasse abgefunden. »Du kannst es eben nicht«, sagten meine Lehrer und stellten mich im Chor in die hinterste Reihe. Dort interessierte keinen, ob ich mitmachte oder nicht. Ich war anwesend, aber oft tat ich nur so, als ob ich mitsingen würde. Denn mir war klargemacht worden, dass ich im Chor überflüssig war. Irgendwie gingen die Musikstunden vorbei. Reine Zeitverschwendung.

Heute weiß ich, dass damals etwas ganz falsch gelaufen ist. Mir wurde zwar immer wieder aufs Butterbrot geschmiert, dass ich keine Stimme habe, aber niemand sagte mir, wie es richtig geht. Jeder, der sprechen kann, kann auch singen lernen. Hören kann man lernen. Rhythmus kann man lernen. Sicher, der eine ist talentiert, ihm fällt es leicht, dem anderen etwas schwerer. Bei manch einem platzt der Knoten und auf einmal kommt ein verborgenes Talent zum Vorschein. Wer weiß, vielleicht wäre aus mir ein Caruso geworden, wenn ich den richtigen Lehrer gehabt hätte …

Die meisten Menschen kennen ihre Talente nicht. Ihnen wird von früh auf gesagt: »Das hast du gut gemacht«, – oder: »Das hast du schlecht gemacht.« Das, was das Kind gut gemacht hat, kann so bleiben. Wenn es etwas falsch gemacht hat, soll es sich darauf konzentrieren, es beim nächsten Mal besser zu machen. Auch hier also wieder: Problemorientierung. Aber selten sagt jemand zu einem Kind: »Das ist dein Ding. Da scheinen deine Talente zu liegen. Lass uns mal schauen, wie wir das ausbauen können.« Schade.

Der Maßstab ist immer nur, ob das, was einer tut, ins Raster passt oder nicht. So wie in den Schulfächern. Mathe, Englisch und Erdkunde – manche haben Glück und eines dieser Fächer trifft genau ihr Talent. Oder ihr Talent ist es, sich den Lernbedingungen in einer Schule anzupassen. Dann haben sie nur gute Noten. Es ist wunderbar, wenn jemand mit Bestnote sein Abitur oder seine Matura macht. Aber es müssen ja nicht alle in dieses Schema passen. Das Leben jenseits des Schulhofs ist viel bunter und vielfältiger als das, was dort in zehn, 15 Schulfächer gepresst wird. Es ist wie mit Puzzleteilen, die nicht ins Bild passen. Sie werden in eine bestehende Lücke gequetscht, passend gemacht. Das Resultat ist Einheitsbrei.

Dass es ganz verschiedene Typen von Menschen gibt, die ihr Leben vollkommen unterschiedlich angehen, wird im Schulsystem und auch später im Arbeitsleben gar nicht erst berücksichtigt. Da gibt es die Alphatiere. Sie brauchen die Herausforderung, den Wettbewerb. Dann gibt es die Introvertierten, die in aller Ruhe die Dinge sehr sachlich angehen können. Oder die sozial Eingestellten, denen es wichtig ist, dass es allen Menschen in ihrer Umgebung gut geht. Das sind nur drei Spielarten, es gibt noch viele mehr. Es gibt ja allein Hunderte verschiedene Ausprägungen, sich als Alphatier zu gebärden. Je genauer man hinschaut, desto vielfältiger wird das Bild. 1.000 Menschen, 1.000 Charaktere – sie alle haben ihre Eigenarten und Besonderheiten und sie alle werden schon im Schulsystem zurechtgebogen und vereinheitlicht.

Es ist großartig, wie unterschiedlich Menschen sind. Trotz aller Versuche der Gleichschaltung sind sie alles andere als Abziehbilder. Was der eine liebt, muss der andere noch lange nicht mögen – und umgekehrt. So bildet sich eine wunderbare Vielfalt und der eine kann den anderen ergänzen. Für mich das beste Zeichen dafür: Wenn ich in meinen Seminaren frage: »Ist jemand im Raum, der Spaß daran hat, eine Steuererklärung auszufüllen?«, dann ist immer mindestens einer dabei, der die Hand hebt.

Was wird aber aus dem, der ein begnadeter Chancenerkenner ist oder ein ausgeprägtes Verhandlungsgeschick besitzt? Notentechnisch gesehen wird sich das für ihn eher nicht auszahlen. Mit einer 2,9 geht er von der Schule. Er weiß wahrscheinlich noch nicht mal, dass er über ein ganz besonderes Talent verfügt. Er weiß nur, dass ihm sein mangelndes Gefühl für Fremdsprachen die Abinote ruiniert hat und er deshalb seine Wunschausbildung in den Wind schreiben kann. Ein Händchen für Menschenführung, herausragendes Einfühlungsvermögen, eine geschliffene Rhetorik? Dafür gibt es keine Fächer an der Schule, keine Schublade, deren Inhalt benotet wird. Eine junge Frau, die genial darin ist, streitende Parteien an einen Tisch zu bekommen und einen Konsens herstellen zu können, wird vielleicht nie erkennen, was für eine wunderbare, einzigartige Fähigkeit sie hat. Sie wird als Bäckerei-Fachverkäuferin versauern. Oder als Finanzvorstand einer global agierenden Bank. Egal was es ist, es wird das Falsche sein, denn ihr einmaliges Talent wird nicht genutzt. Schade für sie und schade für die Gesellschaft, die ihre besondere Fähigkeit dringend hätte brauchen können.

Smileys zum Anstecken

Ich kann mich noch sehr genau an die Situation erinnern, als ich einmal mit einem Freund bei ihm daheim in seinem Zimmer saß und mit ihm Hausaufgaben machte. Wir waren 15 oder 16 Jahre alt – ein Alter, in dem sich Jugendliche nicht gerade durch besondere Ernsthaftigkeit auszeichnen. Immerhin hatten wir uns verabredet, um für die nächste Matheklausur zu lernen. Wir hockten über unseren Heften, als wir anfingen, über irgendetwas ausgelassen zu lachen. Wir kugelten uns auf dem Fußboden – ein herrlich befreiendes Gefühl. Prompt kam die Mutter meines

Freundes herein, schaute uns missbilligend an und sagte: »Ich dachte, ihr arbeitet für die Schule!«

Wer sagt, dass sich Lernen und Spaß ausschließen? Als ob man beim Hausaufgabenmachen nicht lachen dürfte! »Erst die Arbeit, dann das Vergnügen« – ein blöder Spruch. Er lässt den Eindruck entstehen, dass Arbeit immer mit Schwere verbunden ist. Dass ein Leben, das Spaß und Freude macht, kein »richtiges« Leben sein kann. Wenn es nach den Menschen ginge, die diesen Spruch immer auf den Lippen führen, würden wir unsere Arbeit gebeugt und schleppenden Schrittes verrichten wie früher Sträflinge mit einer schweren Eisenkugel am Bein. »Im Schweiße deines Angesichts sollst du dein Brot verdienen« steht schon in der Bibel – nicht gerade eines meiner Lieblingsbücher. Ich bin heilfroh, dass wir über das Stadium hinaus sind, in dem Menschen sich nur mit immerwährender und schwerster körperlicher Arbeit von einem Tag zum anderen am Leben halten konnten. Doch die Einstellung ist geblieben: Erst buckeln, dann Feierabend machen. Erst dann dürfen wir wieder Mensch sein, aufleben. Diese Art zu denken ist gefährlich!

Dennoch scheint sie als stabiles Credo in der menschlichen Vorstellung verankert zu sein. Kasteiung als Lebenszweck. Viele Jahrhunderte lang hat das Bild von der Erbsünde den Menschen das Leben vermiest. Schon das Neugeborene ächzt unter der Last und soll für etwas büßen, was 2.000 Jahre zuvor angeblich passiert sein soll. Das ist genauso einfältig, wie zu einem Juden zu sagen: »Ihr habt ja unseren lieben Herrn Jesus ans Kreuz genagelt.«

Ich habe für so etwas kein Verständnis. Jeder hat sein eigenes Leben. Dafür ist er verantwortlich. Er allein, niemand anders. Alles, was von außen kommt und mir einreden will, wie ich zu sein und zu leben habe, entfaltet keine positive Kraft, macht mich nur abhängig und unfrei. Mit dieser Erkenntnis gibt es nur eine Reaktionsmöglichkeit: Vorgaben von außen gründlich hinterfragen, keine Meinungen und Wertvorstellungen unbesehen übernehmen, Beschränkungen von außen nicht akzeptieren. Was mir nur eingeimpft wird, wirkt wie ein Störsender. Dass echte positive Kraft nur aus dem wahren Innen kommen kann, zeigt die folgende Geschichte.

In der Schweiz gibt es die Handelskette Migros, ähnlich wie Edeka in Deutschland. In jeder Kleinstadt ist sie vertreten. Die halbe Schweiz kauft in diesen Läden ein. Einmal wurde vom Management eine Freundlichkeitskampagne verordnet, um die Kundenzufriedenheit zu erhöhen. An der Kasse in »meinem« Migros saß eine missmutige Verkäuferin. Genervt schob sie die Waren an ihrem Scanner vorbei, grummelte über die lange Schlange, als ob sich die Leute nur angestellt hätten, um sie zu ärgern. Als ich an der Reihe war, sah ich, dass sie am Kittel einen großen Button mit einem hellgelben Smiley trug. Ich fragte sie: »Was haben Sie da?«

Griesgrämig schaute sie mich an, knallte mir das Wechselgeld auf die Hand und brummelte: »Anordnung von oben; das *müssen* wir tragen.«

Niemandem kann Lebensfreude verordnet werden. Auch nicht der Spaß an der Arbeit. Jeder Versuch, gute Gefühle von außen einzupflanzen, muss scheitern. Die

Aufforderung »Bitte recht freundlich« reicht höchstens für ein Gruppenfoto. Dann gehen die Leute wieder auseinander und gucken normal.

Aber es geht im Leben nicht um den kurzen Moment eines Gruppenfotos. Nicht um die aufgesetzte Freude einer kurzen Sekunde. Nein, es geht ums Ganze. Ums Unwiederbringliche.

Der Schlüssel zum Glück liegt nicht in dem, was andere Ihnen sagen. Gehen Sie an den Straßen-Gurus vorbei. Finden Sie heraus, wo Ihre Stärken liegen. Sie machen Sie unverwechselbar. Und führen Sie geradewegs dorthin, wo der Platz ist, an dem Sie sich selbst finden. Spüren. Leben.

Nur wenn man weiß, was man will, bekommt man es auch

Eines Tages hatte ich ein Bewerbungsschreiben auf dem Tisch. Eine junge Frau, Sabrina, bewarb sich als Marketingassistentin in meiner Firma. Ich blätterte ihr Schreiben zunächst nur oberflächlich durch, denn wir brauchten zu der Zeit keinen neuen Mitarbeiter in der Marketingabteilung. Dann wurde ich aber immer aufmerksamer. Sabrina schrieb, dass ein Freund von ihr bei einem meiner Vorträge gewesen sei. Begeistert hatte er Sabrina von dem Gehörten erzählt. Sie besuchte meine Webseite und war total mitgerissen von dem, was ich mache.

Sie erzählte in ihrem Anschreiben auch über sich selber: Sabrina war ausgebildete Logopädin, hatte aber nach einiger Zeit gemerkt, dass dies der völlig falsche Weg für sie war. Daraufhin machte sie eine Marketing-Ausbildung. Und nun war sie auf der Suche nach einem Platz, wo sie das Gelernte anwenden konnte. Am liebsten in meiner Firma.

Nachdenklich legte ich die Bewerbung beiseite – und vergaß die Angelegenheit. Zwei Tage später sprach mich eine Mitarbeiterin an: »Da hatte sich doch eine Marketingassistentin beworben. Sie hat noch einmal angerufen und nachgehakt. Machte am Telefon einen sehr gut aufgestellten Eindruck.«

Hoppla, dachte ich, das ist nun schon das zweite Mal, dass diese Frau positiv aufgefallen ist. Ihre Herangehensweise imponierte mir. Ich schaute noch einmal die Bewerbung an und entschied: »Die lassen wir mal kommen. Wer weiß, was sich daraus entwickelt ... «

Eine Woche später saß mir Sabrina am Schreibtisch gegenüber. Sie strahlte Selbstbewusstsein aus, auch als sie mir erzählte, dass sie schon gemerkt hatte, dass es nicht leicht sei, mit ihrem gebrochenen Lebenslauf eine Stelle zu finden. Die Einladung zum Gespräch wusste sie zu schätzen, ohne sich damit kleiner zu machen. Am meisten überzeugte mich ihre Einstellung, dass sie niemanden brauchte, der sie an die Hand nimmt. Sie wusste genau, was sie wollte, und tat dann alles in ihrer Macht Stehende dafür, es auch zu bekommen. So wie den Job. Den bekam sie. Denn ich habe keine 08/15-Firma, also kann ich auch keine 08/15-Menschen einstellen.

Sabrina hat meine Erwartungen mehr als erfüllt. In Riesensprüngen entwickelte sie sich immer weiter. Ihre Umsetzungsstärke hat mir und meiner Firma schon in vielen Situationen weitergeholfen.

Was für ein Unterschied zu der allgemein üblichen Vorstellung von der Jobsuche! Wie oft höre ich Klagen wie: »Ich habe schon 80 Bewerbungen verschickt und keine einzige Einladung zu einem Gespräch bekommen!« Oder: »Mit über 50 findet man doch keine Stelle mehr.« Ja, so ein Mensch hat Grund, traurig zu sein. Aber nicht, weil die »böse Wirtschaft« ihm keinen Platz zugesteht und er sich als Verlierer des Systems begreift, sondern weil er noch nicht verstanden hat, dass es nicht darum geht, irgendwie unterzukommen, einen Unterschlupf zu finden. Irgendwo. Sondern darum, genau den Job zu identifizieren, der zu einem passt. Und ihn sich dann zu holen. Nur so entsteht eine echte Win-win-Situation zwischen Arbeitnehmer und Arbeitgeber.

Bei meinen Vorträgen bekomme ich mitunter zu hören: »Weiß ich doch alles schon. Hab ich schon gelesen. Ist doch ein alter Hut!« Natürlich nicht nur, wenn es um Bewerbungen geht. Diese Zuhörer lehnen sich dann mit verschränkten Armen zurück und schauen überlegen drein. Das Problem dieser Leute: Sie erkennen nicht, dass es nicht darum geht, etwas zu wissen. Entscheidend ist, es auch umzusetzen. Sie sind zwar Wissensriesen, aber Umsetzungszwerge. Schwimmen lernt man nicht, indem man eine Schwimmanleitung liest, sondern nur, indem man ins Wasser springt.

Sabrina hätte es nicht weitergeholfen, wenn sie zwar erkannt hätte, dass sie bei meinem Unternehmen an der richtigen Stelle ist, aber nicht gehandelt hätte. Sich darüber bewusst zu werden, was man will, reicht also nicht. Man muss es auch umsetzen.

Die eigenen Tomaten

Wenn ich die Teilnehmer meiner Seminare frage, wie hoch sie ihr Selbstvertrauen auf einer Skala von eins bis zehn einschätzen würden, antworten sie in der Regel: fünf. Übersetzt heißt das: Ja, Selbstvertrauen ist irgendwie da, aber doll ist es nicht. Das finde ich bemerkenswert.

Auf die Frage, was ihr Selbstvertauen heben könnte, kommen die Antworten: »Wenn ich mehr Erfolg hätte« und »Wenn ich mehr Anerkennung hätte«.

Genau das ist der Punkt. Selbstvertrauen, das ja im Inneren eines Menschen beheimatet ist, wird verwechselt mit Anerkennung, die von außen kommt. Selbstvertrauen kann seine Basis nur im Menschen selbst finden. Nicht im Außen. Sobald man sein eigenes Selbstvertrauen davon abhängig macht, ob andere einen toll finden oder nicht, ob sie einen mögen oder nicht, macht man sich abhängig von der Gnade anderer. Dann ist man verloren.

Versuchen Sie also nicht, einem Bild zu entsprechen, das andere sich von Ihnen machen. Nehmen Sie auch keinen Lebensplan aus der Konfektion. Das Standardwunschbild Nummer eins, das allgemein vorherrscht: nicht unter 200.000 Euro Einkommen im Jahr, Führungsverantwortung für eine Handvoll Mitarbeiter oder mehr, ein schickes Haus, ein schickes Auto, ein schicker Partner. Nummer zwei: Aussteigen aus der globalisierten Welt, Häuschen auf dem Lande, ein paar Pferde und Esel, Hühner füttern, auf dem Wochenmarkt selbst gemachten Ziegenkäse verkaufen, durch eine Erbschaft finanziell abgesichert sein.

Einige Menschen wollen das wirklich genau so. Andere hängen sich nur daran, weil sie keine eigenen Ideen haben.

Lange Jahre hatte ich einen Briefträger, Herrn Ackermann. Der fuhr jeden Tag mit seinem gelben Mofa die Runde durch die Gemeinde. Sein Anhänger war vollgepackt mit Post. Den knatternden Ton des Motors habe ich schon von Weitem erkannt und mich jedes Mal gefreut, dass er bald kommen würde. Denn Herr Ackermann pfiff immer ein Liedchen vor sich hin. Der Tag konnte noch so grau sein, Herr Ackermann brachte die Sonne mit. Oft stand ich in der Tür, um ein paar Worte mit ihm zu wechseln, wenn er mir schwungvoll die Post in die Hand drückte.

Die Lebensfreude des Herrn Ackermann war echt, nicht aufgesetzt. Keine gespielte, professionelle Freundlichkeit, wie man es so oft erlebt. Er brauchte auch keinen Smiley-Button an der Jacke, um gute Laune auszustrahlen.

Manchmal joggte ich abends an seinem Häuschen vorbei. Dann stand Herr Ackermann in seinem Garten und kümmerte sich um sein Gemüse. Wenn er mich sah, winkte er mir zu. Wir unterhielten uns über den Zaun hinweg über die Tomaten. Die waren sein ganzer Stolz.

Ich bewundere diesen Menschen. Dass andere Porsche fahren, einen Doktortitel haben oder auf einem Chefsessel sitzen – all das kann ihm die Lust am Leben nicht vermiesen. Ich glaube nicht, dass er sich je mit seinen Nachbarn nach dem Motto »Was hat der, was habe ich?« verglichen hat. Er hat keine Angst, dass es anderen zu gut geht, auch keinen Neid. Er kann sich über Erfolge von anderen freuen. Ich glaube auch nicht, dass er jemanden braucht, der ihm sagt, dass er seinen Job gut macht. Er weiß es selbst. Er hat seinen Platz gefunden, er ist zufrieden mit dem, was er macht. Er genießt den Kontakt zu den Menschen, denen er Briefe und Päckchen bringt. Und er genießt die Zeit in seinem Garten, wo er seine geliebten Tomaten hegt und pflegt. Er freut sich an ihnen Tag für Tag.

Oft denke ich, wenn es mal wieder hart kommt und die Brocken um mich herumfliegen, dass Briefträger zu sein ein wunderbarer Job ist, jedoch nicht für mich. Dennoch, man hat ein festes Einkommen, kann sich seine Zeit selbst einteilen und verfügt auch sonst über eine Freiheit, die kaum ein Angestellter hat. Man bestimmt, ob man schnell oder langsam seine Runde dreht, wann man Feierabend macht. Andere sehen vielleicht nur die schlechte Bezahlung und dass ein Briefträger Wind und Wetter ausgesetzt ist. Aber das ist wieder nur Problemdenken. Natürlich, wer keinen Regen im Gesicht mag, sollte nicht Briefträger werden. Muss er aber auch nicht.

Herr Ackermann und Beat vom Berghof haben viel miteinander gemein. Sie geben den Takt vor, in dem sie ihren Job machen. Und ihr Job ist ihr Leben, oder zumindest ein Teil davon. Sie sind mit sich im Reinen. Und das sieht man. In der Züricher Bahnhofstraße, der Düsseldorfer Königsallee oder der Münchner Leopoldstraße habe ich solche Gesichter nur sehr selten gesehen.

Betreibe ich jetzt Sozialromantik? Natürlich nicht. Ich sage nicht: Werden Sie arm und bescheiden, und dann wird das Glück zu Ihnen kommen. Sondern: Sie allein wissen, wohin Sie gehören. Finden Sie den Platz, der zu Ihnen passt. Und dann gehen Sie auch dorthin. Zu dem Ort, der Sie glücklich macht. Zu der Lebensweise, die Sie glücklich macht.

Kapitel 9

Wissen, was man wert ist

Volkswagen ist der größte Automobilhersteller Europas und weltweit unter den Top drei. Die Erfolgsgeschichte des Konzerns begann Ende der 1930er Jahre, als Ferdinand Porsche als Hauptgeschäftsführer und Mitglied des Aufsichtsrats der Gesellschaft zur Vorbereitung des Volkswagens mbH den Auftrag erhielt, ein Auto für alle, eben einen Volkswagen, zu entwickeln. Dieser Ansatz war revolutionär, denn bis dahin war der Besitz eines Autos den Vermögenden vorbehalten.

Das Ergebnis von Ferdinand Porsches Arbeit ist längst Legende geworden: der *Käfer*. In Serie ging das Auto mit der markanten Silhouette erst nach Ende des Zweiten Weltkrieges. Als Symbol des deutschen Wirtschaftswunders trat es seinen Siegeszug an. Schon 1955 gab es eine Million der drollig anmutenden Kleinwagen. In den folgenden Jahrzehnten entwickelte sich Volkswagen, ab 1960 als Aktiengesellschaft, zu einem Global Player. Der Grundstein für die Erfolgsgeschichte des heutigen Volkswagen-Konzerns war der Käfer – könnte man meinen.

Es verhält sich jedoch ganz anders: Grundstein des Erfolges war der *Abschied* vom Käfer. Ende der 1960er-Jahre ließ die Konjunktur erstmals nach, das Wirtschaftswunder neigte sich dem Ende zu. In Wolfsburg wurde entschieden: Wir werden dieses Auto nicht mehr bauen. Es war so, als ob einer gesagt hätte: »Man soll aufhören, wenn es am schönsten ist.«

Anfang der 1970er-Jahre zeigte sich, wie klug und voller Voraussicht diese Entscheidung gewesen war. Die Umsätze mit dem VW-Käfer waren nun stark zurückgegangen, das Auto traf nicht mehr den Zeitgeschmack. Der Käfer hatte ausgedient, taugte nur noch für Nostalgiker. Der letzte in Deutschland produzierte Käfer lief am 1. Juli 1974 vom Band. Es war der 11.916.519-te der in Wolfsburg gebauten Exemplare. Die Werke in Mexiko und Brasilien lieferten noch einige Zeit weiter.

Doch in der Zwischenzeit war schon längst an einem neuen Modell gearbeitet worden: dem *Golf*. Das erste Modell verließ im Frühjahr 1974 das Band – und traf den Nerv der Zeit. Der Golf war die Rettung des bis dahin schon stark angeschlagenen VW-Konzerns. Er definierte eine neue Kompaktklasse, eben die Golf-Klasse. Er gab einer ganzen Generation ihren Namen. 1976, im dritten Golf-Jahr, wurde bereits die Millionenmarke gesprengt. Über Jahrzehnte blieb der Golf eines der erfolgreichsten Automodelle. 2002 übertraf er die Rekordmarke des Käfers: Nun waren schon über 21,5 Millionen dieses Autotyps gebaut worden. Hätte die VW-Führung Ende der 1960er-Jahre am Käfer festgehalten, gäbe es kaum den heutigen VW-Konzern.

Leasing oder ein neues Leben?

Dass sich die damalige Führungsspitze bei Volkswagen auf die Kernkompetenz des Unternehmens besann, ist ein großer Glücksfall. Sie erkannte, was das Wolfsburger Unternehmen eigentlich ausmacht. 99 von 100 Menschen hätten damals gesagt: VW? Das ist der Käfer! Doch der Käfer war nur das Ergebnis dessen, was Volkswagen eigentlich groß gemacht hatte. Er war das nach außen Sichtbare, die Oberfläche des Unternehmens. Die Stärke des Unternehmens, sein Wesenskern, lag in etwas ganz anderem. Die Kernkompetenz von Volkswagen war es, einen Wagen für die breite Masse zu bauen. Einen Volkswagen eben. Und das war in den 1950er- und 1960er-Jahren der Käfer – und ab den 1970er-Jahren der Golf.

Wer seine Stärken erkennen möchte, muss zwischen Oberfläche und Kern unterscheiden können. Das ist gar nicht so einfach. Die Schwaben sagen: »Man kann nur darangucken, nicht hinein.« Recht haben sie, denn die Oberfläche kann täuschen. Die Rolex am Handgelenk kann eine Billigfälschung sein, der Porsche geleast oder vom Freund ausgeliehen, die Brüste aus Silikon. Die dem zukünftigen Geschäftspartner vorgelegte Bilanz kann hervorragend frisiert sein – mit eingeknüpften Extensions sozusagen. Doch das Oberflächliche ist vergänglich, auf den Kern kommt es an.

Es ist wie beim Obst. Die herrlichsten Früchte wachsen an Bäumen und Sträuchern, in allen Farben leuchten die Pflaumen, Äpfel und Beeren. Samtig weich fühlt sich der Pfirsich in der Hand an, prall und rund verheißen Johannisbeeren und Trauben köstlichen Genuss. Alle miteinander sind sie saftig und fleischig, laden Mensch und Tier zum Verzehr ein. Genau darum geht es der Pflanze. Die Frucht soll gepflückt, gegessen, weitergetragen werden. Das Fruchtfleisch ist Dreingabe. Das, worum es in Wirklichkeit geht, ist der Kern, der Samen. Er bleibt übrig, wenn die Frucht längst gegessen und verdaut wurde. Er ist es, der wächst und sich entwickelt und wieder zum Baum wird. Die Oberfläche, das Fruchtfleisch, ist nur für kurze Zeit sexy, der Kern bedeutet Langfristigkeit und Nachhaltigkeit.

Besinnen Sie sich also auf Ihren Wesenskern, Ihre Stärken. Nicht die von irgendwem, sondern auf Ihre ganz persönlichen. Die eigenen Stärken erkennen, das hört sich weltbewegend an. Ist es auch. Denn es wird Ihre Welt verändern. Es hört sich auch kompliziert und schwierig an. Das ist es nicht. Nur dann, wenn Sie sich erst gar nicht auf die Suche begeben, wird nichts daraus. Denn eins ist klar: Von alleine tut sich nichts.

Selbstbewusstsein oder: Living next door to Alice

Mit 14 Jahren war ich nicht sehr selbstbewusst – so wie die meisten anderen in diesem Alter auch. Damit meine ich nicht das in der Öffentlichkeit oft überaus von sich selbst überzeugte Auftreten von Halbwüchsigen. Sondern die Tatsache, dass ich nur wenig Ahnung hatte, am wenigsten von mir selbst. Ich achtete immer darauf, was die anderen machten, tat es ihnen nach und versuchte, mit dem Strom zu schwimmen. So fühlte ich mich sicherer. Ich verhielt mich sogar dann noch konform, wenn es keiner mitbekam. Sobald ich von der Schule nach Hause kam, hörte ich Musik von Smokie und Status Quo. Heute weiß ich, dass ich ihre Platten nur gut gefunden habe, weil die anderen sie auch gut fanden. Als 14-Jähriger brauchte ich das, um nicht als Außenseiter abgestempelt zu werden. Damals hätte ich das nicht verkraftet.

Als ich 17 war, arbeitete ich sonntagabends in einer Discothek als DJ. Ich war gut darin, Platten aufzulegen und die Leute im wahrsten Sinne des Wortes tanzen zu lassen. Wie ein Chamäleon passte ich mich dem Geschmack der Mehrheit an. Ich wusste genau, was ich auflegen musste, um gut anzukommen. Was ich schön ausnutzen konnte: Ich war der Star bei den Mädels. Nicht so toll war allerdings, dass ich irgendwann merkte, wie wenig ich diese Discomusik mochte. Eigentlich wollte ich etwas ganz anderes hören, nicht immer den Einheitsbrei, der im Hitparaden-Radio rauf- und runtergedudelt wurde. Mir wurde langsam klar, dass ich mir bis dahin nur den Gehörgang mit Mainstream-Musik verstopft hatte.

Diese Erkenntnis traf mich nicht wie ein Schlag. Zunächst war es eine Art Unwohlsein, die Ahnung, dass irgendetwas nicht stimmte. Doch lange Zeit hatte ich mir den Ausweg selber versperrt. Hörte ich zufälligerweise eine Opernarie oder Jazz, war es die angesagte Reaktion, mit den Augen zu rollen, überheblich zu grinsen und schnell der fremden Musik aus dem Weg zu gehen. Erst als ich endlich anfing, andere Musik als die, die ich mit meinen Freunden hörte, nicht mehr mit einem Achselzucken abzutun, sondern ganz unvoreingenommen hinzuhören, war das für mich ein Aufbruch in Richtung eigene Mitte.

Ich höre gern Musik. Manches mag ich, anderes nicht. Heute höre ich unter anderem auch mal Hausmusik. Mit dieser Vorliebe stoße ich oft auf Unverständnis, aber das macht nichts. Das ist ehrliche, gute, handgemachte Schweizer Musik, völlig jenseits von Musikantenstadel-Playback und elektronischem Einerlei. Deshalb ist es das Richtige für mich. Dennoch ist es nicht so, dass ich heute jahrein, jahraus nur noch dem Alphorn lauschen würde. Nein, ich mag auch Rockmusik, ruhig auch härtere. Und es muss auch nicht immer Musik sein. Vor allem im Auto schiebe ich gerne gute Hörbuch-CDs in das Abspielgerät. Fest steht: Ich höre das, was *ich* mag. Nicht das, was ein anderer mag oder was alle mögen.

Die Erkenntnis, dass ich einen eigenen Musikgeschmack haben darf, das war gleichzeitig die Erkenntnis, dass ich mehr bin als nur ein Anhängsel einer Gruppe. Und gleichzeitig ein erster Schritt weg von dem, was nichts mit meinem inneren Kern zu tun hat, was ich mir nur von außen aufpfropfen ließ.

Es ist wie ein Dammbruch: Wenn man einmal anfängt, Dinge, die man meint und tut, zu hinterfragen, kann man damit gar nicht mehr aufhören. Man übernimmt nicht mehr Meinungen und Verhaltensweisen unbesehen einfach von außen, sondern beginnt, sie mit dem abzugleichen, was wirklich in einem ist. Übrig bleibt nur noch das, für das Sie sich wirklich entschieden haben. Pur und selbstbewusst.

Selbstreflexion oder: Was in Ihnen »tickt«

Sie sind mehr als nur ein Teil einer Gruppe, der Sie in allem, was Sie fühlen, denken und tun, verpflichtet sind. Sie existieren als ein ganz eigenständiges Wesen mit ureigenen Gefühlen und Gedanken, die denen Ihrer Umgebung auch einmal völlig entgegengesetzt sein können. Das erkennen Sie jedoch nur, wenn Sie wissen, dass es Sie als eigenständige Persönlichkeit gibt. Selbstreflexion – das heißt, sich zu spiegeln, sich wie von außen anzuschauen. Wenn man nur in einem Haus und immer nur dort drinnen sitzt, wird man nie erfahren, worin man überhaupt sitzt.

Es gibt lediglich eine Handvoll Tiere, die sich im Spiegel erkennen können. Malt man beispielsweise einem Affen einen Fleck auf die Stirn und hält ihm dann einen Spiegel vor, dann versucht er nicht, am Glas herumzureiben, sondern kratzt sich direkt die Farbe von seiner Stirn. Er weiß, dass er es ist, den er im Spiegel sieht. Ob er noch mehr sieht, kann ich nicht sagen. Fest steht, dass wir Menschen im Spiegel mehr als die Oberfläche sehen können: »Wow, das bin ja ich!« Doch die Gelegenheit zur Selbstreflexion nutzen viele nur selten, auch wenn sie jeden Morgen in den Spiegel schauen. Über Wochen und Monate sehen sie nur die Oberfläche. »Hm, ich müsste mich noch mal rasieren, bevor ich losgehe«, oder: »Huch, das ist gestern spät geworden, die Ringe um die Augen herum sind fürchterlich«, oder: »Hey, ich sehe cool aus!« Aber dann, manchmal liegt es am ungewohnten Licht oder an einer besonderen Gemütsverfassung, sieht man sich irgendwann auf einmal selbst, als Menschen, so, wie man ist. Man beginnt, über sich nachzudenken. Man schaut sich in die Augen und fragt sich: »Wer bin ich und was ist es, das mich ausmacht?«

Wenn Sie sich diese Frage niemals stellen, verhalten Sie sich gewissermaßen wie ein Wellensittich: Sie picken an dem in Ihren Käfig gehängten Spiegel herum und denken: Toller Typ da neben mir auf der Stange ...

Wenn man kein Gefühl für sich selbst hat, hat man es auch nicht für andere. Deshalb treten unreflektierte Menschen meist rücksichtslos auf. Ihr Antrieb ist nicht die berechnende Rücksichtslosigkeit von Egoisten, die mit ausgefahrenem Ellebogen unterwegs sind und andere unterdrücken, um selber besser voranzukommen, sondern die sorglose Rücksichtslosigkeit der Gedankenlosen. Sie sind unbewusst rücksichtslos. So wie diejenigen, die im Supermarkt ihren Einkaufswagen mitten im Gang stehen lassen, sodass kein anderer vorbeikommt, während sie sich über die Milch beugen und das Kleingedruckte auf der Rückseite der Packung lesen. Das tun sie nicht, um die anderen Kunden zu ärgern. Sie merken es einfach nicht. Im Gedrängel einer Innenstadt sind sie wie wahllos hingestreute Hindernisse. Ihnen blitzt ein Gedanke durch den Kopf, und schon bleiben sie plötzlich stehen oder wechseln abrupt die Richtung, sodass sie andere zum

Ausweichen zwingen oder in sie hineinlaufen. Das geht so weit, dass in London tatsächlich überlegt wird, auf den Bürgersteigen Streifen für Schnellgeher einzurichten.

Ihre Aufgabe ist es – wenn es nicht schon längst passiert ist –, ein Gefühl für den eigenen Körper finden, und auch für die eigenen Denkprozesse. Jeder Mensch hat ein Selbstgefühl, manchmal ist es nur nicht trainiert und schlummert vor sich hin. Das zeigt auch die folgende Geschichte aus einem meiner Seminare. Nach einer Körperübung fragte ich einen der Teilnehmer: »Was hast du gefühlt?«

Er antwortete: »Nichts.«

Ich hakte nach: »Ja, und wo hast du nichts gefühlt?«

Er darauf: »Da am Bauch.«

Selbsterkenntnis oder: Fünf Dinge am Abend

»Keine Werbung bitte!« So ein Schild klebt an vielen Briefkästen. Ihre Besitzer sind es leid, Tag für Tag kiloweise Papier herauszuholen, Werbebroschüren und Prospekte mit den neusten Angeboten für Schweineschnitzel und Sofortkredite. 100.000 verschickte Briefe – 99.500 Empfänger fühlen sich belästigt, 500 fühlen sich angesprochen, 50 nehmen das Angebot an und kaufen. Früher wurden ganze Wälder abgeholzt und zu Papier verarbeitet, bis die Entwicklung, wenigstens papierlos, per Mail weiterging. Doch die elektronische Post macht es noch einfacher, Werbung per Gießkanne zu verschicken. Es hat so überhandgenommen, dass es mittlerweile Gesetze gibt, die diese Flut eindämmen.

Die Denkweise, die dahinter steckt: »Irgendjemanden wird's schon interessieren.« Dass damit ein Holzweg beschritten wird, hat sich in der Branche längst herumgesprochen. So hat sich in der Wirtschaft ein Wechsel vollzogen: Früher suchten die Unternehmen den Kunden, heute sucht der Kunde die Unternehmen. Damit das klappt, muss die Firma für sich klargestellt haben: »Wer bin ich, was kann ich?« Und vor allem: »Was kann ich besonders gut?« Mit der Strategie »Wir sind schon irgendwie etwas – na ja, so eine Mischung aus allem halt« verteidigt heute kein Betrieb mehr seine Stellung im Markt.

Im privaten Leben ist dieses Denken allerdings noch nicht richtig angekommen. Viel zu viele Menschen beschäftigen sich gar nicht mit sich selber. Die Fragestellung »Wer bin ich und was ist es, das mich ausmacht?« steht nicht auf jeder persönlichen Agenda. Schon allein wegen der Angst, etwas Negatives zu entdecken. Ich habe in meinen Seminaren viele Menschen kennengelernt, die sehr gut wissen, was alles sie nicht gut können. Aber auf die Frage, was sie denn gut können, wussten sie keine Antwort. Das wundert mich nicht, denn schon in der Schule werden wir ja darauf getrimmt, unsere Fehler in den Fokus zu nehmen. Ein Schüler, der in einem Diktat mit 100 Wörtern fünf Fehler gemacht hat, findet in seinem Heft die von seinem Lehrer geschriebene Beurteilung: »5 Fehler – gut.« Und nicht: »95 Prozent richtig. Gut.«

Negatives Denken in seiner Reinform habe ich einmal in einer Umgebung kennengelernt, in der ich sie am allerwenigsten erwartet hätte. Das geschah auf einer Kreuzfahrt. Ich war vor geraumer Zeit, im Jahr 1998, gefragt worden, ob ich nicht eine Art Testbericht für eine Seereise verfassen wollen würde. Die Veranstalter hatten vor, ihre Kreuzfahrten zu pushen, denn anscheinend erwiesen sich die Verkaufszahlen noch als erheblich steigerungswürdig. Zunächst zögerte ich – Kreuzfahrten waren so gar nicht meine Welt. Doch meine Neugier siegte. Ich betrachtete es als günstige Gelegenheit, so etwas auch einmal mitzumachen.

Kurze Zeit später wünschte ich sehnlichst, ich hätte mich anders entschieden. Die drei Wochen Kreuzfahrt im Mittelmeer und vor Westafrika entpuppten sich für mich als Kreuzweg. Es war furchtbar. Meine erste Feststellung: Meine Frau und ich gehörten zu den Jüngsten an Bord. Das Durchschnittsalter muss bei 70 Jahren gelegen haben. Wir konnten es so einrichten, dass wir mit den wenigen Unter-50-Jährigen an einem Tisch saßen. Das waren also alles Leute im besten Alter, augenscheinlich recht erfolgreich im Leben, nicht unvermögend. Und trotzdem: Die Gespräche drehten sich nur darum, die wievielte Knieoperation einer hinter sich hatte und welche Operationen noch auf ihn warteten. Dass der Schwiegersohn in spe nicht das war, was man sich vorgestellt hatte, und das Hauspersonal gleichzeitig schrecklich teuer und schrecklich unfähig sei. Wenige hatten einen Blick für die Naturschönheiten, an denen wir vorbeifuhren; an allem und jedem wurde herumgemäkelt. Ich wurde fast wahnsinnig.

Wir leben in einer starken Kritik-Kultur, deshalb sind auch unsere Referenzerfahrungen meist negativ. Thema ist immer nur, was schlecht läuft, was verbessert werden muss. Dagegen kann man etwas tun. Das Mittel ist ganz einfach und extrem wirksam: Schreiben Sie jeden Abend fünf Dinge auf, die Sie am Tag gut gemacht haben, die Ihnen gut gelungen sind. Sie lassen sich immer finden, auch an den schwärzesten Tagen. So legen Sie den Fokus auf Ihre positiven Leistungen und werden sich bewusst, wo Ihre Stärken liegen. Und wenn Sie Ihre Stärken finden, finden Sie sich selbst.

Selbstakzeptanz oder: Was uns erst komplett macht

Wir hatten einmal eine Angestellte im Büro; sie hieß Martina. Sie war pfiffig, eine gute Mitarbeiterin – und übergewichtig. Eines Tages ließ sie im Gespräch fallen, dass sie eine Operation machen lassen wollte, um schöner auszusehen. Ich dachte automatisch daran, dass sie sich Fett absaugen oder den Magen verkleinern lassen würde, und fand das einen extremen Schritt. Ich hatte Glück, dass ich nichts in dieser Richtung verlauten ließ, denn Martina sagte dann: »Wenn erst meine Nase korrigiert ist, werde ich mich endlich wohl in meiner Haut fühlen.«

Nase? Was war mit Martinas Nase? Ich schaute genauer hin und sah keinen Grund, sie unbedingt ändern zu müssen. Sie war ein wenig gebogen, aber weit davon entfernt, wie eine Adlernase oder gar ein Zinken auszusehen. Sie war eigentlich der Teil ihres Gesichts, der sie mir besonders sympathisch machte.

Martina litt unter etwas, was uns anderen gar nicht aufgefallen war. So stark, dass sie eineinhalb Monatsgehälter in die Beseitigung ihres »Makels« investieren wollte. Ich dagegen hatte immer gedacht, dass ihr Übergewicht sie störte, doch das war für sie anscheinend gar kein Thema.

In meinen Seminaren mache ich manchmal folgende kleine Übung: Jeder schreibt auf einem Blatt Papier auf, was ihm nicht an seinem Äußeren gefällt. Zu große Hände, zu dicke Oberschenkel, so kurzsichtig, dass eine dicke Brille getragen werden muss – die Bandbreite der als körperlicher Mangel empfundenen Merkmale ist groß. Dann dreht Teilnehmer 1 sein Blatt um und gibt es einem anderen. Teilnehmer 2 schreibt auf die freie Seite, was er vermutet, was Teilnehmer 1 rein äußerlich an sich auszusetzen haben könnte. Das Ergebnis ist verblüffend: Nur sehr selten stimmen Eigenwahrnehmung und Wahrnehmung von außen überein.

Makel werden so gut wie nie objektiv wahrgenommen. Die Gründe, die einen daran hindern, sich so zu akzeptieren, wie man ist – zumindest was das Äußere angeht –, sind oft haltlos. Trotzdem boomt das Geschäft mit der mangelnden Selbstakzeptanz, der Markt um die menschlichen Makel ist milliardenschwer. Eine ganze Industrie lebt davon, Diäten zu verkaufen, Nasen zu korrigieren und Zähne zu richten. Das nimmt manchmal groteske Formen an. Ich schaue mir interessiert die aufgespritzten Lippen und aufgeblasenen Brüste der Damen an, registriere aufmerksam die Haarverpflanzungen und Kinnimplantate der Herren. Ich nenne das den »Reiz des Schauderns«.

Auch ich achte natürlich auf mein Äußeres, schon aus gesundheitlichen Gründen. Wenn die Waage über 90 Kilo anzeigt, ist mein Blutdruck zu hoch und ich muss Medikamente nehmen. Ich will das nicht. Also kümmere ich mich um mein Gewicht. Mein Gewicht ist meine Achillesferse. Es fällt mir schwer, mein Gewicht zu halten. Das weiß ich und handle entsprechend. Den Kampf um mein Gewicht zu verlieren, entspricht nicht meinem Selbstbild.

Jedoch: Die Sorge um den äußeren Eindruck lässt die Menschen vergessen, dass sie auch ein Innenleben haben, bei dem es weitaus wichtiger wäre, nach Vorzügen und Mängeln Ausschau zu halten. Aber für innen wie außen gilt: Man kann die Makel und Schwächen, mit denen man nicht zufrieden ist, nicht restlos aus seinem Leben verbannen. Schon der Versuch, das zu tun, würde Schwäche offenbaren. Man ist nur stark, wenn man sich seinen Schwächen, seinen wunden Punkten stellt.

René Baumann ist unter seinem Namen *DJ Bobo* einer der bekanntesten Schweizer Popmusiker. Weltweit hat er 14 Millionen CDs verkauft, wurde zehnmal als »The World's Best Selling Swiss Recording Artist« ausgezeichnet. So ein Mensch verliert schnell den Bodenkontakt. Nicht Baumann. Er weiß genau, dass sein gigantischer Erfolg auch einen Stachel in sich trägt: die Gefahr abzuheben, arrogant und überheblich zu werden. Das will er nicht. Er will seiner Frau und seinen Kindern ein guter

Partner und ein guter Vater sein. Dieses Ziel würde er nicht erreichen, wenn er die Bodenhaftung verlöre. Deshalb geht er nur alle zwei Jahre auf Tournee. Wenn er auf der Bühne ist, ist er das absolute Zentrum. Er weiß um das »würde«. Er ist sich seiner selbst bewusst. Sieht seine Stärken, aber auch die gefährlichen Klippen, die er umschiffen muss.

In der Gestaltung Ihres Lebens haben Sie jede Menge Spielraum. Echte natürliche Grenzen müssen Sie allerdings akzeptieren. Wer zum Beispiel Diabetes hat, wird voraussichtlich ein Leben lang Medikamente nehmen und sich diszipliniert ernähren müssen. Das muss man akzeptieren. Wenn jemand bei einem Unfall ein Bein verloren hat, wird es niemals wieder nachwachsen. Das muss man akzeptieren. Akzeptieren Sie aber nicht, dass Sie deswegen nie wieder schnell laufen könnten. So wie David Behre, der bei einem Unfall beide Unterschenkel verlor. Er ist einer der erfolgreichsten Sportler der Welt. Nicht zuletzt der Fortschritt in der Prothetik hat ihm das möglich gemacht. Mit seinen künstlichen Carbonfeder-Füßen hält er den deutschen Rekord über 100 Meter und die Europarekorde über 200 Meter und 400 Meter.

Akzeptieren Sie also Ihre natürlichen Grenzen – und vergessen Sie nicht zu überprüfen, ob es nicht doch Mittel und Wege gibt, sie außer Kraft zu setzen. Verschwenden Sie keine Energie mit dem Versuch, jemand anderes zu sein als der, der Sie sind. Fliehen Sie nicht mehr vor sich selbst. Sobald Sie auch Ihre Mängel, Ihre dunklen Seiten, Ihre Schwächen kennen und sie akzeptieren, werden sie ihre Macht über Sie verlieren.

Selbstvertrauen oder: Nur wer hat, kann geben

Am 13. September 2001 stand für mich ein Motivationsseminar auf dem Plan. Zwei Tage zuvor stand die Welt unter Schock. Alle waren fassungslos. Viele der Teilnehmer, die das Seminar gebucht hatten, fragten an, ob die Veranstaltung überhaupt stattfinden würde. Ich antwortete: Natürlich, gerade jetzt.

Die meisten kamen. Sie waren verunsichert, suchten nach Erklärungen. Business as usual wäre keine Option gewesen. Ich thematisierte die Terroranschläge, moderierte, half dabei, Gefühle zu kanalisieren. Ich war kein Guru, ich wusste nicht, wie es geht. Ich tat nicht so, als ob ich für alles eine Lösung hätte. Ich konnte nur da sein und aus meinem Selbstvertrauen heraus mein Können zur Verfügung stellen.

Leben heißt nicht nur, für sich selbst zu leben. Man ist immer auch eingebunden in das Leben anderer. Sie haben sich doch außerdem bestimmt mehr im Leben vorgenommen, als für andere ein Negativposten und eine Energiesenke zu sein! Wenn Sie für andere ein Gewinn sein möchten, müssen Sie sich Ihrer Reserven sicher sein. Es ist wie mit einer Autobatterie. Wenn die Batterie schwach ist, kann man keine Starthilfe geben. Gehen Sie die Dinge an, vergraben Sie sie nicht und tun Sie nicht so, als ob nichts wäre. Leugnen der Realität – hilft nicht. So tun als ob – hilft nicht. Den Stier bei den Hörnern packen – das hilft.

Helfen heißt aktiv werden. Aktiv zu sein heißt aber auch, Risiken einzugehen. Nur wer sich bewegt, kann stolpern. Um aber nicht zu stolpern, muss man wissen, was man kann und was man nicht kann. Mit diesem Wissen verfügt man über das nötige Selbstvertrauen und kann zulassen, dass man infrage gestellt wird. Hat man Selbstvertrauen, macht es nichts aus, kritisiert zu werden. Man wird damit umgehen können. Es wäre denkbar gewesen, dass einer der Seminarteilnehmer im September 2001 gesagt hätte: »Was will der denn da auf der Bühne? Spielt sich auf, als könnte er uns einen Weg zeigen. So ein Unsinn!« Ich wusste aber für mich, dass ich das Richtige tat. Wie sollen mir denn andere vertrauen, wenn ich mir selbst nicht vertraue?! Aus Selbstvertrauen erwächst Mut, keine Überheblichkeit.

Selbstvertrauen ist das Vertrauen, dass die eigene Stärke trägt. Es ist immer da, muss nicht bewusst abgerufen werden. Natürlich sind da auch Mängel und Fehler im Gewebe. Niemand ist perfekt. Einer, der Selbstvertrauen hat, weiß um seine Defizite. Aber er weiß auch um seine Stärken. Vertrauen Sie Ihrer eigenen Stärke, dann werden Sie die Situation meistern können – egal was kommt.

Selbstverwirklichung oder: Nach oben offen

Manche Menschen haben gleich zwei Sprachfehler: Sie können nicht »nein« sagen und auch nicht »ich«. So wie mein Schulfreund, der eigentlich Arzt werden wollte, sich aber den Vorstellungen seiner Eltern beugte und eine

Ausbildung zum Feinmechaniker machte. Er ist einer, der zu oft fragt: »Was würdest du denn sagen?« Die viel zu vielen Fragezeichen in seinem Leben zeigen, dass er nicht gelernt hat, auf eigenen Füßen zu stehen.

Selbstständig zu sein heißt, keine Krücken zu benötigen, niemanden, an dem man sich krampfhaft festhalten muss. Das wollen alle: ohne Stützräder am Fahrrad unterwegs sein. Aber nur wenige wollen den Preis dafür bezahlen.

Christoph Blocher ist ein Schweizer Unternehmer und Politiker. Man kann von seiner politischen Ausrichtung halten, was man will, aber niemand kann bestreiten, dass Blocher einen eigenen Kopf hat. Was er sagt, kommt aus seinem tiefsten Innern. Er zeigt sich unabhängig von herrschenden Meinungen und recht unempfindlich gegen Kritik. Natürlich kennt auch er nächtliche Zweifel, wenn er mit seiner Meinung wieder einmal anders liegt als alle anderen. So wie damals, als er vehement gegen den Beitritt der Schweiz zum Europäischen Wirtschaftsraum eintrat. Das politische Establishment hatte sich 1992 klar und parteiübergreifend für einen Beitritt ausgesprochen. Blocher stellte sich gegen den schon praktisch als abgemacht geltenden Beitritt. Die hochemotionale Diskussion im Vorfeld der Abstimmung ging nicht selten unter die Gürtellinie; Blocher wurde als Lügner und Intrigant beschimpft, in Karikaturen als Teufel dargestellt. Am Ende entschied die Schweiz, nicht beizutreten. Blocher hatte sich durchgesetzt.

Er ist ebenfalls ein gutes Beispiel dafür, wie wichtig es ist, mit dem entwickelten Selbstbewusstsein auch etwas zu tun, zu handeln. Es hätte nichts gebracht, wenn Blocher sich nur im stillen Kämmerlein sicher gewesen wäre, dass die Zukunft der Schweiz im Isolationismus liegt. Erst indem er entsprechend seiner inneren Einstellung tätig wurde, zeigte er Wirkung. Er war es im Wesentlichen, der das Ruder herumriss. Dass er es auf sich nahm und aushielt, als Buhmann der Nation an den Pranger gestellt zu werden, nötigt mir Respekt ab.

Um Ihr eigenes Leben zu leben, müssen Sie Ihr Selbst Wirklichkeit werden lassen. Mit »Hätte, wäre wenn« kommen Sie nicht weit. Handeln Sie Ihrem Inneren entsprechend; ohne lange darüber nachzudenken. Überlegen Sie nicht, wie Sie es anderen recht machen könnten. Erst wenn Sie den Filter »Ja, darf ich das denn?« ein für alle Mal ausblenden und automatisch das tun, was Sie für richtig halten, sind Sie wirklich frei.

Das Gegenteil zu dieser punktgenauen Lebenseinstellung ist ein unfokussiertes Leben. Für mich der beste Beweis dafür, dass immer noch viel zu viele Menschen ein unfokussiertes Leben führen, ist die Tatsasche, dass Hotlines nie kostenlos sind. Das sind sie nicht deswegen, weil die Unternehmen es sich nicht leisten könnten, ihren Service auch ohne Entgelt anzubieten. Außerdem decken die über die Telefongebühren laufenden Einnahmen nicht einmal ansatzweise die tatsächlichen Kosten. Nein, es geht um etwas ganz anderes: Wenn die Hotline gratis ist, dann verlaufen die Gespräche so:

»Okay, Ihr DVD-Rekorder nimmt also nicht auf. Bitte nennen Sie mir doch den Gerätetyp, damit ich Ihnen weiterhelfen kann.«

»Äh, ja. Da muss ich mal gucken. Wo steht das denn?«

»Das steht hinten am Gerät auf einer Plakette neben den Anschlüssen.«

»Hmm, mal schauen. Moment mal.« Minutenlanges Scharren, Schnaufen und Gekeuche. Dann: »Nee, da komm ich jetzt nicht ran.«

»Sie können auch auf der Rechnung nachsehen, die Typenbezeichnung steht oben links.«

»Moment mal.« Jetzt spricht der Kunde mit seiner Frau im Hintergrund. »Schaaatz? Wo haben wir die Rechnung für den DVD-Rekorder? … mit der Hotline … ja … nee … den, der kaputt ist … nee, der nicht mehr aufnimmt … ja … nee, das weiß ich nicht, ich frag *dich* doch … *du* legst die Rechnungen doch immer ab …« Dann wieder zum Hotline-Mitarbeiter: »Moment mal, meine Frau sucht gerade die Rechnung …«

Wenn ein Kunde aber ein paar Cent pro Minute bezahlen muss, dann hat er Typenbezeichnung, Rechnungsdatum und Kundennummer schon vor dem Gespräch parat. Garantiert.

Selbstverwirklichung, also sich seiner selbst bewusst zu sein, um seinen Kern zu wissen und dieses Bewusstsein auch in die Tat umzusetzen, das ist die höchste Form, sich selbst ernst zu nehmen. Sein Heil nicht in Äußerlichkeiten zu suchen. Denn die Zeiten, in denen man schon allein aufgrund seiner Position etwas darstellte, sind unwiederbringlich vorbei. Heute braucht es Persönlichkeitspower, um Einfluss geltend machen und Dinge bewegen zu können.

Frei sein von – frei sein für.

Wenn Sie sich selbst verwirklichen, sind Sie auf dem besten Weg: Dann wird Ihre Freiheit *von etwas* zu einer Freiheit *für etwas.*

Kapitel 10

Nicht um jeden Preis

Im Seminar geht die Arbeit für mich auch in den Pausen weiter. Es werden Snacks gereicht, es gibt etwas zu trinken. Regelmäßig suchen einige der Teilnehmer meine Nähe, um persönliche Fragen in privaterem Rahmen als der großen Runde stellen zu können. Silke, eine junge Frau unterhalb der 30, erzählte mir beispielsweise, wie sie in den letzten Jahren versucht hatte, ihr inneres Gleichgewicht wiederzufinden:

»Nachdem mein Freund mich damals verlassen hatte, wusste ich nicht, wie es weitergehen soll. Ich war am Boden zerstört. Doch dann fand ich eine Selbsthilfegruppe, die mich sehr unterstützt hat. Ich konnte wieder an andere Dinge denken als an meine gescheiterte Beziehung. Im Beruf stand ich damals kurz vor dem Rauswurf, aber durch die Gruppe habe ich die Kurve gekriegt. Heute bin ich im Job wieder einigermaßen erfolgreich und vielleicht werde ich demnächst auch befördert.«

Ich habe aufmerksam zugehört. Eine Sache kam mir merkwürdig vor. »Sind Sie immer noch in der Gruppe?

Wie lange ist das denn mit Ihrem Freund her?«, fragte ich.

»Oh, das sind nun bald schon drei Jahre. Wir treffen uns jeden Donnerstagabend; der Psychotherapeut und fünf bis sieben Gruppenmitglieder. Zweimal waren wir auch schon gemeinsam übers Wochenende weg. Ich bin so froh; ohne meine Gruppe wüsste ich gar nicht, was ich machen soll.«

Ich konnte es kaum fassen. Silkes ehemaliger Freund verschwand schon vor drei Jahren auf Nimmerwiedersehen. So eine Erfahrung ist schmerzhaft. Wenn die Liebe echt und tief war, wirft einen das aufs Elementarste zurück und stellt das bisherige Leben infrage. Aber wie lange dauert so eine Phase? Drei Monate? Ein halbes Jahr? Was brachte die junge Frau vor mir dazu, auch noch nach so langer Zeit immer wieder die Selbsthilfegruppe aufzusuchen?

»Ja, sind denn in der Zwischenzeit noch andere Schicksalsschläge über Sie hereingebrochen?«

»Nein, nein. Alles bestens. Seitdem ich meine Gruppe habe, fühle ich mich stark. Sie ist meine Stütze.«

Loser-Klubs

Selbsthilfegruppen leisten gute Arbeit, wenn sie professionell geführt werden. Sie fangen Menschen auf, wenn sie es am nötigsten haben, und helfen ihnen, schwere Krankheiten, Verluste in der Familie und andere Schicksalsschläge zu verkraften. Die beste Arbeit aber leisten sie, wenn sie sich selbst überflüssig machen. Denn für den Hilfesuchenden sollen sie ja nur eine Zwischenstation sein, bis er aus dem Gröbsten wieder heraus ist. Der beste Satz, den ein Gruppenleiter sagen kann, ist: »Silke, ich finde es stark, dass du es geschafft hast. Super, dass du in der nächsten Woche nicht mehr kommst.«

Davon war aber in Silkes Fall nicht die Rede. Wenn sie sich über drei Jahre lang regelmäßig unter Leidensgenossen begibt, dann stimmt etwas nicht. Anfangs profitiert die junge Frau von der Unterstützung und dem Gruppengefühl: Sie erfährt Aufmerksamkeit und Verständnis, vielleicht mehr als je zuvor. Das hilft ihr, über ihren Verlust hinwegzukommen. Normalerweise hat so eine Hilfe eine natürliche Verwendungsdauer. In der Kosmetikbranche heißt das *PAO*: *period after opening*. Wenn der Cremetiegel geöffnet ist, dann sollte der Inhalt bis zum genannten Zeitpunkt aufgebraucht sein. Wenn Silke bereits drei Jahre Hilfe beansprucht hat, scheint mir das deutlich über der Zeit zu liegen, die Angelegenheit ist bereits ein wenig ranzig geworden. Nicht umsonst heißt es: »über eine Trennung hinwegkommen«, und nicht: »nach einer Trennung endlos in Selbstmitleid baden«. Doch Silke wollte das Mitgefühl nicht mehr missen und begab sich lieber in die Abhängigkeit der Gruppe, als sich von ihr wieder wie vorgesehen zu lösen.

In der Medizin werden ähnliche Verhaltensmuster beschrieben. Man nennt es Krankheitsgewinn, wenn der Patient an seiner Schwäche oder seiner Krankheit nicht nur leidet, sondern aus ihr auch einen Vorteil zieht. Das kann aktiv, aber auch ganz unbewusst geschehen. Von einem primären Krankheitsgewinn ist die Rede, wenn der Patient direkt von seiner Krankheit profitiert, zum Beispiel weil er seinen Aufgaben nicht mehr nachkommen muss. Wenn der Arbeitnehmer mit Grippe im Bett liegt, ist er von dem Termin beim Kunden, vor dem er sich gefürchtet hat, befreit. Der Schüler darf die Lateinarbeit auslassen, weil er sich beim Schulsport den Arm gebrochen hat. Es gibt auch noch den sekundären Krankheitsgewinn: Nun rückt das Umfeld des Kranken in den Fokus. Freunde und Familie kümmern sich aufopfernd um den Leidenden und sind nachsichtig gegenüber seinen Launen. Seine Reaktion dabei: Er lässt sich fallen.

Das ist auch gut so, denn er kann alle seine Kräfte für seine Genesung mobilisieren. Problematisch wird es, wenn er gar nicht mehr aus der Krankheitssituation herauswill. Dann lässt er sich nicht nur fallen, sondern auch hängen … Das passiert schnell, wenn er in seinem Alltag eher überfordert ist und wenn seine Umgebung ihn unter Normalbedingungen links liegen lässt. Die an schlimmen Rückenschmerzen leidende Mutter gewöhnt sich schnell daran, dass sie sich nicht mehr um ihre halbwüchsigen Kinder kümmern muss, sondern diese ihre Mutter umsorgen. All das, was sie sich immer gewünscht hat und nie durchsetzen konnte, ist nun Wirklichkeit geworden: Die Kinder kochen das Essen, kaufen ein, räumen freiwillig auf, machen den Abwasch. Sobald sie wieder fit ist, wird der ganze Zauber vorbei sein. Weil es für sie keine positive Vorstellung ist, wieder gesund zu werden und zu den alten Verhältnissen zurückzukehren, richtet sie sich in ihrer Krankheit ein, verliert ihre Genesung ganz aus den Augen – und bleibt auch krank. Denn der Körper hat es schwer, wieder zu gesunden, wenn der Geist nur halbherzig mitzieht.

Und dann gibt es noch den tertiären Krankheitsgewinn. Von ihm profitiert nicht der Kranke, sondern der Helfer. Er zieht aus der Versorgung von Schwachen und Kranken seine Daseinsberechtigung und sein Selbstwertgefühl. Kissen werden aufgeschüttelt, Wärmflaschen bereitgestellt, Medikamente aus der Apotheke geholt. Ohne den Helfer würde die Welt stillstehen, und das macht ihn glücklich: »Nein, nein, ich kann unmöglich mit ins Kino gehen. Ich muss noch meinen Bruder im Krankenhaus besuchen.« Wie bei denen, die sich um die ins soziale Abseits Gerutschten kümmern und warme Suppe an Wintertagen austeilen, sehe ich hier das Helfersyndrom am Werk. Nur die Klientel ist eine andere.

Dauerhafte Ausübung von Hilfe ist aber nichts anderes als der Versuch, auf einer einsamen Insel einen »Zwergenstaat« zu errichten. Die Anzahl der Bewohner kann zwei oder auch zwei Millionen betragen. Die Brücken werden hinter ihnen abgebrochen. Das verleiht allen ein Gefühl der Sicherheit, aber sie können auch nicht mehr abhauen. Innerhalb des kollektiv geflochtenen Stacheldrahtzauns stärkt der eine sein Ego auf Kosten des anderen: »Ich brauche dich und ich will, dass du mich brauchst.« Und: »Gut, dass es mir immer noch schlecht geht. Dann muss ich nicht auf deine Freundschaft verzichten. Und ich darf so bleiben, wie ich bin.«

Es gibt ganze Staaten und Systeme, die so funktionieren. Sie schotten sich ab, kümmern sich, so gut es ihnen möglich ist, um ihre Mitglieder und lassen nicht zu, dass Denkanstöße von außen kommen oder gar die Eingesperrten abtrünnig werden und versuchen auszubrechen. Die DDR hat eine Mauer um ihre Bürger gebaut. Keiner durfte heraus. Selbstverantwortung? Eigene Entscheidungen? Nur innerhalb der vorgegebenen Grenzen gewünscht. Nordkorea und Scientology funktionieren noch heute so.

Der »Helfer« gewinnt, der Abhängige verliert? Noch nicht einmal das. In diesem Spiel gibt es keine Gewinner. Es ist ein einziger Loser-Klub. Noch nicht einmal die Gruppenleiter sind zu ihrer wunderbar treuen Selbsthilfegruppe zu beglückwünschen. Denn der, der auf Kosten anderer stark sein will, ist doch selbst im Inneren hohl wie eine taube Nuss. Er muss andere klein oder krank halten, damit er selbst seine Bestätigung daraus ziehen kann. Der Begriff »Zwergenstaat« bezieht sich eben auch auf das Innenleben seiner Mitglieder: Sie sind in diesem Zusammenhang alle miteinander »geistige Zwerge«.

Verglühte Sterne

»Wir wollen die Größten werden«, das war der Anspruch von Jürgen Schrempp. Deshalb suchte der Chef der Stuttgarter Daimler-Benz-AG nach Vergrößerungspotenzial. Mit dem amerikanischen Autobauer Chrysler wird er fündig. 1998 fusionieren die beiden Giganten; Daimler-Benz ist zur Zeit des Zusammenschlusses 50 Milliarden Euro wert, Chrysler 31 Milliarden Euro – es ist die bis dahin größte Fusion der Wirtschaftsgeschichte. Die Chrysler-Leute sind in Sorge, dass der deutsche Autobauer ihre Firma vereinnahmen will; sie wollen keinesfalls zum bloßen Anhängsel degradiert werden. Schrempp, der seine Karriere als Automechaniker startete, versichert den Kollegen in Übersee immer wieder, dass es sich um eine »Fusion unter Gleichen« handele. Im Vorstand würde er selbst zusammen mit dem Chrysler-Chef Bob Eaton für das notwendige Gleichgewicht sorgen.

Zunächst scheint die Rechnung aufzugehen. Umsatz und Gewinn steigen. Doch von Anfang an ist Sand im Getriebe. Die Chemie stimmt einfach nicht. Es werden zwar Investitionen in Höhe von 30 Milliarden bei Chrysler getätigt, aber schon ein Jahr nach der Fusion beginnt der Aktienkurs des neuen Daimler-Chrysler-Konzerns zu fallen. Anfang 2000 gibt Eaton seinen Vorstandssitz auf und geht. Nun hat Schrempp freie Bahn.

Das eine sagen und das andere tun, das funktioniert eben nicht. Was die eigentlichen Beweggründe Schrempps sind, wird in einem Interview am 30. November 2001 mit der britischen Ausgabe der *Financial Times* deutlich. Hier lässt er alle Zurückhaltung fahren und gibt zu Protokoll: »Die Struktur, die wir jetzt mit Chrysler haben, war die, die ich immer wollte.« Er habe bei der Übernahme den psychologischen Umweg über die »Fusion unter Gleichen« gehen müssen. – Wohl nicht zuletzt, weil nur ein solcher Zusammenschluss in den USA steuerbegünstigt ist.

Schrempps Aussage schlägt ein wie eine Bombe. Wie sicher und unantastbar muss er sich fühlen, dass er meint, wie ein Sonnenkönig über alle anderen hinwegwalzen zu dürfen? Und wie ein Sonnenkönig sieht er sich wohl auch. Die *Süddeutsche Zeitung* kommentiert wenige Jahre später: »Möglicherweise hat Schrempp die spektakuläre Übernahme des US-Autoherstellers Chrysler im Jahr 1998 nur inszeniert, weil er etwas hinterlassen wollte, was noch keiner gewagt hatte – eine Fusion von zwei Autokonzernen über den Atlantik hinweg.« Ich denke, es geht noch weiter. Nicht »Wir wollen die Größten werden« meinte er, sondern: »Ich will der Größte sein.«

Die Aktionäre sehen sich getäuscht und verklagen Daimler-Chrysler, denn mittlerweile liegen die Verluste von Chrysler bei fünf Milliarden Euro. 300 Millionen Dollar muss der Konzern an sie zahlen. Das ist noch der kleinste Batzen, den die Chrysler-Eskapade Daimler am Schluss gekostet hat. 2007 trennen sich Chrysler und der süddeutsche Autobauer wieder. Die neun Jahre haben Daimler laut *Süddeutsche.de* vom 28. April 2009 rund 40 Milliarden Euro gekostet. Und BMW hat dieses Intermezzo genutzt, um mit der Marke Mercedes, einer der angesehensten der Welt, gleichzuziehen. 2005 muss Schrempp vorzeitig gehen, sein Vertrag wäre noch bis 2008 gelaufen. Auf die Nachricht von seinem Ausscheiden hin legte die Aktie innerhalb von Minuten um 10 Prozent zu. Dazu noch ein Zitat aus der *Süddeutschen Zeitung* von 2005: »Wahrscheinlich aber ist kein Mensch in Deutschland für die Vernichtung von so vielen Milliarden Euro verantwortlich wie Schrempp.«

Ich sehe das so: Jürgen Schrempp wollte nicht kooperieren, er wollte herrschen. Er wollte Synergien erzeugen, indem er Abhängigkeiten schaffte. Hinter dieser Motivation steckt nichts anderes als Feindbilddenken: Ich muss schauen, dass der andere schwach bleibt, damit ich stark bin. Aber das Denken in Feindbildern hat ausgedient, Jürgen Schrempp hat diese für ihn bittere Erfahrung machen müssen, denn am Ende hielt kaum mehr jemand zu ihm. Seine Manager, seine Arbeiter, die Banken und Aktionäre diesseits und jenseits des Atlantiks wendeten sich von ihm ab.

Die Welt ist eine andere geworden. Lange Zeit genügte es, den anderen niederzumachen, um sich selbst besser zu fühlen. Das Nationalgefühl grenzte die Bewohner der Länder voneinander ab. Die Franzosen in den Augen der Deutschen? Undisziplinierte Froschfresser. Die Deutschen in den Augen der Franzosen? Schwerfällige Krauts. Feindbilder entstehen aus Angst.

Wer frei und souverän ist, braucht keine Feindbilder. Und fürchtet auch keine Konkurrenz.

Schon oft bin ich gefragt worden, warum ich in meinen Seminaren auch Trainer ausbilde. »Schaffen Sie sich da nicht Ihre eigene Konkurrenz?« Ich denke anders. Ich habe keine Angst davor, mir meine eigenen Konkurrenten heranzubilden. Würde ich die von mir ausgebildeten Trainer als meine Klone in die Welt entlassen, hätte ich meinen Job nicht gut gemacht. Würden meine Schüler sich damit wohlfühlen, als »Martin-Betschart-Abziehbild« nach Erfolg zu trachten, wären sie die Falschen.

Angst vor Konkurrenz ist Schwäche. Ich bin nicht schwach. Ich habe keine Angst. Ich weiß um meinen

Wert. Ich kann damit leben, dass andere Menschen in meiner Branche so stark wie ich werden. Ich empfehle sogar ihre Bücher, freue mich über ihre Erfolge. Wenn sie Erfolg haben, dann weiß ich, dass Bedarf an unserer Dienstleistung besteht. Sollten sie in berufliche Schwierigkeiten geraten, würde ich mich nicht freuen, sondern mir Gedanken machen.

In der Schweiz bin ich sehr stark im Markt, bin bekannt dafür, dass ich meinen Kunden immer wieder neue Impulse biete. Warum soll ich nicht mit anderen kooperieren? Meine Firma hat keine Konkurrenz. Wer schlecht ist, spielt nicht in unserer Liga; nur mit den Guten arbeiten wir zusammen. Ich lade Top-Referenten aus Deutschland und anderen Ländern, die in der Schweiz noch nicht über ein Beziehungsnetz verfügen, in meinen Business-Klub ein. Für ein vergleichsweise geringes Honorar erhalten sie die Chance zu zeigen, was sie können. Sie knüpfen Kontakte. Alle Seiten gewinnen.

Konkurrenzdenken ist Energieverschwendung. Und ein guter Indikator dafür, dass man nicht auf festem Grund steht. Wenn man Erfolg haben will, indem man versucht, so zu sein wie jemand anderes, dann hat man Konkurrenz. Ist man aber man selbst, tut man das, was den eigenen Stärken entspricht. Dann kann man keine Konkurrenz haben, denn man ist einzigartig. Schauen Sie also nicht darauf, wer eventuell mit Ihnen konkurrieren könnte, sondern darauf, dass Sie Ihr Selbst entdecken und auch leben.

Dass das auch in der Autoindustrie funktioniert, zeigen BMW und Toyota. Die Japaner haben einen großen Wissensvorsprung bei den Hybridmotoren, sie wissen, wie man Verbrennungsmotor und Elektromotor kombiniert. Die Deutschen haben diese Entwicklung verschlafen. Dafür gehören sie bei der Entwicklung von Leichtbaumaterialien und beim Bau umweltfreundlicher Sportwagen zur Weltspitze. Toyota-Präsident Akio Toyoda und BMW-Chef Norbert Reithofer haben im Juni 2012 bekannt gegeben, dass sie in Zukunft bei der Entwicklung umweltfreundlicher Fahrzeuge kooperieren wollen. »Gemeinsam werden wir in unserer Branche Maßstäbe setzen«, sagte Reithofer. Die Zusammenarbeit wird nicht durch finanzielle Verflechtungen begleitet werden. Jeder bleibt das, was er ist: Toyota der Hersteller von Autos für die Masse, BMW eine der ersten Adressen für Oberklassewagen.

Ich bin stark, weil der andere auch stark ist; wir können viel füreinander tun – bis sich diese Haltung nicht nur in der Wirtschaft, sondern auch im Privatleben durchsetzt, muss wohl noch viel Wasser den Rhein herunterfließen.

Einsame Herzen

»Nach großer Enttäuschung suche ich ...«

»... will endlich wieder Weihnachten nicht mehr allein feiern müssen.«

»Wo ist der humorvolle, potente, freigiebige Mann ...«

»Aus dem Rad der Verzweiflung suche ich einen neuen Hoffnungsschimmer für mein Leben ...«

Wer die Kontaktanzeigen in den Zeitungen anschaut, dem kann angst und bange werden. Der Großteil der Inserenten hat nur sich selbst im Blick. Größe, Alter, Gewicht werden in der ersten Zeile abgehakt, wenn er »vorzeigbar« ist, auch der Beruf. Was dann folgt, liest sich zwischen den Zeilen meist nur noch so: »Mir fehlt etwas, mir geht es schlecht, ich will jemanden zum Kuscheln, meine Bedürfnisse sollen befriedigt werden.«

Die Perspektive ist aufschlussreich. Wer eine Partnerschaft aus egoistischen Gründen eingehen möchte, erleidet Schiffbruch. Und weil es nicht klappt, wird am Ende die Kontaktanzeige zum Grabmal der vergeblichen Suche nach einem Erfüllungsgehilfen. Höchstens Leute mit Helfersyndom fühlen sich durch solche Anzeigen angesprochen. Hier finden sie die geeigneten Opfer. Na prima!

Wie soll sich eine Beziehung entwickeln, wenn nur das Ego im Blick ist? Es gehören ja immer zwei dazu. Der Denkfehler besteht darin, dass nur die eigenen Bedürfnisse befriedigt, die eigenen Ziele durchgesetzt werden sollen. Keine Rede von Partnerschaft oder davon, das Leben gemeinsam anzugehen.

Ich nenne das respektlos. Respekt – das Wort kommt vom lateinischen *respectare*, und heißt so viel wie »anblicken«, »sich umsehen«, »hinsehen«. Aber eben nicht: »nur auf sich selbst sehen«. Niels van Quaquebeke, Leiter der *Respect Research Group* an der Universität Hamburg, kennt zwei Arten von Respekt. In einem Interview mit dem *Hamburger Abendblatt* im April 2008 sagte er: »Es gibt den respektvollen Umgang miteinander im Sinne von Achtung. Die einzige Bedingung dafür ist, dass man einander als gleichwertige Menschen betrachtet. Die andere Art von Respekt bringt man einem Menschen für eine Meisterschaft, eine besondere Leistung entgegen.« Mit dieser Definition ist klar: Respekt kann nicht eingefordert werden. Er kann nur gegeben werden. Wer Respekt verlangt, hat ihn nicht verdient. Dazu passt ein weiteres Zitat von van Quaquebeke: »Nur wer genug über sich selbst erkannt hat, schafft die Basis dafür, andere als gleichwertig erkennen zu können.« Und: »Respekt ist das gesellschaftliche Schmiermittel, ohne das ständig Reibung entstehen würde.« Nur wenn wir uns als gleichwertig ansehen, können wir eine funktionierende Gesellschaft bilden. Im Grunde tun wir das ja. Wir gehen respektvoll miteinander um. Wenn es aber einmal nicht so ist, dürfen wir nicht wegschauen oder gar noch eins obendraufgeben, sondern müssen echte Unterstützung liefern.

Der Mensch, der einen Partner sucht und dabei eigentlich nur eine Kopie seiner verflossenen Liebe oder die Befriedigung seiner Wünsche und Vorstellungen im Sinn hat, verhält sich respektlos dem Mitmenschen gegenüber, dem er sich anbietet.

Der Politiker, der einen Eiertanz aufführt, um wiedergewählt zu werden, verhält sich respektlos gegenüber seinem Amt, seinen Aufgaben und seinen Wählern.

Der Unternehmer, der den Lohn für seine Angestellten über jedes Maß hinaus nach unten drückt, verhält sich respektlos gegenüber seinen Mitarbeitern und deren geleisteter Arbeit. Ein Mensch, der seinen Vollzeitjob gut macht, muss auch davon leben dürfen. Auch wenn er in typischen Niedriglohnsparten beschäftigt ist wie in der Security, im Gastgewerbe oder in Reinigungsfirmen. Der Angestellte bringt seine Leistung, also soll er genug verdienen, um seinen Lebensunterhalt in vernünftigem Rahmen zu bestreiten. Alles andere ist nicht akzeptabel. Und unerträglich respektlos.

Aus demselben Grund bin ich übrigens gegen einen gesetzlich verankerten Mindestlohn. Das bedeutet jedoch nicht, dass ich nicht für gerechte Bezahlung bin; das wird immer verwechselt. Wenn es einen Mindestlohn gibt, müsste es auch eine Mindestleistung geben. Das ist aber nicht realisierbar. Wenn jemand mehr Unordnung schafft, als er Sinnvolles tut, oder ein Arbeitnehmer keinen Schlag mehr macht, weil er sich sicher vor Entlassung wähnt – dann ist nachvollziehbar, dass diese Leute nicht so viel verdienen wie einer, der etwas »wegschafft«. Fairness muss auch hier gelten. Leider ist es so, dass Arbeitnehmer so viele Rechte haben, dass man sie in einer Schubkarre wegtransportieren könnte, aber Arbeitgeber nur so viele, wie in eine hohle Hand hineinpasst.

Fairness ist, wenn Geben und Nehmen sich die Waage halten. Dann gewinnt jeder. Wer sich aber repektlos verhält, ist blind. Blind für die Zusammenhänge. Er ist nicht in der Lage, langfristig zu denken, sondern sucht nur kurzfristig seinen Vorteil. Und offenbart damit eine grandiose Schwäche. Die Reste vom »Ich hier oben du da unten Denken«-, von der »Ich nehme du gibst«-Haltung sind immer noch zu finden – die Zeit der Respektlosigkeit aber ist ein für alle Mal vorbei. Wir wollen nicht mehr, dass schwache Menschen die noch Schwächeren unterbuttern und über den Tisch ziehen. Am Ende sitzen sie alle am Boden und wundern sich, dass um sie herum alles kaputtgegangen ist. Unternehmen, Beziehungen, Lebensentwürfe. Wir wollen den respektvollen Umgang miteinander. Arbeitgeber und Arbeitnehmer, Männer und Frauen, Schüler und Lehrer, Politiker und Wähler, Käufer und Verkäufer – sie sollen aufeinander schauen, den eigenen Wert und den der anderen sehen und anerkennen.

Ich denke, dass dieses Prinzip sich auch bei der Form der Besteuerung von Arbeit niederschlagen muss: Heute ist es so, dass jeder nach seinem Einkommen Steuern zahlt. Das riesige Unternehmen, der kleinere Dienstleister oder der Angestellte. Das Ganze geschieht ganz unabhängig von der Menge an Energie, die verbraucht wird, um die Leistung zu erzielen. Für mich eine massive Schieflage: Wieso soll denn den Wert, den ein Unternehmen erzielt, indem es an Umwelt und Rohstoffressourcen Raubbau betreibt, identisch sein zu dem Wert, den ein schlank und effektiv geführtes Unternehmen erzeugt? Es ist an der Zeit, hier eine Wende durchzuführen – hin zu mehr Fairness, hin zu mehr Chancen. Ganz ohne Oberflächenpolitur, sondern ganz nah am Kern.

Das Pfeifen im Wald

In Thailand kam ein Makler namens Joe auf mich zu und versuchte mich davon zu überzeugen, in eine Apartmentanlage zu investieren. Das Projekt sah auf den ersten Blick nicht uninteressant aus, doch Joes Art und Weise, mich werben zu wollen, machte mich stutzig. Er suchte den Kontakt, wo immer es sich ergab. Immer wenn er auf mich traf, sagte er: »Komm, Martin. Wir sind doch Freunde.« Für mich war klar: Wer das betont, ist kein echter Freund. Echte Freundschaften werden gelebt, falsche Freundschaften müssen immer wieder beschworen werden. Tatsächlich erwies sich das vorgeschlagene Projekt als grandiose Luftnummer. Und ich war froh, dass ich auf Abstand geblieben war.

Alles, was hergezeigt werden muss, lenkt vom wahren Kern ab. Was im Stillen wirkt, ist authentisch und damit wirksamer. Wenn in den fundamentalistischen Freikirchen ständig von Erlösung die Rede ist und vom Blut, das alle reinwäscht, und keine halbe Stunde vergehen darf, in der das nicht betont wird, dass Jesus für uns gestorben ist, dann heißt das für mich nichts anderes als: Die Menschen glauben es nicht, sondern müssen es sich immer wieder einreden, sich ihrer selbst immer wieder vergewissern. Sobald jemand etwas dauernd betont, schrillen bei mir die Alarmglocken. Diese Mantras lenken nur davon ab, dass ein Kern fehlt.

Wenn die Realität aufgehübscht werden muss, stimmt etwas nicht. Menschen, die frei sind, brauchen so etwas nicht. Sie müssen auch keine Rolle spielen, sie müssen sich nicht mit Wertgegenständen behängen, um ein Image zu pflegen. Das Gefühl, es aus eigener Kraft, aus dem eigenen Kern heraus nicht zu schaffen, treibt viele Menschen dazu, ihr wahres Sein zu verfremden. Ohne Rolle fühlen sie sich nackt.

Wer unabhängig und frei ist, braucht keine Rolle. Er kann damit leben, dass andere sich eine Meinung über ihn bilden. Und er kann die Meinung des anderen aushalten. Nach außen wirkt diese Haltung elitär. Vielen Menschen gelingt es nicht, Selbstbewusstsein und Arroganz zu unterscheiden. Dabei ist das gar nicht so schwer: Arroganz erkennt man daran, dass jemand andere Menschen schlecht behandelt. So etwas ist absolut unsouverän. Unabhängige Menschen haben das nicht nötig. Selbstbewusstsein funktioniert ganz anders. Menschen, die ihr Wesen unverstellt leben und mit sich selbst im Reinen sind, kann man schon von Weitem erkennen: an ihrem aufrechten Gang – und das meine ich wörtlich. Sie besitzen eine positive und zuversichtliche Ausstrahlung, die sie vor Energie strotzen lässt. Sie sind lebensbejahend und authentisch. Sie sagen »ja« und »nein« und »zweifellos«, denn sie wissen klar, was sie wollen. Sie brauchen keine Ausreden, keine Rechtfertigungen. Ihr Wort gilt. Mit ihrem Handeln erzeugen sie Wachstum.

Wenn man frei ist, muss man keine Symbole mehr vor sich hertragen, weder Holzkreuz noch die Armani-Jacke. Man muss auch nicht mit Geschichten auftrumpfen, braucht keine Tricks, keinen doppelten Boden. Man ist das, für was man steht, auch ohne glitzernde Oberfläche. Man muss keine Rolle spielen, die andere vielleicht von einem erwarten. Was man tut, tut man für sich selbst, nicht, um anderen etwas zu beweisen. Man kennt seinen Wert und braucht kein Leben in einer Neid-Geiz-Luxus-Narkose.

Jetzt werden manche Leser vielleicht einwenden, ja, der Betschart, der hat leicht reden. Der predigt Wasser und trinkt Wein. Warum zum Beispiel fährt der einen Bentley? Ganz einfach: Das Bentley Continental GTC Cabrio ist für mich das schönste Auto, das jemals gebaut wurde. Ich habe es gekauft, weil es mir gefällt – ohne Kredit. Aber ich brauche den Bentley nicht. Ich bin nicht davon abhängig, mit ihm zu fahren, damit es mir besser geht oder um den Nachbarn eins auszuwischen. Ich habe Spaß an dem Auto, ich liebe es, mit ihm die Straße hinunter zum See zu gleiten. Dann freue ich mich wie ein Schneekönig. Aber abhängig davon, in einem teuren Auto gesehen zu werden? Nein. Bin ich nicht. Mein Zweitauto: ein guter alter Opel Corsa.

Ich trage auch keinen Ehering. Ich bin ja nicht wegen des Rings verheiratet, sondern weil ich meine Frau liebe. Ich muss das nicht zeigen. Reinhold Messner hat einmal gesagt: »Je weniger ein Mensch vom Erfolg abhängt, desto unwahrscheinlicher wird sein Sturz.« Ich würde diesen Ausspruch so ergänzen: »Je weniger ein Mensch von der Meinung anderer abhängig ist, desto geringer ist die Gefahr, dass er sich verliert.« Ohne innere Stärke wird man zum Spielball, ohne Selbstgewissheit und Selbstvertrauen ist man ein Verlierer – und kann eine ganze Nation in Gefahr bringen.

Wie stark ist Ihre Schwäche?

Nach dem 11. September 2001 tauschte George W. Bush den Anzug gegen die Bomberjacke. Er rief einen Krieg aus gegen ein Land, von dem seine Nation gar nicht wusste, wo genau es auf der Landkarte liegt. Er wollte das Feindbild Nummer eins bekämpfen: die Taliban. Dass sie in Afghanistan saßen, war egal. Er hätte auch Nepal, Lesotho oder Neuguinea angegriffen. Hauptsache, er konnte der Welt seine Stärke beweisen.

Mit dieser Haltung hat er sich zum Komplizen der Terroristen gemacht und die Grundwerte seines Landes verraten. Indem er die Werte seiner Nation, darunter den eines respektvollen Miteinanders zwischen Staaten, über Bord warf, zeigte er sich als das, was er war: ausgestattet mit einem mangelnden Selbstbewusstsein. Wenn ich an den früheren Präsidenten der USA denke, erinnere ich mich auch an einen Gang-Häuptling an einem Strand in Thailand. Weil er meinte, sich in einer Schlägerei beweisen zu müssen, beschwor er ein großes Unglück herauf.

Die Quittung für das Handeln von George W. Bush: unzählige Tote, Verletzte, zerstörte Familien auf beiden Seiten. Dazu eine geradezu exponentiell angestiegene Gefolgschaft von Terroristen in allen Ländern – und weltweit weitere Angriffe und Unsicherheit. All die Kraft, die Energie und die Unsummen, die er in die gnadenlose Bekämpfung des Terrorismus steckte, richtete sich am Ende gegen ihn, seinen Staat und die westlichen Länder.

In London explodierten im Juli 2005 vier Bomben. Drei in U-Bahnen und eine in einem der berühmten doppelstöckigen Busse. Sofort war das gesamte Verkehrssystem lahmgelegt. Ein Tag zuvor war London noch in Hochstimmung gewesen, weil bekannt geworden war, dass die Stadt an der Themse der Ausrichter der Olympischen Spiele 2012 sein würde. Tiefer konnte der Sturz kaum sein. Außer den Selbstmordattentätern starben 56 Menschen, 700 wurden teilweise schwer verletzt. Die Botschaft der Londoner an die Terroristen war aber kein Schrei nach Rache und Vergeltung, sondern: »London will go on.« Die Reaktion der Londoner war aus ihrer inneren Stärke heraus besonnen. Sie sagten: »Unsere Stärke ist die Demokratie – und die lassen wir uns nicht nehmen. Wir machen uns nicht das System zu eigen, gegen das wir kämpfen.« Am 10. Juli hieß es auf dem Online-Portal der *ZEIT*: »Die Botschaft war an die Terroristen gerichtet. Ihr sollt wissen, dass ihr die falsche Stadt gewählt habt. Gestern flohen wir. Jetzt kehren wir in eine Stadt zurück, die noch stärker und großartiger sein wird als zuvor ... Rettungsdienste, Polizei, Ambulanzen und das Personal der U-Bahn, die sich allesamt als extrem gut vorbereitet erwiesen für den Katastrophenfall, agierten mutig und mit ruhiger Autorität.«

Stärke heißt: zulassen können, dass man infrage gestellt wird. Stärke heißt: zu seinen Schwächen zu stehen. Und zwar dann, wenn ich mich am schwächsten fühle. Gerade das macht mich wieder stark. Weil ich mir treu bleibe.

Wenn man um seinen inneren Kern weiß und ihm einen Wert zurechnet, ist man unendlich frei. So frei, dass man sogar seine Schwächen zur Stärke machen kann. Wenn man innere Freiheit und Unabhängigkeit erlangt hat, kann einen nichts mehr erschüttern.

Gandhi ist ein Mensch, der es erreicht hat, seinen Werten treu zu sein und sich selbst zu verwirklichen. Schon in seiner Jugend zeigte sich, dass er seinem Inneren großen Wert zugestand. Er wollte in England Jura studieren. Seine Familie konnte er nach langen Diskussionen überzeugen, seine Kaste, die der Händler, aber nicht. Sie verbot ihm die Reise in die westliche Welt. Gandhi fuhr trotzdem, eine unerhörte Tat. Er wusste um den Preis und bezahlte ihn: Er wurde aus seiner Kaste ausgeschlossen. Jedem, der ihn beherbergte, drohte ebenfalls der Ausschluss. Das war 1888, er war 19 Jahre alt. Auch in seinem späteren Leben ließ er sich nicht von dem abbringen, was er als richtig erkannt hatte. Er ertrug Erniedrigung und Gefängnis, ohne einen Zentimeter von seinen Überzeugungen abzurücken und ohne in seinem Kampf gegen Diskriminierung und Bevormundung nachzulassen. So schaffte er es, Indien in die Selbstständigkeit zu führen.

Noch zu Lebzeiten genoss Gandhi große Achtung und Respekt. In Indien bekam er den Ehrennamen *Mahatma* – »große Seele«. Ein sehr guter Name, wie ich finde. Doch große Seelen sind in der Welt immer noch selten zu finden. Nie in der Geschichte gab es für Menschen so viele Möglichkeiten, für einen weitaus geringeren Preis, als Gandhi ihn zahlen musste, Grenzen zu überwinden und frei zu sein. Eine Ausbildung als Psychologe beginnen und dann doch entscheiden, Entwicklungshelfer zu werden – kein Problem. Gestaltung der Beziehungen – frei wählbar. Diamantene Hochzeit oder Patchworkfamilie – alles im grünen Bereich. Unverbrüchliche Treue oder Swingerklub – nur eine Frage der Absprache zwischen den Partnern.

Jeder kann für sich selbst entscheiden. Es ist traurig, dass genau diese Möglichkeiten nicht in dem Umfang genutzt werden, wie es möglich wäre. Dazu braucht es eine Ermutigung, und die will ich hier geben.

Unweigerlich

Nicolas Hayek war der Retter der Schweizer Uhrenindustrie. In den 1980er-Jahren hatten Billiguhren aus Asien den Markt überschwemmt. Kaum einer wollte noch Geld für Qualität ausgeben. Hayek erfand die *Swatch* und die Swatch stellte die Verbindung von Uhren und Schweiz wieder her. Heute gehören zum Swatch-Konzern auch Luxusmarken wie Breguet und Blancpain. Doch ohne die Swatch hätten die Schweizer die Zeiten, in denen nur billig gut war, nicht überlebt.

Hayek lebte ungesund. Der Vollblut-Unternehmer war untersetzt, von Sport hielt er nichts. Man traf ihn immer mit einer Zigarre in der Hand und mindestens je zwei Uhren an jedem Handgelenk. Das Wort »Ruhestand« existierte für ihn nicht, Kürzertreten war keine Option. Auch nachdem er seinem Sohn die Swatch Group übergeben hatte, arbeitete er weiter. Als er 80 Jahre alt war, sagte er: »Ich haben noch Pläne für 200 Jahre, aber ich werde nicht mehr 200 Jahre leben.« Am 28. Juni 2010 erlag er in seinem Büro einem Herzanfall. Er schlief mit 82 Jahren friedlich ein, ein toller Abgang ohne Leid. In Rente gehen nur Menschen, die ihre Aufgabe nicht lieben!

Viele Menschen kämpfen gegen das Alter an, doch das Altern kann niemand verhindern. Der Alterungsprozess lässt sich in engen Grenzen beeinflussen, aber nicht stoppen. Der manische Einkauf von Anti-Aging-Produkten und regelmäßige Liftings bringen nichts. Beides zeigt nur, dass die Betreffenden eine ausgesprochen negative Einstellung zum Alter haben. Und gerade diese Einstellung beschleunigt eher den Verfall, als dass sie einem eine Atempause verschafft. Das zeigt eine Studie der University of Texas von 2010. Über 1.500 Menschen wurden über sieben Jahre begleitet. Das Ergebnis: Wer glücklich und in Würde altert, bleibt länger gesund. Diejenigen, die gegen das Alter ankämpfen, werden schneller gebrechlich.

Vor einiger Zeit wurde ich von einem Freund gefragt: »Sag mal, du bist jetzt 49. Bald ist dein 50. Geburtstag. Wie fühlst du dich damit?«

Ich musste lachen und antwortete: »Ich bin seit 25 Jahren immer im besten Alter.«

Das Problem, das so viele mit dem Älterwerden haben, verstehe ich nicht. Ich kann zu meinen Jahren stehen, zu meinem Äußeren, zu meinen Schwächen. Klar, ich will nicht körperlich eingeschränkt sein, an Behändigkeit und Schnelligkeit verlieren. Wenn ich ein wenig achtgebe, kann ich die Entwicklung noch eine ganze Zeit lang aufhalten. Ich bin da ganz entspannt. Ich muss mich nicht mit 25-Jährigen messen.

Ich weiß: Ich werde irgendwann sterben. Wenn etwas auf der Welt sicher ist, dann das. Unabhängig zu sein heißt auch, Naturgesetze zu akzeptieren. Eines davon ist eben: Das Leben ist nicht unendlich. Würde ich mich dagegen wehren, wäre ich nicht frei. Ich habe keine Angst vor dem Tod. Mein Vater hat mir gezeigt, wie man sich verabschiedet. Als er 82 Jahre alt war, hat er sich entschieden: Es ist jetzt gut. Er sagte mir, dass er alles im Leben erfüllt habe, was ihm wichtig war. Drei Wochen später erkältete er sich und ist nachts für immer eingeschlafen. Mein Vater war ein freier, unabhängiger Mensch. Er hat mir gezeigt, dass der Tod von allein kommt – darum muss ich mich nicht kümmern. Frei sterben zu können, hat etwas damit zu tun, loslassen zu können.

Denn Sterben ist Loslassen. Es hat nichts damit zu tun, etwas zu gewinnen. 72 Jungfrauen, die einen verwöhnen werden, Chöre, die auf Wolken schweben, Wiedergeburt als ein anderer, vielleicht besserer, Mensch als der, der man war – wieso sollte man sich auf solche Versprechungen verlassen? Es gibt nur ein Leben und nur eine Chance, es mit Bedeutung zu füllen. Egal was andere erzählen: Lassen Sie sich nicht davon abhalten, Ihr Leben hier und jetzt zu leben. Sie können nichts auf ein nächstes Leben vertagen. Nehmen Sie also die Aufgabe ernst, ein gutes Leben zu führen, und lassen Sie sich nicht durch Wünsche und Ängste leiten, die nur Projektionen sind, aber mit Ihrem Kern nichts zu tun haben. Lassen Sie sich nicht blind machen, sondern machen Sie sich frei.

Viele Menschen haben Angst vor dem Tod. Ich hätte eher die Angst, nicht gelebt zu haben. Und noch mehr Angst davor, nichts zu hinterlassen. Damit meine ich kein gut gefülltes Konto, um das sich dann die Erben streiten, sondern unendlich Wichtigeres.

Rüdiger Nehberg ist bekannt geworden als Survival-Experte. Doch seinen Lebenssinn findet er nicht darin, zu

Fuß und ohne Ausrüstung durch unwirtliche Gegenden zu reisen. Er kämpft für die Abschaffung der Beschneidung von Mädchen und Frauen in Afrika und treibt dieses Ziel mit großem Einfühlungsvermögen voran. Menschen, die aus westlichen Ländern in ein Dritte-Welt-Land reisen, »um mal schnell« und medienträchtig eine Spende an ein Waisenhaus zu überreichen, gibt es viele. Diese Helfer haben bislang nur wenig bewirken können. Sie sind mehr oder weniger erfolglos wieder verschwunden oder pumpen Unmengen an Geldern in die dortigen Gesellschaften und wundern sich, dass sich kaum etwas ändert. Auf Nehbergs Webseite dagegen heißt es: »Von Anfang an war meine Strategie die, diesen Feldzug unkonventionell und wider den Zeitgeist mit einem ganz besonderen Partner zu führen: dem Islam! Islam aus drei Gründen: die meisten Opfer sind Musliminnen, der Brauch wird meist unrichtig mit dem Koran begründet, und ich kenne den Islam.« Nehberg respektiert die Menschen. Er akzeptiert, dass es sich um eine Tradition handelt, die in einigen Landstrichen schon 5.000 Jahre alt ist. Deshalb will die von ihm gegründete Menschenrechtsorganisation *Target* den entsetzlichen Brauch mithilfe derjenigen beenden, auf die die Menschen hören: die islamischen Autoritäten. Über erste Erfolge kann er sich freuen: In einer Fatwa, dem Rechtsgutachten des Großmuftis von Ägypten, heißt es: »Weibliche Genitalverstümmelung ist ein strafbares Verbrechen. Es verstößt gegen höchste Werte des Islam.«

Im Kampf gegen die Beschneidung hat Rüdiger Nehberg seine »finale Herausforderung und höchste Lebenserfüllung« gefunden. Auch der Bergsteiger Reinhold

Messner investiert seine Kraft in etwas, das über seinen Tod hinaus Wirkung zeigen wird. Er setzt sich mit seinem *Messner Mountain Museum*, das aus bisher fünf Burgen und Schlössern besteht, für den Erhalt dieser Bauwerke ein. Darüber hinaus ist es sein Anliegen, mit diesen Monumenten einen Erlebnisraum zu schaffen, in dem begreiflich wird, was die Berge für den Menschen bedeuten. Als seinen »15. Achttausender« bezeichnet er sein Projekt.

Für große Persönlichkeiten heißt Unabhängigkeit nicht nur, sich selbst zu verwirklichen, sondern auch, ein Werk zu hinterlassen. Sie haben erkannt, dass es etwas Größeres gibt als sie selbst. Sie begreifen sich als einen Teil der Menschheit und auch als Teil der Menschheitsgeschichte. Sie wissen, dass die Geschichte nicht mit ihrer Geburt anfängt und mit ihrem Tod auch nicht aufhört, sondern dass sie ein Glied einer langen Kette sind. Sie erkennen den größeren Zusammenhang, in dem sie stehen.

Als freie Menschen wollen sie die Welt ein Stück besser machen und ihrer Nachwelt ein Werk hinterlassen, für das es sich gelohnt hat zu leben.

Nicht mehr – und nicht weniger.

Sie sind am Zug. Seien Sie frei.

Epilog: Wovon ich freiwillig abhängig bin

Freiheit und Unabhängigkeit – das sind meine höchsten Werte. Ihnen ordne ich alles andere unter. Ich weiß sehr genau, wer ich bin und was ich will. Und das gibt mir die Kraft, mich nicht wieder in Abhängigkeiten zu begeben. Diese Haltung ist sichtbar, spürbar. Diese Haltung bewirkt, dass ich frei bin und frei bleibe.

»Ich kann gar nicht verstehen, warum du verheiratet bist. Das passt doch gar nicht zu dir!« Der Seminarteilnehmer wundert sich. Er meint, damit einem Bruch in meiner Persönlichkeit auf der Spur zu sein. Von der großen Freiheit reden und dann daheim den Pantoffelheld spielen, so sieht er es wohl. Wein predigen und Wasser trinken – oder wie war das noch einmal?

Es ist ein weitverbreitetes Missverständnis: Absolute Freiheit wird von vielen mit totaler Bindungslosigkeit verwechselt. Ist man nur frei, wenn man sich auf nichts und niemanden mehr einlässt? Ein merkwürdiges Verständnis von Freiheit! Wer so denkt, kann auch den Rest seines Lebens auf einer einsamen Insel verbringen. Aber dort wird es unmöglich sein, die eigenen Lebensziele umzusetzen. Und wer will schon absolut frei von Beziehungen sein?! Jeder braucht andere Menschen, mit denen er sich frei austauschen, denen er vertrauen kann. Privat und im Beruf. Das Problem ist nur, dass die meisten Partnerschaften nicht auf Unabhängigkeit, sondern auf Abhängigkeiten basieren.

Ich hatte einmal einen Nachbarn, der seiner Frau sagte: »Ich will mittags immer zu Hause essen.« Seine versteckte Strategie war jedem, der genauer hinschaute, sonnenklar: Er wollte einfach nicht, dass seine Frau arbeiten ging. Ihm war es wichtig, ihre Abhängigkeit von ihm zu zementieren.

Traurig.

Ganz anders ist es, wenn Menschen, die eine Beziehung eingehen, dies bewusst und aus freiem Willen tun. Wenn sie sich in Freiheit zu einer Person, zu einem Vorhaben bekennen: »Aus freiem Willen entscheide ich mich, diese Arbeit tun; also tue ich es. Ich bekenne mich zu dieser Frau, mit ihr will ich zusammen sein; also tue ich es.« So zu denken und zu handeln ist die Voraussetzung für tragende Versprechen, für funktionierende Bindungen.

Jede Entscheidung, die man frei und unabhängig trifft, ist die richtige Entscheidung. Dann gibt es auch keine falsche Motivation, keine Enttäuschung, keinen Betrug. Dann ist Arbeit nicht mehr vernichtete Zeit, für die man Schmerzensgeld bekommt, sondern entfaltete Wirkung. Und dann ist die private Beziehung kein qualvolles Ausharren in verknöcherten Verhaltensweisen, sondern Erfüllung.

Ich wollte nie einen Ehering am Finger tragen. Ich fand es immer seltsam, wenn einer meinte, mit etwas Edelmetall am Ringfinger zeigen zu müssen: »Ich bin nicht mehr zu haben.« Hat er Angst, ohne Symbol den Anfechtungen nicht gewachsen zu sein? Wie sicher ist er sich seiner Entscheidung? Wie viel mehr wert ist da das freie, vertrauensvolle Bekenntnis zum Partner!

Erst dann, wenn Sie aus freiem Willen Beziehungen eingehen können, haben Sie den Weg zur inneren Freiheit gemeistert.

Dann sind Sie angekommen.

Veröffentlichungen von Martin Betschart

2013: Buch Unabhängigkeitserklärung – Ariston
2012: Buch 3 Schlüssel zum Erfolg 3. Auflage – Breuer & Wardin Verlagskontor
2012: Taschenbuch – Ich weiss, wie Du tickst – dtv
2012: Entspannungs-CD Relax 5. Auflage (1 CD) – Life Management Verlag
2012: Hörbuch – Wirkungsvolle Rhetorik (1 CD) – Life Management Verlag
2012: Co-Autor, Die Bildungs-Lücke – Börsenmedien AG
2011: Hörbuch – Ich weiss, wie du tickst – Radioropa
2011: Buch – Ich weiss, wie du tickst – Orell Füssli Verlag
2010: Hörbuch – Das neue Marketing (1 CD)
2009: Buch – 3 Schlüssel zum Erfolg 2. Auflage – Breuer & Wardin Verlagskontor
2009: Hörbuch – Die Geheimnisse des Erfolges (1 CD) – Breuer & Wardin Verlagskontor
2009: Hörbuch – Geld und Wohlstand (1 CD) – Breuer & Wardin Verlagskontor
2007: Co-Autor, Das 7. Gesetz – Gabal Verlag
2006: Entspannungs-CD Relax 2. Auflage – Life Management Verlag
2005: Das selbstbestimmte Leben – Gabal Verlag (30 Minuten Reihe)
2004: Hörbuch – 3 Schlüssel zum Erfolg (3 CDs) – Rusch Verlag (vergriffen)
2004: DVD – Die 5 Erfolgsprinzipien (Live-Mitschnitt eines Referates)
2004: Co-Autor, Von den Besten profitieren Band IV – Gabal Verlag
2003: 3 Schlüssel zum Erfolg – Life Management Verlag
2001: Hörbuch Ressourcing® (4 Kassetten) – Rusch Verlag, 1 und 2. Auflage (vergriffen)
2001: Co-Autor, The 17 Stepping Stones to Success – Rusch Verlag (2 Kassetten)
2000: Ressourcing® – So entdecken Sie Ihr Erfolgspotential! – Midas Verlag (vergriffen)
1999: Entspannungs-CD Relax- Life Management Verlag (vergriffen)
1997: Ressourcing® – In Ihnen steckt mehr! – Life Management Verlag (vergriffen)

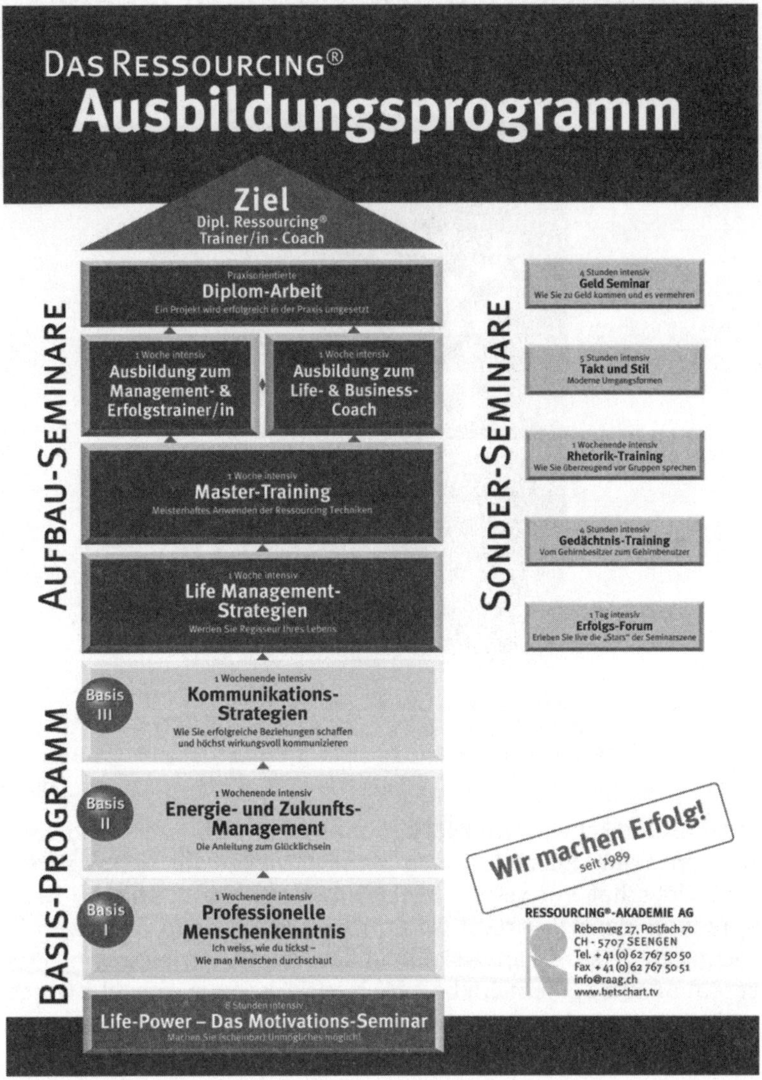

DAS RESSOURCING®
Ausbildungsprogramm
Ziel
Dipl. Ressourcing® Trainer/in - Coach
AUFBAU-SEMINARE
Praxisorientierte
Diplom-Arbeit
Ein Projekt wird erfolgreich in der Praxis umgesetzt
1 Woche intensiv
Ausbildung zum Management- & Erfolgstrainer/in
1 Woche intensiv
Ausbildung zum Life- & Business-Coach
1 Woche intensiv
Master-Training
Meisterhaftes Anwenden der Ressourcing Techniken
1 Woche intensiv
Life Management-Strategien
Werden Sie Regisseur Ihres Lebens
BASIS-PROGRAMM
Basis III
1 Wochenende intensiv
Kommunikations-Strategien
Wie Sie erfolgreiche Beziehungen schaffen und höchst wirkungsvoll kommunizieren
Basis II
1 Wochenende intensiv
Energie- und Zukunfts-Management
Die Anleitung zum Glücklichsein
Basis I
1 Wochenende intensiv
Professionelle Menschenkenntnis
Ich weiss, wie du tickst – Wie man Menschen durchschaut
Life-Power – Das Motivations-Seminar
Machen Sie (scheinbar) Unmögliches möglich!
SONDER-SEMINARE
4 Stunden intensiv
Geld Seminar
Wie Sie zu Geld kommen und es vermehren
5 Stunden intensiv
Takt und Stil
Moderne Umgangsformen
1 Wochenende intensiv
Rhetorik-Training
Wie Sie überzeugend vor Gruppen sprechen
4 Stunden intensiv
Gedächtnis-Training
Vom Gehirnbesitzer zum Gehirnbenutzer
1 Tag intensiv
Erfolgs-Forum
Erleben Sie live die „Stars" der Seminarszene
Wir machen Erfolg!
seit 1989
RESSOURCING®-AKADEMIE AG
Rebenweg 27, Postfach 70
CH - 5707 SEENGEN
Tel. + 41 (0) 62 767 50 50
Fax + 41 (0) 62 767 50 51
info@raag.ch
www.betschart.tv